人類該往何處去

從源出非洲到海洋擴散，未來人類的歷史省思

人類はどこへ行くのか

大塚柳太郎（東京大學名譽教授）、應地利明（京都大學名譽教授）————等著

美國
阿拉斯加
加拿大
美國
大西洋
夏威夷
墨西哥
古巴
島
太平洋
墨西哥毒品戰爭
委內瑞拉危機
委內瑞拉
哥倫比亞
哥倫比亞反政府運動
吉里巴斯
赤道
諾魯
厄瓜多
門群島
吐瓦魯
秘魯
巴西
薩摩亞
萬那杜
秘魯反政府運動
斐濟
東加
法屬波里尼西亞
波利維亞
巴拉圭
智利
烏拉圭
阿根廷
紐西蘭
比利時
德國
波蘭
捷克
烏克蘭
法國
瑞士
奧地利
羅馬尼亞
科索沃戰爭
西班牙
義大利
保加利亞
葡萄牙
加泰隆尼亞獨立運動
馬其頓國名問題
希臘
土耳其
突尼西亞
地中海

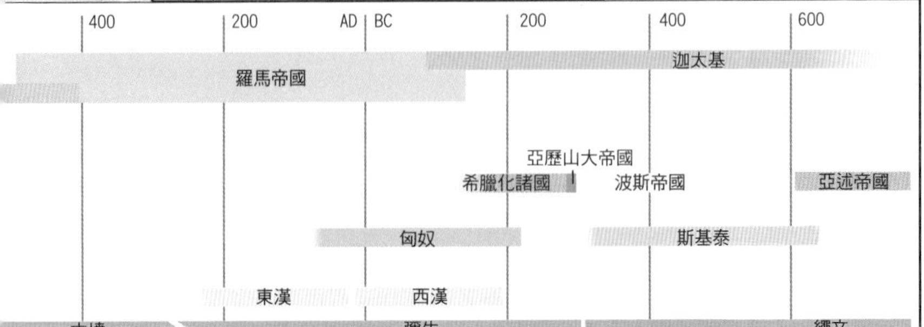

400
200
AD
BC
200
400
600
迦太基
羅馬帝國
亞歷山大帝國
希臘化諸國
波斯帝國
亞述帝國
匈奴
斯基泰
東漢
西漢
古墳
彌生
繩文
(日本)

當代世界與主要的紛爭

不同的文明與帝國，不斷重複著繁榮和衰敗的循環，在上演過一幕幕「興亡的歷史」後，目前全世界共有一百九十多個國家。雖然全球化的腳步未曾停歇，但少數民族的獨立問題、不同宗教和民族之間產生的對立，以及領土糾紛等問題，仍然在全球各地持續爆發衝突。

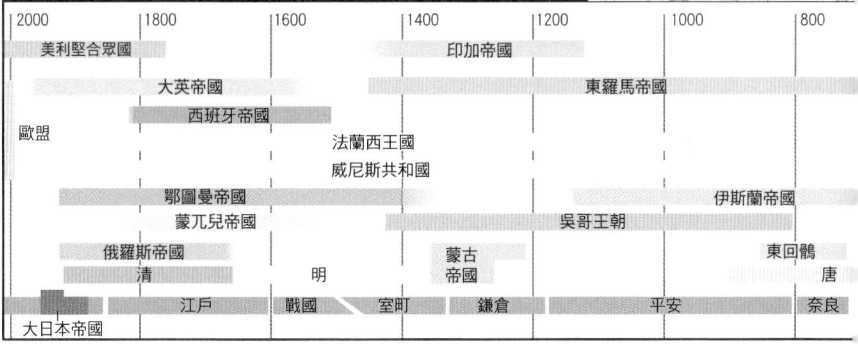

目錄

第二章　如何迎接「百億人口時代」
——從人口看人類史

第六章 中、近世移行期的中華世界與日本——世界史中的日本

序

文／福井憲彥（學習院大學名譽教授）

1570 年世界地圖　繪者亞伯拉罕．奧特柳斯（荷蘭語：Abraham Ortelius）是一名佛拉芒地圖學家和地理學家，是史上第一本世界地圖冊的製圖人。

◎歷史的各種研究方法

不同的人對歷史所提出的設問，會因為他們所關心的事情和角度不同，而呈現出多元的樣貌。對特定的觀點看得過重，或視其為絕對，都是不容允許的作為。

我常以「山」做比喻，來對學生說明。隨著觀看的位置與方位不同，同一座山能展現出不同的樣貌。不論是從近處仰望或從遠處眺望，看起來都不一樣。一年之中，有時白雪靄靄，有時蒼翠蓊鬱，有時則滿山紅葉，這些都讓我們對山的形象產生不同的認知。雖然實際上是同一座山，但隨著人們觀看的角度和方法不同，便造就了多元的形象。也許每個人的喜好皆不同，但並不存在著何者為真或何者為假的差異。

二十世紀後半，義大利曾提倡一種研究歷史的觀點與方法，稱為「微型史觀」（microhistory）。這種方法把焦點凝聚在一個小範圍，來理解某個時代的歷史。地方上的某個貧村或著某個工匠，平時可能不會受到重視，但微型史觀聚焦於這類特定的個案上，試著掌握歷史的脈絡。有道是「魔鬼藏在細節裡」，這句話的寓意並非勸人一味執著於細節，微型史觀強調從細節提出假設。舉例來說，在某個時代，人際關係的聯繫或生活文化與統治權威之間的關係，可以透過具體的案例來加以釐清。微型史觀有助於人們以更廣泛且全面性的角度來理解歷史。為了從這種觀點進行研究，前提當然是要有可供研究的相關史料。

另一方面，「全球史觀」（global history）的研究觀點與方法，可說與微型史觀完全相反，從二十世紀末以來聲勢日益茁壯。在全球範圍內，不同地區和事物之間的關係皆密不可分，反映出全球化的現象。即使同樣是在全球史觀的大旗之下，歷史研究仍然有許多風格與路線，但有個相同的共通點：針對十九世紀確立的近代歷史學中，對國別史、單一國家的框架做出批判。若欲針對全球關係提出質疑，隨著著眼點之不同，提問的方法也是千變萬化：就經濟關係而言，有可能是資源與生產的關連，也可能是金融與資本層面的問題；其他議題上則可能是政治關係、文化交流或衝突，但將經濟、政治、文化議題分開探討是否正確，卻是有待探討的問題。諸如以上議題，都是在言及全球史觀會立刻想到的問題。

若要問微觀視野與宏觀視野孰是孰非，其實是沒有意義的。想對歷史提出什麼樣的問題才是應該關注的地方，根據問題的類型不同，觀點的掌握也會有所改變，而且兩種觀點都有其必要性。微觀視野倘若摒除宏觀視野而不做反思，可能會走火入魔，導致看到的不過是幻想和自圓其說的認識；相反的，如果忽略了微觀視野，抱持凡事僅用宏觀的角度來做觀察的話，也可能會導致犧牲多樣性，讓多元認知受到壓抑。以上兩種情況都會使觀點流於制式的教條，忽視多元包容的精神，以致疏於留意各種差異的存在。

在歷史上，相異時代的不同國家、地區，即使只是地方上的小聚落，除非是在特殊情況下的特定期間，否則不可能完全處於孤立狀態，而和其他國家或地區毫無任何關連。無論現在或過去，個人、或是人與人之間形成的團體，若無各種關連將之連貫起來則不可能存在。可以想像，即使是在遙遠的史前時代，人們也是在漫長的時間裡反覆遷徙，目的可能是尋找糧食或躲避危險，也可能只是出於好奇。進入農業文明後，人類雖然展現出某種程度的穩定性，然而人、物、金錢、資訊的流動卻從未停止過。在技術革新後的今日，資訊擁有將地球各地串連並產生關連的力量。即使在過去，資訊也總是伴隨著人、物、金錢等實體的移動，將不同地區拉進各種關係之內。

◎本叢書觀點與本書宗旨

本叢書「興亡的世界史」各卷採用的觀點，包括我負責的第十四卷《歐洲霸權的光和影》在內，都以漫長的時間和廣闊的空間為對象。若從微觀、宏觀二元對立的觀點來看，儘管屬於宏觀視野，卻也沒有因此排除微觀世界發生的事情，對其視而不見。

即使本叢書的日文版每卷頁數高達四、五百頁，每頁字數達四百多字，但書中所能描述的事物畢竟有限。不僅無法納入所有內容，所有內容之集合也無法表達完整的歷史意象。從肯定的角度來說，各卷做到了呼應問題結構的樣貌或敘述重點，對值得著墨的事物加以取捨。但若要說到不足之處，則因為版面有限，所以必然有遺珠之憾。總而言之，對一名歷史研究者而言，若欲從微觀與宏觀之各層面出發，並根據直接史料考證，對歷史提出解釋，勢必受到語言能力與時間限制，幾乎是不可能的任務。人非萬能，在探究歷史之際，絕對需要參考其他研究者的工作成果。特別是二十世紀的最後數十年是一個歷史研究領域之範圍擴大的時代。「興亡的世界史」系列是以上面的論述為基礎所產生的構想，希望在不忽視微觀視野的狀態下，從多層次的宏觀視野出發，試圖描繪出壯大的歷史意象。

截至目前為止，各卷基本上皆以某個時代興盛之地區或文明為主題，探究其為何崛起，又是如何走向衰亡——各卷試圖描述的是這些壯大的歷史意象。近代以後，歷史在空間上的擴展，確實已經超越地中海世界、印度洋、甚至歐亞大陸的規模，其關連性或多或少都已擴大為全球規模，但是各卷的確有著無法超越的極限。從通觀人類歷史的觀點回顧歷史，本系列各卷實有未逮之處，而且於現實上存在著諸多限制。

但現在，本叢書的編輯委員要對「興亡的世界史」提出質疑。我們的內心都有個一致的想法——對歷史提出質疑的目的是找出人類當下所處的位置、釐清現代人面臨的問題，探究人類未來應該前進的道路。本卷書名為《人類該往何處去》，書中將基於這種想法，針對其他各卷無法充分綜觀歷史的部分，提出問題與考察。

其中一個問題是人口史。物資豐缺和經濟狀態，與人口多寡或再生產的理想型態密不可分。即使技術提升、生產力增長，但若人口增長的勢頭更強，人們的生活富足程度就很難獲得保障。在以往人類的歷史中，究竟是什麼樣的力量支撐著人口發展呢？探討這個問題一定會涉及到政治上的支配或剝奪等難以面對的真相。地球今後可能面臨人口爆炸的問題，在討論這個問題時，首先能夠做的，或許是從人口變遷的觀點出發，站在全球規模的視野來理解人類過往的狀態。統計工作並非自古即有，當我們探討未來之際，以往人類鍥而不捨的研究與推論所開拓的世界，也是非常寶貴的基礎之一。

本系列有幾卷已經從各種觀點理解海洋的功能。海洋的重要性在地中海世界無庸置疑，若要談論東印度公司或遠距離交易，海洋的存在更是基本條件。在一國史的歷史觀點強勢的時代，海洋的存在往往受到輕視，人們或者傾向於將海洋認定為國與國之間的阻礙，將此性質放大檢視。但在二十世紀末之後的歷史學中，海洋被視為聯繫各地的工具、管道，有時甚至被比喻為海洋高速公路，猶如一條廣大的帶狀區域，在各地間建立關連性，其貢獻逐漸受到肯定。我們希望能以此為出發點來通觀人類史，重新探究海洋究竟為何。如今世界各國依然在海洋劃分地盤，爭相確保資源與財富。如何才能放眼未來，解決這種現代國家政治的匱乏？思考這道難題的重點在於，能否重新探討以往海洋對人類的意義。

接著要談宗教。在地球上的芸芸眾生中，這種精神世界可能專屬於人類。對於生活在八百萬眾神[1]世界裡的日本人來說，一神教式的世界宗教，實在是難以理解的。但在物質文明席捲全球的現代社會裡，反而讓人更能感受到，世界各地區的宗教所發揮的作用，及其崇高的地位。在探討過去的世界與今後世界的樣貌時，我們如何定義宗教，是個相當重要的問題。赤裸裸的人類相較於其他物種，在暴露於各種自然狀況下時，通常是非常脆弱的。可以想見，當人類試圖理解周遭的世界時，思想上會重視的應是某種超自然的感覺或超越人類的力量。時至今日，剖析人類與宗教之間千絲萬縷的關係，仍非過時的議題。

接下來焦點轉到我們對非洲的認識和非洲自身的問題。對日本人來說，本議題所探討的大陸，曾經是極其遙遠的地區。藉由本書的討論，或許可以從人們以往對世界史的認知中，找出可能存在的錯誤認知和誤差。幕末明治以來，日本立志脫亞入歐，心中自以為與歐美為伍。但歐洲對於非洲的感受，即便在今日，相較於日本等遠東地區，仍是相當近距離的存在。但這會不會是在近代以後，因為著眼於有問題的地區而產生的觀感呢？歐陸對非洲是不是因為還存在著從統治者角度而產生的家父長制（父權制）觀念？歐洲對非洲的親近感，會不會是因為今日在地緣政治學上，對於舊殖民地產生的興趣呢？抑或是因為非洲當地的資源對歐洲國家具有重要意義？當我們試圖從日本來理解全球各地時，廣大的非洲大陸與居住其中的人們，究竟是被放置在什麼樣的視野之中呢？究竟我們有多瞭解非洲呢？

能拿來討論的議題還有很多，實在難以全面網羅。本書無法以預言般的口吻，主張人類將來必然會如何發展。然而在地球上的人們擁有各式各樣的價值觀，在文化多元並存的情況下，由人們建構出來的世界能否避免成為被特定人群或文化獨掌支配權、或者避免以自由之名打造弱肉強食的世界，而是透過關注自我與尊重他人，成就互利共生呢？為確保凡事並非臨時起意、而是以當下為出發點，就需要從人類史的觀點來探討人類的過去。這麼做也是為了檢討過去的愚昧來學習智慧。現在正應該重新檢視全球化的世界和各地歷史——對歷史提出質疑，也是對當下提出質疑。

◎往返於現在與過去的歷史

今日我們提到歷史研究，會聯想到基於史料批判的知性行為，這種體系可說是從十九世紀的歐洲確立下來的。如第十四卷《歐洲霸權的光和影》所述，出現於近代歷史學確立之後。當然，這套體系不可能在沒有任何前提之下憑空出現。史料的保存與整理，以及其他各種研究歷史的手法，自古以來歷經各種形式的淬鍊，不僅出現在歐洲、也出現在日本及世界各地的文化中。倘若無視這些精煉過的手法或文字敘述所構成的歷史，若非無知之徒，便是褻瀆前人，其認知與態度有失禮數。雖然從今日的觀點來看，能發現過去的論述存在不少問題，但整體來說，之所以能夠確立有體系的學問方法，獲得具有批判性的傳承，其基礎都奠定於十九世紀的歐洲。

對於人類過往的作為，該從什麼樣的角度來關注和記錄，並將之化為流傳後世的對象，這個問題的答案隨著時代、文化以及個人的差異，呈現出多元樣貌。人類不僅記錄過去，也記錄現在，並將其流傳於後世。這樣的行為或許自從人類在古代創造出文字以後就已經開始了。不論東、西洋，擁有權力、權威的人或其親信，經常有意識地為後世留下自己的足跡；其形式可能是紀傳體或編年體，有時可能為史詩或故事的形式。就後世觀點而言，所謂正史所記錄的內容，正是這些行為的代表。

自古就有許多人意識到，即使自己生前位高權重，也可能因為時光流轉而被世人所淡忘。世界各地具有歷史意義的建築物，其建設目的大多是為了誇示現世的權勢或者與宗教有關，此外也有可能是個人為了在歷史中占有一席之地，期望能在人們的記憶之中得到傳承的結果。對於正史敘述的歷史也能做同樣的解釋，其意圖不僅止於正當化現世的統治，也具備記憶傳承的意義。

我們該如何解釋「祇園精舍鐘聲響，訴說世事本無常」裡「盛者必衰若滄桑」和「驕奢主人不長久」的概念，在不同領域所廣泛接納，而非僅通行於佛教世界中的現象呢？[2]上述的概念換句話說，就是「當下無法轉為絕對」。希羅多德（Herodotus）編撰的《歷史》（*Historia*）是歐洲各國語言中「歷史」的語源，英語的「history」即源自於此。一般認為《歷史》編撰於西元前五世紀中期，書中已經反映此類史觀。世界各地的興亡在遠古時期就已經是重要的議題，在每次探討的當下，人類所認識的「世界」所涵蓋的範圍，必然會因各個時代的空間認知而不盡相同；如今世界意味著地球全體，過去的世界則與今日大為不同，想必是更為狹隘的範圍。

不是出自於權力或權威相關的考量，人類依然不斷透過口說或是書寫來傳承。無論在任何時代或領域，人類都無法單獨生存。在現世中求生，個體總會與他人之間產生不同的連帶。人類不可能與過去毫無關係、也不可能與他人全無聯繫而生存於完全絕緣的狀態裡。人與人之間的連帶可以小到身邊的父母和親戚，大至全球規模。無論好或壞，你所降生的這個世界，是肩負著歷史而形成的空間。無論當事人喜好與否，每個當下都不可能從空白中出發。無論活在當下的我們做出任何行為，只要時光流逝，都會成為過去，並對未來造成某些影響。人類的處境正是以上所述。稍加用心則可以明白，研究過去的歷史，其實也需要探討現在，這種認知行為無法與現在分離。歷史是人類對過往的認知，過去的人們究竟是在什麼樣的條件下苦心經營？到底發揮了什麼樣的智慧來開發技術，建構了有益生存的協調關係？那些人經歷了什麼樣的鬥爭，才得以推動政治上的統治？這些疑問將因為發問者所關注事物的不同而永不止息。而提出這些疑問的，無非是活在當下的我們。

或許有人會問，既然人們過去所創造的歷史是儼然存在的事實，所以還原其面貌不正是我們努力的目標嗎？然而可惜的是，我們沒有時光機，無法回到過去、親身體驗，實質意義上的「全體史」是個遙不可及的夢想。

讀者若稍加回顧自己的體驗，應該可以清楚理解這點。無論一個小時前也好、昨天也罷，請回想看看自己已經逝去的體驗。想必您會發現，即使保有照片或其他資料，也難以全面而正確地恢復自身的經歷，更遑論還原經驗發生的地點更是不易。問題不在於記憶與遺忘，而是我們對於直接經驗的認知本就有其極限；即使是近在眼前的東西，我們也不會一一識別並留下記憶。

歷史意象並非過去的實體，也不是現實。對於歷史上的過去，是藉由活在現代的人們基於某種關心而提出疑問，建構歷史意象的道路才得以拓展出來。這裡要再次強調，人們關心的議題是千變萬化的；其動力可能出於好奇心，想要瞭解存在於過去的事物，想知道昔日的狀況如何；也可能是出於知識方面的興趣，想瞭解現在關注的事物在歷史上的變遷；又或許是源自於一種想要擷取過往歷史的智慧，藉以解決現在問題的心願。

無論是什麼樣的問題，現在與過去之間，與每個議題相關的各種歷史條件都不盡相同，即使同樣在過去，也會因為時代和地區而有所差異。既然歷史的脈絡不同，便無法輕易對現在開出處方箋，單純的教訓史觀是無法成立的。反之，以現在的基準來判斷過去的狀況，則是時代錯亂的作法，請務必慎而避之。

基於上述前提，可以說我們都是在有意無意之間對過去提出質疑，藉以釐清現在的歷史性根據，並使其明確化；也就是說，藉由參照過去，以明確指出現在我們所處的位置。

若從其他角度來看，我們針對歷史上的過去提出質疑，建構歷史意象，藉以重新探究現在的自明性。今日看來理所當然的事物、人們認為是理當如此的事情，究竟有多大程度可以稱之為理所當然呢？這些事物又是從何時開始被視為理所當然的？這樣的認知是否妥當？我們能否能做出不同的判斷或選擇？再者，過去是否也曾有過不同的判斷或選擇呢？這些都是值得加以檢視的議題。

◎歷史知識的累積與重新解釋

歷史小說是廣受歡迎、能引起大眾關注的文學創作類型，在這個領域中，日本的代表作家有司馬遼太郎和鹽野七生等。辻邦生有幾部歷史小說以高水準的文筆，活靈活現地呈現歷史的樣貌，寫得比史書更加生動。歷史小說會刻意穿插虛構的情節，以利於描繪歷史場景。創作者會詳讀史料，創造虛構人物補足缺漏的部分，在故事中穿插以假亂真的史料，使讀者能感受其所描述的時代氛圍，提升故事的質感。既然是小說，即使有虛構的情節也無可厚非，甚至可以說，小說理所當然會添加虛構的情節。然而小說該受到檢視的，是虛構情節的安排是否有時代錯亂的疑慮；至於可否讓讀者身歷其境，猶如置身歷史的現場，這些因素關乎故事敘述的水準高低，與此無關的條件則不在檢視範圍內。

歷史學是學術認識的探索，其文字描述的水準高低同樣該受到檢視，但卻不能容忍穿插虛構的情節。推論是不可或缺的一環，但史學家有義務說明哪些論述屬於推論。針對歷史上的過去提出議題，建構歷史意象等行為——也就是說，歷史研究與歷史敘述並不等於創作，不能在毫無史料根據的狀態下創造故事。這點是歷史學與文學的基本差異。

就歷史學的規範而言，對於自己所提出的假說，都需要經過調查研究的證據支持。不同情況下的假設，通常源自各人以往累積的知識，或是研讀前人留下的史料後暫時摸索出的方向；假設會隨著考察的推進而產生變化並不奇怪，最終的解釋或歷史意象，也可能與出發時的假設大相徑庭。倘若只採用對自己的假設有利的史料做為立論根據，則是令人不齒的行為，實屬愚蠢之舉；至於捏造，則更不可饒恕，學術領域裡是不允許以假亂真的，切不可將實際上不存在的史料拿來充數。

從事歷史研究須涉獵大量史料，以多元的研究成果為依據，這種專業作法雖耗時費力，但也不可或缺。在此前提之下，受到廣泛認同的史實才得以問世，各種領域也以此為根據，累積歷史認識及其解釋。這樣的學問才稱得上是歷史學。史料的研讀與理解會連帶產生解釋，因此在實務上並不單純。但畢竟學術領域的歷史敘述並非編寫故事，上述程序大致是不可或缺的。儘管如此，倘若新的史料出土，也可能使人們對史實的理解產生改變；又或者人們會因此推導出新的解釋，形成有別於以往的歷史意象。就這點而言，歷史是一種開放性的知識，總是要面對新的解釋，歷史學的客觀性也能由此看出。

近代歷史學的學術性規範確立以後，各種史實交互組合後導出新的解釋，讓過去已成定論的歷史解釋或歷史意象，經歷了轉變和翻案。在此我不多加詳述實例，但讀者只要回想一下法國大革命、俄國革命、辛亥革命等大事件，應該能輕易理解我的意思。或者從涉及某個歷史人物的事件做思考，檢視人們在個別案例中對歷史人物的形象或評價抱持什麼看法，也是可行的路徑。解釋產生改變或是歷史意象被重新構築，不見得是因為誤解或缺漏所致，與之相關的是更為根本層面的事。簡單來說，要在多如恆河沙般的史實中，揀出哪些來排列組合並加以解釋、又要建構出怎樣的歷史意象，這些往往都必須仰賴進行敘述的當事人——也就是史家的取捨選擇才行；換句話說，在這種情況下，無可避免必定會產生出價值判斷的問題，而之所以會不斷產生翻轉，也是由於這樣的現實所致。

在此我要提醒各位，歷史意象的構築，並不會因為這樣的持續翻轉而失去意義；畢竟我們只能在這種情況下，百折不撓地對歷史提出質問，這是不可避免的事實。另一方面，有些歷史解釋羅列出的立論根據相當薄弱，只是憑藉著敘事者自己任性的價值判斷一意為之，這種愚昧的行為無疑會暴露出無知的醜態。雖然這個道理人盡皆知，但仍要在此不厭其煩地再提一次。

◎近代歷史學中的「歷史性」與擴散問題

十九世紀的歐洲是近代歷史學的起點，最初主要以公文為史料，透過綿密的史料批判，展開對史實的確認工作，換言之，就是以政治史為中心來進行推展。以個人自身的價值判斷或以政治利害為依據，一味引用對自己有利的史料來自圓其說，這種作風被視為「非學術」而遭到否定。當時的歐洲學界已經明確建立了應有的學術態度，認為應該順應問題，廣泛蒐集史料，與此同時釐清歷史的事實，才是史學應有的正當態度。

誠如前述，根據史料解明史實並進行歷史詮釋，會引起五花八門的議論，實際上也確實如此。我認為即使有這個問題，但做為基本態度，近代歷史學立足於史料的邏輯思考，今後仍必須傳承下去；這麼做有助於防止意識形態或價值判斷掛帥的歷史意象橫行，杜絕只著重在特定層面的煽動性歷史意象。

值得注意的是，雖然近代歷史學於十九世紀試圖建構客觀的歷史意象，但它畢竟是時代的一部分，依然帶有當時的時代色彩，這些內容在「興亡的世界史」第十四卷《歐洲霸權的光和影》已有相關敘述，在此不再詳述。當時學界共通的主要特徵是，以政治為中心回溯，明確釐清自身所屬國家的發展軌跡，這樣的觀念普遍可見於當時的研究人員身上。國內外的政治公文之所以特別受重視，並成為主要的史料，也是源於此一背景。

對十九世紀的歐洲而言，「國民」概念的形成，乃是當代最重要的現實政治課題。如何確認國民國家成長的足跡？對於國民國家本身的歷史依據，應該如何加以釐清？在西洋文明的軌跡中，本國又應該如何明確定位自身的存在？為了因應這些現實議題，在在需要建構一套歷史意象才行。對此，當時的史家認為，無須在政治上旗幟鮮明、大張旗鼓，只要基於史料批判、進行客觀的史實解明，就能夠達成這樣的建構目的。

進入二十世紀後直至今日，歷史學這項起源於歐洲的近代學術日新月異。對歷史提出質疑的方式和過去相比發生了重大的變化，歷史學、社會學或人類學等各種相關學術的關係也產生出多元的發展。在日本，多樣化的議題被統一歸類於社會史。議題不僅與統治階層的歷史相關，也會涉及政治或經濟，文化或社會樣貌，不僅止於歷史變化的主要趨勢，也講究其中的細節，探討層面確實多采多姿。

攸關歷史的問題意識不只多元化，在某種層面上來說也已經擴散開來；舉凡庶民的衣食住等日常生活樣貌、現世當中的社會意識與來世觀等感性上的變化、親子關係或家庭架構因地區差距或時間而產生的變化、宗教相關習俗的變化、時間意識和生死觀的歷史變化、生活技術與科學技術的變遷……信手拈來，便有無數的議題可供談論。這也讓知識的累積變得有如龐然大物，像座大山矗立在我們面前，光憑個人之力實在難以掌握全貌。

因應對象多元化，史料的運用類型也產生重大改變。除了公文，各式各樣的文字資料皆可採用，包括了隨筆的塗鴉，其他還有繪畫或照片、形象具體的物質、與城市或建築等空間架構相關之事物、口述歷史留下的史料，類型委實多元。有別於過去，不再以先入為主的想法來認定哪些東西不能納入史料的範疇；換言之，任何事物都有可能成為史料。然而關鍵的問題是，我們是否真能針對疑問對症下藥，找出適合使用的史料？過去我們只需將焦點放在公文上，埋首於檔案之中即可，如今卻要面臨連分類整理都來不及、壓得人喘不過氣的多樣化資料中。

◎新的世界觀點與其挑戰

誠如前述，世界各地有關歷史的文本已有豐富累積。然而在近代史學發軔之初，歐洲曾制定一套歷史發展的標準，並以此來認識世界，或認為可藉此理解世界的歷史。從今天的觀點來看，只能說相當傲慢，但這種見解難道已經成為過去式了嗎？在探究歷史之際，只討論歐洲圈，非洲等地被視為「沒有歷史的人民」而從一開始就沒有被納入歷史的討論之內——像這樣的觀點，真的已經是過去式了嗎？

不，抱持這種觀點的，並不只有歐美而已。自幕末明治以來，近代日本沿襲歐式富國強兵路線，建立國民國家並實現工業化，藉此邁向脫亞入歐之路；而當進入二十世紀下半葉後，日本又在美日同盟的庇蔭下，迅速走出敗戰陰影，達成戰後復興與高速成長。在這段時期裡，日本的史學是否已然形成一套對世界史的認知，並將之昭告天下了呢？日本是否已經擺脫近代史學中，理所當然衍生出的本國史或一國史傾向了呢？對於關係史或比較史的視野，是否已經就其定位，進行過充分檢討了呢？關於以上的課題，我們不得不說，要做的事情不勝枚舉。

日本如今就議題與研究的多樣化而言，歷史知識所涵蓋的範圍相當廣泛，累積的知識也有相當程度的擴展；然而人類遺留至今的足跡龐大而繁雜，現代的課題無時不處於變動的狀態，許多問題相繼浮上檯面，正因如此人類對歷史的探究絕不會有窮盡的一天。但若因此宣稱歷史學永恆不滅而沒有作為，一切將毫無進展。今日在探討世界史的新圖像之際，必須以當前的知識累積為前提，並以近一世紀的歷史學之變化與深化為基礎才行。

今日世界各地的聯繫，乃是以全球規模在運行，各地的任一動態已走到同步變化的境界。這不僅僅是經濟上的各種關係，舉凡環境問題、異常氣象、暖化現象……等等，任何一項議題都已非一國可以單獨解決或迴避的。我們正逐漸走向地球上的生命能否延續都成問題、一個風雨同舟的危機時代。儘管如此，世人依然無法杜絕某國獨占利益，也無法制止某些國家的傲慢；財富集中於部分人群，結構性貧困或差距仍隨處可見。若想解決這些問題，需要世界各國相互協調，然而理想與現實相距甚遠，至今仍未獲得解決。

正因為身處這種危機時代，更應該以歷史知識的累積為基礎，尋求新的世界觀。永續發展並不僅限於環境或能源問題，人們也必須構思如何在確保文化多樣性的前提下，讓各地間的相互理解與交流得以持續實現——為了達成這個目標，必須進行新型態文明論的對話。為此，人們應該立足於新型態文明論上，針對人類的過去，以地球各地關連性的歷史過程為主軸，隆重地進行一場議論與對話才行。

1 八百萬神：日本為多神教國家，神祇神靈包羅萬象，世間萬物皆可幻化為神，因此有八百萬神的說法。

2 引文出自《平家物語》，原句為「祇園精舍鐘聲響，訴說世事本無常；沙羅雙樹花失色，盛者必衰若滄桑。驕奢主人不長久，好似春夜夢一場，強梁霸道終殄滅；恰如風前塵土揚。」（周作人、申非合譯版）。《平家物語》成書於十三世紀（日本鎌倉時代），作者不詳，記敘了一一五六至一一八五年源氏與平氏的政權爭奪。西方人將之比喻為「日本的《伊利亞德》」史詩。

第一章

世界史才剛開始——以發自日本的歷史意象為目標

文／杉山正明（京都大學名譽教授）

伊比利半島的「收復失地運動」 穆斯林與基督教徒的爭奪地——薩拉戈薩。

全球化時代的世界史

◎名為世界史的目標

所謂的「世界史」或許尚未成形，不，也許已經正在成形——總之，世界的發展終於來到可以概觀討論「世界史」的階段。昔日的西歐，在十八至十九世紀曾試圖談論「世界史」，他們認為世界大多在自己掌握之中，相信以自己為中心的世界已經誕生。實際上，那只是霸權主義、帝國主義的極端作為。

這種情況下談論的世界意象或世界史，自然是極致的自我本位。威廉・狄爾泰（Wilhelm Dilthey）[1]、格奧爾格・W・F・黑格爾（Georg W. F. Hegel）[2]、卡爾・馬克思（Karl Marx）[3]、利奧波德・馮・蘭克（Leopold von Ranke）[4]……等等，立場、目的、方法、內容、敘述方法五花八門，雖然英、法、德等國的自國中心主義各有細微不同，但西歐的唯我獨尊卻幾乎相通。在權力統治之下，憑藉著工業能力與軍事能力兩大支柱，宣稱自己才是「文明」，又試圖以自身為基準，對其他地區或國家評判等等。

順帶一提，「文明」一詞是出自江戶後期至明治期間的翻譯漢語，當時大量翻譯的漢語從日本傳揚至中、韓等地，成為共通語彙。這個詞彙先是出自羅馬帝國以來的特殊詞彙——「cīvis」（公民）或「cīvitās」（公民身分），進而衍生為「civilization」（文明），融入西歐獨特的價值觀，而在近現代的世界各地流行。與「文明」總是成雙成對出現的「文化」，亦即德國特別喜愛的「kultur」（culture），兩者皆為抽象用語；正因其太過抽象，所以其實沒有任何人能夠解釋清楚箇中的差異與曖昧之處。在這兩個詞當中，蘊含著某種超越時空、類似魔術或烙印的成分。這兩個詞彙是在一個自信滿滿、充滿攻擊性的地區與時代中，孕育而生的「流行語」；它可以營造、醞釀出「嚮往」與「肯定」，意義則稍嫌令人捉摸不定。（在這裡還是不厭其煩地說明，就源自中國古代的古典漢語來說，「文明」指文德明亮，「文化」則是指以文德引領眾人。今日這兩個詞彙的用法，都是為了翻譯洋文而以日本式的方法重新定義，屬於獨特的和製漢語。中國等地近年來特別愛用「文明」、「文化」這類詞彙，其實也不過是跟著和製漢語的意境在走而已。）

對這種從西歐看天下的世界觀與世界史，我們無須再多所著墨。西歐在世界的全球化進程上，曾經扮演過重要的角色；儘管他們曾極盡恣意妄為之能事，卻也是這個世界上頭一遭、企圖在全球視野下談論「世界史」的開拓者。更進一步說，正因為有那個時代，才有今日的我們，這也是不容否定的事實。然而，西歐帶來的不僅是正面效應，也有巨大的負面效應及罪惡，這點自然也不在話下。

提到世界史，眾家意見因人而異，但即使有國界隔閡，大多數人應該還是一致認為以往的世界史仍不充分、不完美。換言之，世界史的書寫仍是未實現的目標；那麼，應有的態度為何？又應該如何著手呢？

◎從人類的立場看世界史

我們所處的時間是「現在」的開端。世界無時無刻不在變化，「現在」當然是稍縱即逝。若將人類以往在地表的一切所作所為及其歷程稱為「世界史」，那麼文字化的世界史永遠是未完成之作。世界史必須不斷改寫、增修；換言之，若欲思考並敘述世界史，前提是必須持續為之，使其較往昔多少獲得「改善」。

相反的，特別是近幾年來，因為所謂的全球化，世界成為一體互通的世界，分分秒秒的即時報導或網路資訊等事物，使得以世界為規模、以地球為單位的思考變得平凡無奇。某種層面上，世界甚至逐漸成為一個生活單位。但於此同時，不超出低端底層世界的運作依然綿延存續。

換言之，新舊兩個世界已然化為光與影，兩股極端混合同在。國際金融將這一切捲入其中，遠遠超越國家或地區經濟的框架，這個無形的怪物在世界上遊走，主宰金融、市場、物流、資源，對地表上所有人類與其生活造成震撼；像是今日，源自美國的全球不景氣正籠罩著地表。由此看來，世界各地已是命運共同體，無論有無意願、無論正反兩面，聯繫日日加深。

在這種狀況下，歷史的意義日益重大。也就是說，無論事物的大小輕重，舉凡世界各國與人們、往昔的事物、造成今日一切之原因等等，凡事都要溯及歷史及現在，以完善的輪廓掌握、理解各事物的由來、經過、發展，在瞭解過去至現在歷程的同時，推測今後演變——這樣的工作愈發顯得重要。這並非預測或推測，而是客觀的現實，能夠因應全球化時代的世界史自然會受到重視，而我們正是生存於這樣的時代。

總而言之，既然要稱之為世界史，就必須以色彩與型態五花八門的集團、社會、國家、地區、文明圈等等為基礎，並本著超越這些基礎的形式，兼而具備囊括全體的觀點、結構、內容。或者可以說，我們既要以雙重、三重的多元觀點理解構成世界史的多道源流，同時也要能居高鳥瞰。除此以外，還要向前多邁出幾步，盡量從廣闊不偏頗的立場，統一地、有體系地追溯並總述人類的整體歷史，同時讓世界史發揮功效，幫助世人更明確地理解我們所處的「現在」。以固有文獻資料為中心的歷史學，對於一萬二千年至一萬三千年以前的「後冰期」（「間冰期」），基本上不予探討，然而這段時空縱使距離「現在」極其遙遠，人類當時走過的步伐依然必須納入探討。換言之，理想的世界史必須從人類的立場出發。

◎超越紛爭與對立的思想

此時不可或缺的，是超越紛爭與對立的觀點與思考。過去的西歐或歐美對自身的優越感太強，將其他地區視為「異類」，創造出來的文明觀、歷史觀特別容易引起輕蔑及歧視的眼光。對於自己無法充分理解的事物，人們往往有負面思考的傾向，不僅政治家、宗教家、思想家如此，歷史研究者亦然，這點至今依然無法完全抹滅；學者也可能助長對立，例如《文明衝突論》（*The Clash of Civilizations*）等等，便是由膚淺的頭腦所打造的論點，其中虛構及單純化的內容為低劣而具攻擊性的權力給予合理化背書，對世界帶來許多不幸與災難，而這種蠢行正攤在我們眼前。（十幾年前，筆者曾在美國待過一年。想當年，杭亭頓〔Samuel Phillips Huntington〕這號奇人的言論幾乎沒人理會。）

回顧世界史可知，自從西歐於十八至十九世紀崛起以後，野蠻與暴力、殺戮與破壞愈發激烈，規模日益擴大。伴隨著所謂的「文明化」浮現，對立、抗爭反被美化，其中的是非對錯究竟孰輕孰重？在縱觀過去與現在時，有時可能會以創造出的過去談論現在。

伊比利半島的「收復失地運動」（Reconquista）就是一個例子。這種說法其實是十九、二十世紀創作出來的產物，原意的「再征服」已然愚蠢，後來日本更將其美化，譯為「國土回復運動」。若以西歐的角度來看，這種苟且的精神說穿了就是可恥。伊斯蘭入主以前，西班牙、葡萄牙、基督教統治都不曾進入當地，這點任誰都能清楚明白。許多事實在這段過去清晰可見——當時的西班牙是拼布般的國家，不得不將「我們從敵人手中奪回的神聖國土」當作咒語似的高喊，其危難與國內情勢不在話下；伊斯蘭讓豐饒的文化在貧瘠大地遍地開花，卻也造成了無以復加的輕蔑與憎惡；昔日的日本西洋史學，甚至是日本歷史學中的西歐崇拜架構……都是這段歷史中顯而易見的事實。

除此之外，我們也常會用所謂的「近代」標準，對自己眼中的「落後時代」大肆論罪；但仔細探索就可以發現，那些世人口中侵略破壞的事蹟，往往是在事件發生的當代之後，由有心人士刻意「創造」、或是為了將自己的行為正當化而進行的闡述或辯解，甚或是一神教的宗教人士為了神聖化而編出的教條故事。若是坦率觀察歷史，我們可以發現就每個時代的野蠻程度來說，「近代」、「現代」和「現在」，其實遠遠要高於過去。之所以會覺得今日美好，或許是因為活在今日的我們「自我感覺良好」之故；然而，世界是否真是如此「進步」？

另一方面，對「國民國家」抱持的幻想或言論已經全面普及，甚至超越過去實際存在的事物或近現代的現實，使得幾乎面目全非的歷史在幾個國家被轉為政治用途，成為對內對外進行謊言、欺瞞與偽裝的工具；不只如此，歷史還被染上充滿民族主義的利害關係與情緒，搖身變成另一種面貌，甚至不時被當成檢驗政治忠誠度的「踏繪」來使用，儼然成為一種為「現在」服務的詐術與手段。說到底，當我們在談論歷史與現在之際，儘管使用的基本用語，如「國家」、「民族」、「部族」與「國界」等並無二致，但就其實質來說，這些用語以「近代」為分水嶺，卻都有著似是而非的差距。更進一步說，同樣語彙所指涉的事物，包括含意、概念以及現實，其實都已經產生了根本性的變化。因此，我們或許有必要重新創造出一套更有說服力的用語或概念，更清晰描繪我們所想講的東西才是。

歷史家、歷史研究者應該確切把握住過去的諸般實情，並以符合實際、簡明率直的言詞將之與現在聯繫；這點看似理所當然，卻也至關重要。就這點而言，世界史對世人是切身相關的，不僅限於思考過去與現在，在思考世界今後走向時，也是最有幫助的基礎與動力，其必要性有增無減。

日本的兩個框架

◎發自日本西洋史學的「世界史」

接著以日本的情況為論述主軸。明治維新以後的日本，對歐美文明之吸收，幾乎到了如飢似渴的地步。到了一八八〇年代，西歐式的歷史學被引進，成為學術研究一環，起初由國史（日本史）與萬國史（外國史）雙向並行，後者又分為西洋史與東洋史並立，爾後這兩項學問便將日本的外國史教育與研究分為「西」與「東」兩塊領域。第二次世界大戰結束後，第一線歷史研究者研擬世界史的構思與標準教科書，新制高中的教學科目多了一項「世界史」，但大學的教育、研究形式和戰前相比並無多大變化。總體而言，日本史、西洋史、東洋史三分法是明治時期才有的慣例，後來卻就此定型。

西洋史是以連同俄羅斯在內的歐洲為中心（在此不討論若將俄羅斯定義為歐洲所產生的「文明史」問題），原則上以西方世界為對象。但實際上，其基本態度乃是將「文明先進國」英、法、德這三個西歐國家的歷史視為研究主軸，若有需要再將荷蘭、義大利等國加入其中；另一重點領域則是古代希臘、羅馬，將之視為歐洲的「原點」。

希臘、羅馬是否算是歐洲，而歐洲又是從何時開始算是歐洲？這些是外界會產生的疑問，但當時卻未立刻探討解決，只是一味接收西歐傳揚的內容。另一方面，對於伊比利半島、北歐、東歐、巴爾幹、俄羅斯及前蘇聯各國，有很長一段時期是以英、法、德等國之脈絡或目光看待。從這兩個層面上而言，真可謂是向「西」學習的時代所造就的產物。

一九三〇年代，起初的引進、介紹、普及告一段落，屬於日本西洋史學獨自的研究開始登場。然而研究西洋史所需要的研究環境，不論在物質與精神層面都有困難。例如原始史料之運用，前提是學習許多西洋語言，這並不是容易的事。至於當時籠罩歐美、日本的時代動盪，同樣對研究環境造成困難。日本有不少優秀的西洋史家憑著才華與文筆以及倚靠西洋史研究訓練而具備的歷史素養，轉攻日本史，這是毋庸置疑的事實。（當然也有一些案例，是從涵蓋層面較廣的歷史學開始學習，之後再轉攻日本史，甚至成為西洋史專家。）

雖然有些許的迂迴曲折，但日本西洋史學仍自力拓展獨有的研究，至今已有七十餘年。在日本，長久以來人們認為從「世界史」的見解看歷史，幾乎都是隸屬西洋史學的人所從事的工作。其中一項因素，是因為固有的想法認為制度層面有其成規；另一項因素是因為人們向來認為，有歐洲中心的歷史意象則萬事足矣；還有一項因素與之後要談的東洋史有關，由於過去東洋史過度偏向中國史，當時除了內陸亞洲史關係人士，不僅沒人投入世界史，甚至連簡短的發言也幾乎沒人嘗試。至於宮崎市定等人則宣揚「亞洲史」，果敢嘗試「跨領域」之舉，是特例中的特例。然而物換星移，誠如後述，世界史被西洋史獨占的時代已經漸漸成為過去式。

◎西洋學的巨大貢獻與苦惱

儘管有這些過去，近年來日本西洋史學界有顯著的「東方擴大」，特別是東歐各國史或俄羅斯史等；此外，伊比利史也已經開啟道地的研究，日本長久以來表現較差的美國史、南北美史也總算逐漸自歐洲史獨立、起飛。日本的西洋史現在倒像是逐漸迎向質、量兼備的充實期，這應該不是只有我個人才有的感想。事實上，好戲多半正要上場。

換個角度看，日本的西洋史，甚或更廣泛的西洋學都為日本的近代化提供了模型，日本的文化知性與才能也大多投入其間。在明治時期，若是有人通曉西洋語言，或有能力取得大量西洋語言之書籍或史料，又能自由運用這些條件立論，還能點明日本具典範性的案例、示意圖、指標，甚且能以此為職業；這樣的人可說是非常稀少而寶貴的人才。西洋史、西洋學對於日本，在國家、社會、文化之近代化發揮了極大的功效、貢獻與影響，無論如何強調都不為過。

不過日本進入近代已經遠超過一百年，西洋史甚或西洋學的大半部分，對於日本列島與生活其間的人們而言，雖說不上是完全融入，但幾乎已化為血肉。另一方面，世界全球化與世界結構的遽變，將對舊型態的研究方法造成根本上的動搖。正因如此，二十一世紀日本的西洋史，難免要重新摸索自己的存在理由，並為此感到苦惱與糾葛。

近年來，研究有迅速國際化的現象，結果使得研究者必須與研究目標的本國研究者平起平坐，在對等條件下競爭，如此是好是壞有待驗證。論歷史研究，個人的才華固然重要，社會上的積蓄、傳統、繼承卻也不可或缺。在歐洲，「近代化」已有二百年以上的深度，更是講究這些因素。即使身在日本，除非是特別突出、無懈可擊的個人，否則為了接觸原文書或原始材料，難免需要不斷在研究對象的國家、地區往返。在日本及當地兩個世界之中生存，想來會變得更加理所當然。

然而，不正是在這樣的苦戰之中，才能真正超越近代西歐的模式，建構、發揚獨特而廣闊的世界意象或世界史嗎？身為歷史研究者，能夠自行在多個世界生活，正是投其所好。況且若想將世界史納入眼界，更應當如此。在這方面，日本的西洋史研究者並非完全處於不利的位置，反倒是具備本國人所沒有的長處、優點，而有機會綻放開來。其中一項關鍵是來自歐洲以外的視線，亦即「來自日本的目光」，正是遼闊而少偏頗，又兼具成熟特質的世界觀。

◎「拿手絕活」東洋史

另一方面，東洋史指的雖然是亞洲史，但長久以來卻是以中國史為主力。其中一項背景因素，是自明治時期開始，國家與社會期待前進大陸、往大陸發展；另一項因素，則是因為日本將自古以來的模範與教師「中華」視為「東」的主軸，嘗試將其他亞洲史各領域與之聯繫，附屬於其下。

回顧過去，日本這個獨特的文明體，自古即受到來自大陸的人、物刺激，以日本式的篩選吸收之（宦官就不必說了，道教也幾乎傳不進日本），其中又以平安末期開始的「漢學」很受日本接納。尤其日本在鎌倉中期到南北朝時代，「知識與文化」的浪潮自大陸席捲而來，在室町時代以後更是以「漢學」為學問。（就中華風的說法，即宋元時代與其後的明朝，形成了日本文化的基礎，綿延至今。在日本，日明貿易的形象不知為何被過度吹捧，導致人們並不明白，明朝前半期實為文化荒蕪的黑暗時代；另外，明朝後半期是對宋元文化的東施效顰，這點是在談論「東亞」時的基礎認知。在主張日本論或東亞論的人士之間，大致上似乎欠缺這些認知。故此，我希望他們的立論，能夠更確切從古典學術的角度出發。）到了江戶時代元祿時期左右，「漢學」已然包羅萬象，一路發展至明治。順帶一提，漢語的「文學」一詞，原本是泛指各種學問之意。從明治開始，日本賭上國勢興衰，開始拚命接納「西學」。所謂「西學」，便是有別於東亞規模的「漢學」，乃是世界級的學術、技術與知識。

耐人尋味的是，日本史上「漢學」最興盛的時期，其實是拼命學習「西學」的時期，也就是所謂文明開化時期。幕末、明治時期的俊傑有心兼通東西兩學，在翻譯西洋文獻的同時創造出卓越的譯詞，這些譯詞後來成為中韓等漢字文化圈的共通語彙，同樣是不能忽視的事實。（如今南北韓皆已捨棄漢字。我很明白其歷史、社會理由，但失去漢字的負效果已經造成很大的傷害。此事理當重新審視。）

「西洋」與「東洋」這兩個詞，原本在明代中國指的是「南海西邊和東邊」，不過到了江戶中期以後，便被當成獨特的用語，使用在對世界的理解和地圖製作等領域上。特別是在邁向近代化的過程中，日本將自己視為典範的歐美／西方世界，一概稱呼為「西洋」，而對包括日本自身在內的亞洲／東方世界，則統稱為「東洋」，從此這種說法遂成定論。不論何者皆是日本獨特的命名，而「西洋史」和「東洋史」，則可以算是它的衍生物。總而言之，「西學」、「漢學」象徵「西」與「東」的對峙，也是日本在世界史研究的兩大主軸。

再看看東洋史，其命名彷彿西洋史的「相反詞」。江戶幕藩體制下的教育與學問是遠超過二百年的「漢學」，其傳統、累積、熟習是東洋史的基礎與優勢，其中又以中國史為主體，無窮境似地在探究漢文史料所描述的歷史意象。另一方面，歐美也在前進亞洲與樹立殖民地的洶湧波濤中，利用資訊量蓬勃的漢文文獻嘗試各式各樣的研究方法，並不僅止於歷史研究。

雖然包括俄羅斯在內，都是受到這種西洋式的亞洲研究所啟發，不過日本學者卻發現，當地的研究方法，其實近似於「漢學」之中的考證學；於是，這些學者便在西洋人稱為「東洋學」的廣大領域中，樹立起獨特的旗幟，並占有一席之地。不只如此，就近代史學而言，他們也在中國史、朝鮮史、滿蒙史等鄰近地區的歷史領域裡，展現出自己拿手的絕學。

爾後，日本的「遠東」地區研究雖也曾遭遇曲折，但和中國學者仍然保持不即不離的關係；儘管由歐美主導的學術研究領域對他們來說乃是一片未知的荒野，但他們卻也能在這片荒野中，獲得極其罕見的國際級肯定。事有當然，豈不就是這樣的道理嗎！

◎「中國史」真正的課題

只是，在此我必須特別強調，東亞史與中國史並不相同，中國史也不等於漢族史。更進一步說，「中國」這塊土地，至少歷經過四世紀、十三世紀、十八世紀這三個重大的轉變期；在這三段期間中，中國不管是在空間或是內涵上，都產生了巨大的蛻變，其所呈現的種種事態，也有著前後截然不同的決定性差異。有些立論將這些非常基本的概念混為一談，又或者將古代與現代放在同一水平觀察、議論，只能說是弔詭異常。然而正因為如此，包括漢族史在內，那些半吊子的「民族史」風著述，反而有一步錯、步步錯，淪為空中樓閣；畢竟「民族」一詞（順帶一提，這也是源自日本的譯詞之一）在中國的用法能屈能伸、彈性十足，總會誘人產生無數誤解與偏見。

說到底，漢族從何時開始成為「漢族」？漢族的定義究竟為何？這才是應該探究的問題；畢竟，昔日孫文提倡的「中華民族」云云，其實只不過是政治宣傳而已。更進一步說，就算我們撇開個別的細微研究不提，近年中國擺出和善臉孔、自我標榜的「多元統一體」概念，或是中國史中明顯呈現的「帝國史脈絡」及其關連，諸如此類的基本課題還是不勝枚舉。將中國視為貫通歷史、稀有巨大的「文明現象」，正面「質問中國」，這樣的行為在某種層面上，乃是超脫人類史中的「國家」、「民族」、「文明」等既有概念的行為，雖然深刻沉重，卻也是探究真理的行為。換言之，就是要在世界史當中，尋求中國史的明確定位。順道穿插一件純粹的題外話：自太古以來，中國之所以為中國，最主要的因素乃是農業與農村；故此，正面且率直地面對農村問題，展開農業與農村的復興，對現在的中國而言，乃是緊急且不可或缺的要務。

請容我繼續偏離正題。雖然近年來的潮流如後文所述，在好幾個領域都有顯著的全新發展，但從研究者的數量來看，中國史和中國學依然是主流，直接、間接與這塊領域有關的年輕研究者前往中國留學，也是稀鬆平常之事。另一方面，對往昔多在日本磨練基本功的歐美研究者而言，直接前往中國也已經變成理所當然。反過來說，中國及台灣的大學生、研究生，前往日本或美國的例子也變多了。然而中國的大學、研究機構擁有的古典典籍並不豐富，文獻史料、一般圖書亦然。

話雖如此，包括南韓、台灣在內，國際交流還是日益興盛；聳立在研究者面前的「高牆」，表面上也幾乎不復存在。只是從反面來看，不管哪個國家，其實都受到業績至上主義的強烈影響，這種負面趨勢也是無可否認的。另外，有一部分歐美研究者不斷倡言要在學術上「痛擊日本」；對於他們這種自信的表態，我其實也能充分理解，只是最近歐美的研究反而有嚴重走下坡的趨勢，這點令人不得不在意。

回顧過往，日本所謂的世界史，是將以西歐為中心的歐洲史（西洋史）、以及以中國為中心的東亞史（東洋史），這一「西」一「東」勉強湊和在一起的拼裝車。之所以如此，是因為它所存在的結構性缺陷與空白，其實清楚反映了日本這個國家在文明史方面的框架與體質，甚至也反映了日本在邁入近代過程當中的宿命。

西洋史與東洋史這兩項籠統的範疇，如今在日本之所以仍是世界史研究的「兩家老店」，是因為兩者皆為超過百年的傳統框架。只是，今後兩者若繼續保持這種傳統的模樣，對未來究竟是好是壞呢？

概括世界的研究方法

◎東西之間——中央歐亞史、伊斯蘭史、南亞史、東南亞史

「西」與「東」兩極並存時，兩者之間有一大片「歷史研究的空白」，具體而言即是自

東歐綿延至遙遠東方的中華地區以及其鄰近範圍，這樣的缺陷任誰都看得出來。如此廣大的「空白」領域，當然不是完全沒有研究斧鑿的痕跡，也曾經有傑出人才付出罕見的努力。但若要根據原典或原始文物，以有組織的方式進行獨樹一格的基礎研究，這點長久以來，仍舊是困難重重。

不過「西」與「東」的極端區分並不只發生在日本的歷史研究，在日本引為模範的西歐式世界觀、世界史，很明顯地已經有這樣的狀況。畢竟我們如何思考亞洲以及亞洲史，方法正是源自於西歐。

在這種狀態下，歐亞的中央地帶是有助於理解世界史的關鍵，以近年的用語來說，就是中央歐亞。對於這片廣大的土地，各種探險、調查、歷史研究（絲路所指的諸般事物）自十九世紀後半開始，基於俄羅斯與歐洲強國對領土的慾望急遽增強，新興日本也在落後一陣子後展開大陸政策，在與其密合的形式下，與「滿蒙」、「滿鮮」相關的研究方法備受期待。結果直到第二次世界大戰結束為止，日本的東洋史研究者幾乎半數都與「滿蒙史」、「滿鮮史」產生某種程度或形式上的關連。

戰後，儘管許多人回歸中華本土的研究，在更名為內陸亞洲史的領域中，仍有許多研究者身兼多語言能力及探究世界史的志向。包括原是東洋史的提倡者那珂通世，以及白鳥庫吉、桑原隲藏、羽田亨等領導東洋史的秀逸學者，他們幾乎都以今日所謂的蒙古時代史為主軸，並且具備歐亞史的眼光，令後世注目。其中一項成果是，日本的東洋史並未與中國史畫上等號。除此之外，以細緻的文獻研究與遺跡、遺物分析見長的內陸亞洲史家之中，更開啟了本章之後要談論的伊斯蘭研究，這股浪潮又與中央歐亞史接軌，從更廣闊的區域、立場、視野出發的研究方法逐漸定型。特別必須注意的是，一九九一年底的蘇聯解體，以及隨之引起的國際情勢變化，更促成了這股態勢。

老實說，現在日本的中央歐亞史研究，確實也有受到伊斯蘭史密切影響的一面；儘管隨著時代與場所而有所差異，目光卻能兼顧多語言、多地區、多領域，這種廣度與顯著的歷史性、現代性兼容為一，在日本與世界史相關的各項研究領域之中，或許仍具有突出的意義與國際發言地位跟價值——而且別忘了，其他國家對這個領域基本上是不擅長的。

日本從一九七〇年左右開始，與伊斯蘭廣泛相關的研究、研究方法迅速發展，水準與總量比之以往截然不同；如今大約過了四十年，伊斯蘭學、伊斯蘭史的研究已有著重大進展，也有幾名研究者留下世界級的顯著成果。過去曾有幾名先進試圖振興這個領域，景況的熱絡可說是遠遠超乎預料，這或許是歷史學界在二戰後最重要的話題。

就教育、研究組織而言，表面上受到人事制度影響，不得不暫且維持原樣，許多單位仍然停留在東洋史的架構當中；但究其實質，卻幾乎已經是完全不同的樣貌。另一方面，東洋史原本應當是與西洋史有著密切關連的學術領域，而為了促進各自的歷史理解，兩者之間的知識交流照理說也不可或缺才對；但實際上，它與西洋史之間的交流切磋，或是合作展開的研究、企劃、統合性活動等等，至今仍然所見不多，這點頗令人意外。難道這竟是歷史與現在之間，類似近親相惡所反映的現象？西洋史與伊斯蘭史之間攜手同心協力，乃是理所當然之舉；故此，我希望兼顧雙方視野與研究能力的學者，能夠日益昌盛。

總之，與伊斯蘭相關的各地區之歷史研究，事實上已經形成一塊獨立的領域，愈是年輕的世代，研究層更是遍地存在。如今放眼世界各地，就非穆斯林地區的人所從事的伊斯蘭地區研究而言，若將各式各樣的研究者群與其次世代的人們加總統計，日本可能是首屈一指的。然而，不僅限於歷史學，伊斯蘭研究要求的語言、文獻能力，以及其他各種基礎能力，其背景因素與其他學問頗有不同。例如東洋史或中國史，文獻史料以漢字、漢文占多數；至於西洋史，不僅多語言兼通，其學習、利用也甚為便利。

日本的伊斯蘭研究之涵蓋範圍除了中東、巴爾幹，也包括所謂黑色非洲、南亞、東南亞，更遍及廣義上包含俄羅斯、高加索的中央歐亞，往東也觸及中華地區。歐亞大陸內側的遊牧民族以及廣大的乾燥世界，在日本原本就有雄厚的研究傳統，學術成果之累積與水準皆優，若再加上伊斯蘭研究的要素，很有可能起到如虎添翼的作用，並激發更強大的潛能。

再來看看南亞。北鄰青藏高原、喜馬拉雅以及興都庫什的高山，在歐亞大陸南方中央地帶形成多采多姿、特色強烈的世界。日本具代表性的跨領域研究者應地利明表示，南亞在古代對於「東」、「西」雙方而言，彷彿一塊夾心地帶，彼此對世界的已知與未知在此地進行交錯。特別是印度洋突出的巨大三角形，猶如人類交流與移動的大動脈，聯繫著東洋與西洋。探討世界史之際，南亞的陸地與海洋實在別具意義。

印度的歷史，大致可分為五個時期：印度河文明、古老印度教時代、中世伊斯蘭時代、英國統治的近代，接著是一九四七年獨立至今；是故，要從學術層面考究其全體，並進行多方面的綜合掌握，乃是一件極其困難的事情。另外，在英國統治時代首開先河的那些近代史學相關研究，比方說當時被視為重大命題的「雅利安人（Aryan）遷入」等，現在也都面臨到必須從根本開始重新檢討的時期。在日本，人們對印度之所以關注和嚮往，是因為佛教源於印度。在日本，自古即有「本朝、震旦（梵語 cina 的音譯，古印度對中國的稱呼）、天竺」的三國世界觀；明治以後，將歐洲式梵語學融入舊有漢譯佛經研究的印度學也曾盛極一時。但反過來看，現實世界的南亞社會與其歷史，卻與日本距離極其遙遠。不過自一九五〇年代起，以歷史研究為首的新視野慢慢拓展開來，到了一九七〇年代之後，更加入了田野調查等多樣化的研究方法。在年輕一輩的研究者中，南亞伊斯蘭研究的興起也相當值得矚目。總之，一切唯歐美研究馬首是瞻的時期正漸漸遠去。

另一個值得注目的重點是與南亞密不可分的阿富汗，其動盪局勢如今已將巴基斯坦捲入其中，並且逐漸波及整個南亞，為當地埋下不安的種子；其中像是普什圖尼斯坦[5]之類的問題，甚至已經到了極為危險的境地。凡此種種，都不禁讓人想起過去英俄之間的「大博弈」；英國統治的遺產，在這裡反而以極其負面的形式呈現出來。

另一方面，第二次世界大戰後，特別是在亞非諸國陸續獨立的一九六〇至七〇年代間，隨著世界情勢的變化，東南亞史也開始正式浮上檯面，被當成獨樹一格的區域史來看待。據日本在此領域的先驅生田滋所言，「東南亞」被當作一個整體性的地區單位來加以認識，其實是非常晚近的事情，其源頭大概是始於一九六五年，由費雪（C.A.Fisher）所著的《東南亞：社會、經濟與文化地理》（*South-East Asia: A Social, Economic and Political Geography*）一書。

在這時候，所謂狹義的越戰——也就是自美國直接參戰的一九六五年到七三年，對這塊研究領域產生了極其深刻的影響。不管好壞，在強烈的現實利害背景下，美國開始主導這方面的研究；自戰前便有深厚傳統累積的英、法、荷等舊宗主國、以及很早就與東南亞有千絲萬縷關連的日本、澳洲，也跟著投入其中。

不光是前近代與近現代的歷史研究，在獨裁政權與開發中經濟被不由分說加在當地社會頭上的同時，包括更廣義的田野調查、以及著眼於現代的地區研究，也以形形色色的樣貌，多采多姿地活躍起來。另一方面，就史學來說，東南亞這個多元世界，不只是在陸域和海域兩方面有著明顯區別，包括它和周邊眾多地區的關連、交流，乃至於它在整個世界史當中的定位，今後也有更進一步探討的必要。畢竟，包括非洲東海岸在內的印度洋海域及海上通路，再加上東南亞群島海域，這塊廣闊的領域自有史以來便和歐亞內陸交通一樣，對於「世界史」之所以能成其「世界」，乃是首屈一指的關鍵要因，這是再清楚不過的事實。順道一提，像是「英國對亞洲的統治」之類議題，究其結構，其實也只是這股歷史大潮當中的一葉扁舟而已，故近代史家對此應當要抱持更加謙虛的心來看待才是。

還有一點不可不提，那就是日本最近有關海域史研究的整體動向。這項研究不只要具備解讀多國語言文獻的能力，還要不畫地自限地活用考古、文物等多樣性相關資料，甚至對當地極端多采多姿的國家、社會、地理環境，都必須要有整體統合性的掌握，故此遠遠超出了個人的能力，堪稱是荊棘遍野；但，縱使如此，它仍然有值得一試的價值。只是我們必須注意，不能演變成閉門造車的著述形式；有人主張海域史的史料缺乏，正是足以反過來大顯身手的時機，但這種作法，很有可能會導致歷史虛無主義的產生。

總而言之，不管是陸地或海洋，對於歐亞乃至於歐亞非大陸之間的互動聯繫，探索的浪潮都愈來愈熱烈。聯繫東西、甚或包含兩者的中亞史、伊斯蘭史、南亞史、東南亞史、海域史，以及這些領域之間的相互關連，其重要性不言可喻。

◎成長中的新領域——南北美洲、太平洋、大洋洲、非洲

從人類史的觀點而言，南北美洲、太平洋、大洋洲在世界史上的定位，以及其相關研究都具有重大意義。眾所周知的是，日本的歷史學在不久前仍和這廣闊的大地與海面非常遙遠無緣。在世界史的敘述之中，大致上是以「歐洲的擴張」為核心，南北美洲、太平洋、大洋洲、非洲猶如旁支分流。

在過去，即使是美國史也同樣明顯出現單薄輕忽的現象，近年來總算有迅速而充實的發展。話雖如此，畢竟是與美國相關的資訊，重心難免偏向政治與經濟，焦點往往偏向現況分析而非現代史。美國成立以前曾經歷幾個階段，倘若登高俯瞰之，映入眼簾的將是一段戲劇性的發展，並呈現出綜合多元的樣貌。期待能以日本獨到的掌握或觀點，解釋美國本身對這

方面不加闡述的部分；首先要透過非當事者的目光，重新完整建構更為強固豐饒的美國史，也要將近年來亞洲的巨大變貌納入視野，建構寬廣且具說服力的美國現代論。

美國這個巨大國家充滿著矛盾。欲剖析其結構與原因，必須從世界史的觀點進行更深入的文明史分析。在最近一個世紀，美國對於世界與其步伐造成重大影響。正因為如此，更需要瞭解美國擁有什麼樣的過去，為何有今日的發展，將來又會如何變化。對於美國這個世界級的國家，對其過去、現在、將來不必多加認同或否定，而是要更加確切鮮明地描繪其樣貌，呈現其確切的肖像與今後可能的樣貌，毫無疑問，會是件相當艱辛且浩繁的任務。

讓我們再轉過頭，看看美國以外或以前的事情。關於南北美洲，除了文獻史學的歷史分析，人類學、民俗學、考古學、植物學等多元研究，自然是引人關注的焦點。阿茲特克（Aztec）或馬雅（Maya）等中部美洲文明，還有印加（Inca）等南美安地斯文明（Andean civilizations），有關這些範疇的引介與開拓，在在呈現出一股嶄新的活力，而日本年輕研究者在其間的活躍，更是令人刮目相看。

不僅限於考古學的層面，舉凡日本近年來對於南北美史之相關研究，由於使用西班牙語、葡萄牙語的研究人員增加，素質可說是優良許多。至於廣大的太平洋海域，受美國及其鄰近地區的刺激，也開始有人挑戰「太平洋考古學」的研究。

其研究文字將四散分布的島嶼串聯起來，輕易跨越了遙遠的隔閡，我見到這些脈絡不僅內心震驚，也依然難以否定內心茫然的思緒。特別是大洋洲，英國人主導的殖民開拓史總是難以避免地成為基礎論調。此外，發自文化史或地理學的研究方法同樣引人注目。大致來說，隨著亞洲移民的身影在大洋洲變得益發醒目，在現在與未來的視野中，它必定會占有比迄今為止的歷史更重要的地位吧！

雖然有點贅述，不過從另一個角度看，自從哥倫布（Cristóbal Colón）、科爾特斯（Hernán Cortés）、皮薩羅（Francisco Pizarro）以來，歐洲與「新大陸」再加上非洲所交織的巨大歷史世界，正隨著時間流轉逐漸浮上檯面。也就是說，密不可分的大西洋與其兩岸將形形色色的人與地區捲入其間，創造出強而有力的發展，形成壯闊宏大的範疇。多元複合的社會、文化狀況在此超越國境廣泛形成，非裔離散（Black Diaspora）造成超乎預料的世界樣貌即是一例。這些現象發展為滔滔潮流，至今仍加速進展中。這種樣貌或型態可稱之為「大西洋世界」，若透過超越五百年的時間跨度眺望之，會覺得「西半球」這一範疇雖然近年來看似徹底喪失說服力，實則似乎已在某些地方復甦，令人不可思議。

再看看非洲。日本對其存在與名稱早有朦朧的認知，例如火槍傳入日本不久即有「黑人」來到日本，還有天正少年遣歐使節的見聞，以及江戶元祿時期的地圖、地誌也是傳承非洲知識的媒介。但非洲對日本而言畢竟是極其遙遠的存在，這點到了明治依然沒有多少改變。長年以來，日本人的非洲印象是透過歐洲形成的樣貌。然而，非洲的不幸幾乎都是遇見歐洲才開始。用心反思，探討非洲或許就等同於注視世界史、人類史的黑暗面。這樣看來，歐洲的罪孽之深或許是永無洗清之日。世界史是一部漫長的故事，若藉由確切的根據與脈絡遍覽這部故事，則近代歐洲在非洲幾乎二百年的惡形惡狀，今日可說是更為顯著。關於這點，必須超越時代與空間的隔閡，我們真正應該正視的是歷史上既明確且毋庸置疑的事實，而這些事實正是某些主張「仁愛」的人所做的恐怖惡行。

日本對非洲與其歷史的相關研究難免落於人後，這點無可厚非。然而日本的非洲研究，或者田野調查等各種層面已經明顯超越歷史學的領域，近年來逐漸廣泛擴張。然而，這樣的發展有時仍隱隱透著侮蔑與憐憫，這種近似於歐美型研究方法或理解法的層面倘若真的存在，未免稍嫌可惜。

眾所周知的是，人們之所以將非洲視為「黑暗大陸」，是因為心中有歐洲刻意塑造的印象，而且這不過是歐洲自十八世紀起，對自身異常有自信以後的事情。在那之前，非洲這座巨大的土地自有多采多姿的人文活動，以及各個國家的興衰存亡，不過在此不多加闡述受惠於考古學的成果，這些事實近年來逐漸明朗。我們身處地球，身為活在地球上的人類，如今更應該省思近代歐洲令人不寒而慄的所作所為，特別是曾經在撒哈拉以南非洲（Sub-Saharan Africa）所顯露的真面目。

開創源自日本的世界史

◎日本的能量與潛力

我們已經以日本的研究發展為軸心，非常快速地概觀世界各地區的歷史樣貌與舊有的研究方法。若將之整合為一予以簡評，可說世界史依然處於成形的途中。不過此處所謂的「世界史」具有兩個含意，一是時時刻刻都在變動的歷史，二是一切已經被人敘述過的歷史。

課題堆積如山。其實世界史的研究至今或許還是在「點到為止」的階段，彷彿拼貼布塊似的，只是將世界史的局部與局部聚集在一起，卻無能兼顧彼此內容精細與否。話雖如此，還是要積極嘗試在無「遺珠之憾」的前提下貫穿時代與空間，同時講究概括遍覽，又將主要事項囊括其中——這種作法自有其意義。更何況由本章開頭所述可知，相較於往昔，現況已有相當的「長進」。現實世界的變動衍生出史料研究的新發展，開放空間般的國際情勢促成各種研究往來、交流與合作。如今歷史研究正迎來罕見的有利條件與活絡盛況，新發現、新事實、新解釋、新定義等等，雖不能一概而論，但至少這個時代的人已經不會因為雞毛蒜皮的小事而驚訝不已。包括DNA分析之運用，新技術可望促成大大小小的歷史檢驗、翻案、發現，今後將有更加急劇震撼的發展，其勢絕不可逆。

回顧日本的世界史研究特徵，追根究柢大致有下列三點。其一，不論時代或地點，放眼各個領域幾乎都有形形色色的專業研究人員，他們幾乎廣泛存在於各個角落，這點是特別值得一提的。不只如此，日本在所有情況下，對各項研究題材的分析、驗證、論述，幾乎都是以認真、踏實且細密的方式為之。換言之，雖然個別主題分得相當之細、且眾人在這些領域當中也各擅勝場，但若從整體來看，就算找遍整個世界，也很難看到這種異樣蓬勃的景象，特別是研究的總量，更是龐大無匹。

再舉一項淺顯易懂的例子說明。以中國史為例，雖擁有獨創的研究水準，研究者人多勢眾，卻容易在其框架之中自我滿足，而且大多缺乏關注世界史的目光。老實說，不只是中國史領域，日本的各項歷史研究可說都有這種現象。

另一方面，誠如前述，日本的西洋史近年來的發展水準已與「本地」相仿，已是國際學界（如果這概念真的存在）中強健的一員，在英、法、德、羅馬史等先發重點領域更是如此。但即便是談論西洋史，日本的態度依然非常保守，很少完整談論或發揚日本對世界史的獨有意象，這點在伊斯蘭史或美國史、拉丁美洲史或許也有類似的情形。簡言之，在日本的歷史學界，儘管各個研究非常優秀，但在論及世界史時，卻往往欠缺一種從自身立場出發、具備國際力道的發言與主張。

然而，這也正是日本潛力之所在。透過日本列島居民的眼睛，看到的是簡單易懂，具有說服力、均衡不偏的世界。或許，這將會成為現階段最為「長進」的世界史，同時也會是世界各國最容易接受的一種觀點。

◎橫向整合的世界史

日本傳遞的世界史是與眾不同的「成果」，並非自我中心的論述，它不像昔日西歐式的霸道世界史，也不像現在世界各主要國家普遍採行的「假設世界史」，非以自國為中心；更不會一味針對個別事項予以追加或補足，卻將整體意象的議論擱置一旁，結果塑造出「住商混合」般的古怪論調。在這片天地，水平整合的世界史可有效幫助人們探索新的道路，藉以邁向新型態的世界史。

那麼，日本所要傳揚的世界史，其形象應該是怎樣的呢？它既不能是過往西歐那種橫行霸道、一味強調自我中心的論述；也不能是現在瀰漫在世界主流國家之中，以本國為中心所進行闡述的「想像的世界史」；更不能是將整體意象擱置不提、僅是針對個別問題東添西補，像「住商混合」一樣混雜詭譎的怪異架構。在這裡，作為探索世界史嶄新路徑的下一步，我認為最有效的手段，就是進行橫向性質的整合。

在以往的世界史分類中，難免會將「文化圈」或地區視為基礎的掌握方法，傳統兩大分類是將之劃分為西洋史與東洋史。換言之，各地區有其獨立的垂直考察，整合後統稱為世界史。但其實這些區域都是每個時代便宜行事下的劃分方式，沒人確切討論過「歐洲」是在何時確立的範疇；「東亞」也不過是一九〇二年英日同盟促成的稱呼，沒人追溯此稱謂確立前的範疇；更遑論「中東」、「南亞」、「東南亞」、「中央歐亞」等，都是第二次世界大戰後才問世的概念；垂直切割的歷史有其各自的表述，直到十五世紀末才突然由歐洲跳出來擔任「整合者」的角色。

史料是歷史研究人員的立論依據，其主要研究史料所歸屬的語言或文化區分出研究人員的界線，因此自然形成各霸一方的現象。在「歐洲的全球拓展」以前，世界史自然難以融會出生動活潑的意象，結構性的問題使其必然如此。

然而，在這當中最恣意妄為的，還是對「中東」的處理態度。有很多人將古代的「中東」稱為「東方世界」，把它當成是歐洲的衍生物來看待，但在伊斯蘭教出現後，卻又將它看成是另一種截然不同的東西，這實在是極度投機主義的作為。儘管如此，無論是東方學者或是伊斯蘭史家，只要願意踏出步伐，從綜觀的角度來理解「中東史」，整個事態就會驟然產生轉變，而以往所參不透的事實，毫無疑問也會清晰地浮現出來。伊斯蘭現象究竟為何物，與更早以前的「東方世界」又有何種連貫性？這些對人類史而言相當根本的問題，仍舊有待我們努力探尋。

言歸正傳，所謂橫向整合的世界史，是指跨越「文明圈」或地區的範疇，並關注同一時期之中的發展與關連，也就是從水平的方向理解世界與世界史。說起來簡單，但這樣的歷史研究猶如「荊棘遍布的道路」，一名研究人員至少必須涉獵三、四個區域。換言之，必須以世界級的規模看待時代史。講白一點，以往的世界史就是這點表現較差。反過來說，若不嘗試從水平的角度遍覽世界，不願探究同時代史，終究無法開創世界史。

倘若真能以橫向綜覽的方式貫串同時期的各種事態，那麼各國史或各國文明史中過往難以窺見的部分，都將毫無保留的攤在陽光底下；包括遷徙、交流、影響等要素，都將自然而然地清晰浮現。這就表示我們將跨越小範圍的實證，朝中等規模的實證領域邁進，同時也意味著我們離世界史又更近了一步。

◎人類史之中的「現代」

雖然有自賣自誇之嫌，但我想在此舉一個例子。十三至十四世紀的蒙古時代史，與其餘波所及的十五世紀就是一個典型；又例如所謂文藝復興，雖然往往遭到擴大解釋，但其實它是在交流、通商、文化各領域，首度形成跨歐亞非大陸結合的情勢下，因應而生的產物。

此外，日本人所謂的大航海時代（這個命名有必要更深入探討）、歐美人所謂的大發現時代，都應該視為西班牙與葡萄牙開啟的全球規模時代史——自十五世紀末到十七世紀中葉，都應該視為一個區間總括敘述。在這段期間中，腓力二世（Felipe II）執政的西班牙是個關鍵。

十七世紀中葉以後，英、法、荷開始進軍海洋，三十年戰爭[6]後簽訂《西發里亞和約》，俄羅斯則在歐亞大陸北方展現帝國之姿，東方則有大清帝國崛起、擴張，日本則有堅定不搖的德川幕藩體制……這些歷史都可視為同一範疇，可說是「近代帝國」的時代。

下個範疇則在十八世紀末以降，美國誕生、法國大革命與拿破崙戰爭，俄羅斯與大清兩大帝國在歐亞大陸中央地區的領土劃分與固定化，蒙兀兒帝國實質上的解體，俄羅斯南下以及隨之而起的松平定信「國防計劃」挫敗，乃至於「幕末」的開始，種種事件令十八世紀末以後的歷史熱鬧繽紛。在這段過程中，美、德、奧、法、日、義等許多今日世界主要國家，於一八六〇年到七〇年間陸續成型或重新改組，最後演變為第一次世界大戰。

接著是以一九九一年蘇聯解體與東歐民主化為終點的範疇，也就是所謂「短促二十世紀」，多數人對這點應該是贊同的。順帶一提，這短暫的七十四年就某些層面而言，也可說是「蘇聯時代」；若從更宏觀的角度解釋，當然也可稱之為「美國的世紀」。但真要追究美國主導時代的下限，恐怕仍屬眾說紛紜，莫衷一是；若將期間定義到極限，或許今日籠罩全球的金融恐慌也可算在其中，也就是最長可延伸至二〇〇八至二〇〇九年。總而言之，一九九一年以後的某個時間點，就是真正「現代史」的開端，而現代史本身、或是對「現代史」這個概念進行思考，這樣的行為毫無疑問與從水平角度觀看世界是相符相合的。

真正的難題是，我們如何判讀蒙古時代之前的世界史？橫貫歐亞或歐亞非大陸的時代現象，至少在三至四世紀之間已有一次，在東西之間存在著共通的高低差。七世紀前半與八世紀中期的變化也值得關注。接著在十世紀到十二世紀，無論東西方都產生了顯著的流動現象

（突厥人往西移動，法蘭克人往東移動，古爾王朝〔Ghurid Dynasty〕、契丹、女真等等往南移動），這或許也可概括稱為「前蒙古時代史」。關於蒙古時代以前的事，有機會再另外著墨。

言歸正傳，所謂水平遍覽世界史，並非單純將之橫向排列就算了事，連貫與統合自也不可或缺。我們必須面對多個「區域世界」，用自己的創見處理原始典籍與基礎資料，將之重新組合、全面洞察。這樣的作法非常考驗史家的真正本領；而想要達成這個目標，也必須從垂直的方向，分別觀察各個時代的前後脈絡，這點自然更不在話下。總而言之，必須將各個區域世界的歷史，連同各個時代一併串聯，藉由綜合化或一體化的形式，以宏觀視野觀察之才行。若能實現這點，則自然能看清世界史。

再看看所謂「現代」，或許可說是人類這個「集合體」在凝聚了相當程度的現實感後，才開始看清的第一個時代。「地球文明」終究會以混合體的形式凝聚為一，但目前依然處於「色調斑駁」的演進歷程，還沒有固定的「海圖」。是故，要以中庸平衡的態度遍覽世界史的所有主線支流，並將之重新建構為人類史的形式，或許還需要好一段時間才行吧！

◎實現綜合理解的下一步——世界史學的提案

在此提出一項建議，做為本篇的總結。為了讓「世界史學」成為名符其實的綜合學科，我們應該正式將之定義為常設性的領域及學科，以期對世界與世界史能有更扎實的理解與掌握。

在構想世界史之際，先決條件是必須修習所有相關學術，並通曉大大小小的事實——可惜的是不可能達成這樣的條件。但即使僅憑一人之力，仍有可能憑藉強烈的意志及慾望設法遍覽世界史的全貌，為此持續努力付出；到今天為止，這樣的人絕對不是稀有族群。只不過這樣的「壯舉」通常僅止於一代，少數案例頂多延續二代；且不論昔日封建時代的學者貴族或全體主義國家的御用學者是否亦然，若問今日是否有人挑戰世界史的全貌，並將之視為「家學」，答案是——至少在日本幾乎找不到這種範例。

說穿了，世界史實在太過龐大多歧，即使各個史家在各自的領域中，不斷讓知識繁衍、擴張，也仍舊難以接近下一片天地。對於個人無法直接觸及的領域，誤解與偏見往往層出不窮。至於歷史作家傾向的描述歷史肖像，往往是無拘無束，卻也夾雜著誤解與舊說、獨斷與放縱。但在一人直接探究多個時代、領域、地區時，情況會有突如其來的轉變。歷史是人類行為放大後的形態，存在於各種關連性之中。只要研究人員的「守備範圍」跳脫單一，走向多元，不僅利於其歷史意象，與其接觸的各領域也會發展出更確實、更穩固的相互驗證、相互理解，其優點將會不同凡響。

精通多個領域的研究人員若能凝聚力量培育次世代的人才，情況將會大幅改觀；同時，研究人員再也無法安於特定的框架。我期許研究人員都能兼通世界史的多個領域，在文獻史料的部分，行有餘力可兼通漢語文獻、伊斯蘭相關語系文獻、西洋語言文獻三大領域；光是如此，便足以在今昔研究之間形成截然不同的水準差異。放眼今日世界各地，具備如此素質的人幾乎是不存在的。

換個角度看，世界史與日本史的配合、兼通，自然是必備且理所當然的條件。另外，考古學以及與其相關的研究方法，例如遺跡、遺物之掌握，或者DNA分析等等，還有以往被視為「理科」的知識、能力、技術也是不可或缺。建築、繪畫、視覺史料之運用是認識時代或社會的線索之一，也正是歷史學者應處理的工作。也就是說，在新的體系下，未來塑造人才的重點，不再是傳統上專注於特定領域的歷史研究，而是要能兼顧多元領域，具備廣泛的視野與能力，以憑一己之力跨越各領域間的鴻溝。

另一方面，世界還算不上是「一片平坦」。儘管世界的某些部分已經迅速全球化，但反觀人類的團體、社會卻還算不上是有多麼「進步」。軍政國家依然多不勝數，近似於王朝的國家依然存在。今日世界依然存在多個帝國，有些帝國還是在近期復甦，可見「帝國主義」般的現象依然綿綿不絕。倒是美國單一主宰的氛圍淡化，回歸原來的多元結構。

昔日歐美殖民地的統治結構或框架，以「遺產」的形式傳承下來，反而在各地區形成區域性霸權國家，這樣的情況老實說不在少數。這種狀況一旦長期固定下來，其好壞與否實在令人擔心。各國之間的這種紛爭對立，正在歷史的脈絡中結構化。放眼世界，有些國家正處於「國威發揚時期」，也有不少地方反而處於困境，陷在「從社會發展到國家階段」的夾縫之間；某些地區或國家集團有意邁向統一，也有些國家今後可能走向分裂（如英國、西班牙等）。畢竟，現在也不過是歷史轉變路上的一個中繼點而已。

換個角度看，思索世界史，其實也是在思索現代與現在。我們的基準點位於日本列島，這片島嶼在世界與世界史當中，曾經形成非常獨特的文明體，從而產生了今日的樣貌。就現階段而言，日本所能傳揚的世界史意象，或許是最為中性、也最能被世界各國接納的觀點，而這或許也是日本能為世界略盡棉薄之力的一件事情。

世界從古至今的發展猶如滔滔江水，期盼學者能從總體的觀點深入瞭解，以確切的透視法談論之，並藉此看清「現在」的真正面貌，適切掌握現況，將全世界的未來當作切身相關之事，秉持圓融的構想與確切的願景發揚之。歷史學或歷史研究，特別是世界史和世界史學，都是為了人群、為了全體人類而存在的綜合性學術。透過這樣的努力，超越紛爭與對立的境界，總有一天終將來臨吧！

※※※

雖然我也想對「日本史與世界史」著墨幾句，但本章內容早已超出字數上限，希望未來還有機會闡述意見。本國史與外國史的雙軌並行在世界各國都是極其尋常的現象，倘若硬要單軌化進行論說，確實有點離奇。現階段必須雙軌並行，這樣做或許也是更為妥當的。但要注意，對於世界史，當然也要在發展與論述的同時融入日本史；至於日本史研究中，也要盡量將觀點與研究方法聚焦於世界。

回顧過去可知，日本是個形態與歷史都很獨特的文明體，其形態與歷史，在世界史或人類史之中，無疑都是分外特別的。動畫、漫畫、電影、音樂、飲食文化、流行時尚、傳統藝術、文化素養、美感、繪畫、裝飾、超商文化，日本不僅在這些方面受全球讚賞，同時也具備這片土地土生土長的、獨特的彈性與柔性，城市與自然優美宜人，人們的生活方式大多溫厚樸實；日本今後若能繼續保持這種「生活形式」，或許也算是為世界展現人類文化豐饒的未來意象。

人類因為會思考、有所求、有慾望，因而走過既有的道路，一路來到今日。我們身為日本列島的居民，慶幸上天賜予的自然條件，雖然不須要求自己達到超乎能力所及的表現，卻也應該在分工專精的工業社會中保持物質與心靈的健全，體認人與人的聯繫並無國界之分，並將之視為無上至寶，今後繼續穩健前進。在全球恐慌成為話題的今天，我打從心底如此設想。

1 威廉・狄爾泰（Wilhelm Dilthey）：德國哲學家、歷史學家、心理學家與社會學家。認為哲學的中心問題是生命，透過個人「生活的體驗」和對生命「同情的理解」，就可認識到文化或歷史即生命的體現。

2 格奧爾格・W・F・黑格爾（Georg W. F. Hegel）：德國哲學家，十九世紀唯心論哲學的代表人物之一。黑格爾為哲學領域增添了新向度，即哲學的歷史向度。

3 卡爾・馬克思（Karl Marx）：猶太裔德國哲學家、社會學家、歷史學家。馬克思關於社會、經濟與政治的理論被統稱為馬克思主義，主張人類社會是在控制生產資料的統治階級與提供勞動生產的勞動階級間不斷的階級鬥爭中發展而成。

4 利奧波德．馮．蘭克（Leopold von Ranke）：十九世紀德國最重要的歷史學家之一，也是西方近代史學的重要奠基者之一，被譽為「近代史學之父」。他主張研究歷史必須基於客觀地搜集研讀檔案資料之後，如實地呈現歷史的原貌，他的史學主張被稱作「蘭克史學」，對後來東西方史學都有重大影響。

5 普什圖尼斯坦（Pashtunistan）：指普什圖人居住區，位於巴基斯坦西北部和阿富汗東南部。

6 三十年戰爭：一六一八～一六四八年，是由神聖羅馬帝國的內戰演變而成的大規模戰爭。戰爭以波希米亞人反抗哈布斯堡家族統治為肇始，最後以哈布斯堡家族戰敗並簽訂《西發里亞和約》而告結束。

第二章

如何迎接「百億人口時代」——從人口看人類史

文／大塚柳太郎（東京大學名譽教授）

工業革命　英國的工業革命在 18 世紀發源於英格蘭中部地區，因此影響了整個歐洲大陸，帶動當時許多國家相繼發生工業革命。圖為 1800 年英國紡織廠。

歷史上的人口

◎漫長時光中的現在

在聯合國的人口資訊網站搜尋「世界人口」，結果顯示「目前世界人口為六十七億□□□□萬□□□□□人（二〇一八年□月□日□點□分）」。這個數字每秒都在改變，每秒約增加三人。這般進展表示，世界人口每年增加近八千萬人。若換算為年人口增加率，約為百分之一點二。世界人口的增加率於二十年以前達到顛峰。一九八六年的百分之二點〇七是最高記錄。人口增加的速度之後逐漸趨緩，今後肯定也會繼續下降。但即使增加速度減緩，今日人口已超過六十七億，二〇三〇年將接近八十億，二〇五〇年幾乎篤定超過九十億，最後或許會達到一百億。

增加率在一九八〇年代達到顛峰前，情況又是如何？世界人口，亦即地球上每個時間的存活人數，即便在今日也不可能確切掌握。一般認為，直到十七世紀以後，才可能在某種程度上藉由數字推測世界人口。話雖如此，一直以來都有人根據各種證據或推測，試圖重現人口的長期變化。但其結果很難用一個圖表顯示，因為人口本來是在幾萬年的漫長歲月中緩慢增加，近年來卻開始急速增加。

圖一橫軸的年代刻度有三處並不連貫，其前後刻度的幅度也有改變。即使如此標示，不連貫的年代間，前後人口差異仍然小得難以察覺。相較之下，約二百五十年前開始，人口激增一目瞭然。一項常見的比喻認為，假設智人（Homo sapiens）誕生於二十萬年前，並將至今為止的二十萬年當作一年三百六十五天，則人口急增相當於十二月三十一日跨年日午後的事。

◎人口留下什麼痕跡

論及人口，若不鎖定人們的居住空間則不具意義。這裡所謂的空間，可能是非洲大陸、爪哇島、北海道等地理空間，也可能是古代帝國等人為決定的領土，也可能是現在的國家或隸屬其中的鄉鎮市等領域。在

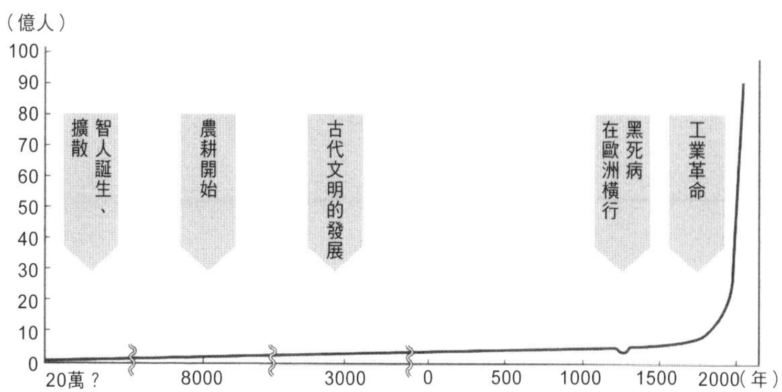

圖一　地球人口變遷　年代刻度有三處並不連續。根據聯合國人口司網站「世界人口變遷」繪製。

各個空間生活的人類總數即是人口，至於人口的變化，反映的是在該空間發生之出生與死亡，以及從該空間向外移動的人與由外向該空間移動的人之數量。由於世界人口的計算是以地球為範圍，因此移居與否沒有差別。換句話說，人口所留下的痕跡，在談論世界人口時，指的是在地球上發生的出生與死亡，其他範疇指的則是出生與死亡再加上移居。

倘若人口變化僅由出生、死亡、移居決定，看起來似乎非常單純。但無論出生也好，死亡或移居也好，各種情況的發生原因卻是五花八門。先看看出生。大多數的生產是發生於已婚男女之間，但結婚涉及許多社會或文化因素，也包含宗教或價值觀；懷孕後續便是臨盆，生物學要素與此深切相關，近年來更大受避孕行為影響；避孕行為又受到各種複雜因素影響，包括文化、社會、經濟、倫理層面。死亡不僅受到遺傳特徵、營養狀態、罹患傳染病等醫學、生物學因素影響，社會經濟因素及醫療保健服務之便利度也大有影響。移居發生於兩股力量強弱不一的時候，其中一股力量是移出地將人們向外推出的力量，另一股力量是移入地對於人們的吸引力；任一股力量背後都涉及許多因素。

截至目前談論的都是影響人口變化的因素，然而人口變化對社會或文化的影響也很重要。學者認為人口增加是農耕發明的導火線，也往往是人類為土地或資源所有權而戰爭的原因。人口增加也刺激人類移居未開墾土地或新大陸，近年來更是節育、家庭計劃普及的催化劑。換句話說，人口透過出生、死亡、移居所留下的痕跡，反映著人類以往的生存樣貌。

本章宗旨在以人口為主軸探討人類歷史。然而「興亡的世界史」各卷，對於世界各地從古代到近代活生生的歷史已有著墨。在此要聚焦的是智人這一獨特動物，探討他們在地球這一變化多端的空間遍布各地的居住歷史，以及其中發生的生死變化、多樣化以及將來。關於這點，要先陳述一項人口研究所具有的最基本特徵——針對所有單一的個人，原則上只著眼於其性別與年齡，並將之計算為一人。換句話說，從人口看見的歷史，其主角將是「平凡的人們」。

有文化的動物

◎生與死的原形

現今活在地球上的所有人類，在生物分類都屬於人屬（Homo）智人種（sapiens），亦即所有人類都是一種名為智人的物種。智人的生物學名稱（俗名）為人，在本章稱之為人類。補充說明，「Homo sapiens」原意為「聰明的人」。

關於智人在地球上出現的時期，有一段漫長的研究歷史。今日廣受認同的遺傳學推論是建立於許多人的粒線體DNA分析，這些人的生活遍布於地球各個地區。研究結論顯示，這些受分析的對象，其祖先都可追溯至過去居住在非洲東部的個人；其祖先生存的年代，推定為十二萬年至二十九萬年前。換言之，我們的祖先約於二十萬年前在非洲誕生。猿人（北京猿人或爪哇猿人）或尼安德塔人的生存年代更早，雖然同是人屬的一員，卻是已經絕種的分支。就動物的角度而言，人類有幾項獨特的特徵。若將智人以前的祖先所獲得的特徵也算在內，最重要的應是直立二足步行。二足步行促進手（前肢）的靈巧，以及腦部的大型化。此外，人類身上沒有濃密的體毛，而是具有發達的汗腺，適合長時間且活躍的行動；再者，人類之所以能適應地球上的各種氣候帶，是因為動植物通吃的雜食性所帶來的恩惠。人類除了有這些生物學的特性，也發展了遠非類人猿所及的、高深且複雜的文化。

我們的祖先，亦即史前時代的人類，其出生與死亡究竟是什麼樣的循環模式呢？對於這個有趣的主題，研究人員嘗試過兩種主要研究方法。其中一種，是從發掘出土的骨骼或牙齒等物獲取資訊，另一種是從現存狩獵採集民族等社會獲取資料，並類推之。研究人員曾嘗試由人骨推定死亡年齡，也曾由骨骼或牙齒殘留的疾病跡象得知幾個傳染病之存在。但是發掘者很難發現大量的人骨，幼年夭折的人骨也難以殘留，不可能將出生與死亡的樣貌完整復原。

反觀，若是調查現存民族雖可取得詳細資訊，但獲得的終究是現下調查時的資訊，不見得能藉此類推回史前時代的狀況。

現存類人猿之遺傳現象與人類相似，第三種研究方法即是其出生、死亡模式之比較。以最近似於人類的黑猩猩為例，關於再生育特徵之比較如下方附表。本表與人類相關的數值，係由現存狩獵採集民族等社會取得。無論哪個項目，人類與黑猩猩的數值都很相似，但也都有少許的差異。最大的差異是哺乳期間，黑猩猩是四年，人類則是兩年。人類會用工具或火焰將食物加工為容易消化的狀態，可在早期內提供嬰兒離乳食物。這個結果使得生育間隔縮短，因為哺乳期間獨特的體內激素會阻礙受孕，人類則可早期解除這種狀態。

接著比較生涯生育數。初次生育年齡至最終生育年齡的年數除以生育間隔，所得即是生涯生育數。雖然最終生育年齡在個體間的差異頗大，但無論黑猩猩或人類，平均值皆約四十歲。因此平均生涯生育數皆超過五，但黑猩猩與人類的個體不

	黑猩猩	人類
成人女性的體重（公斤）	31	40
初次生育年齡（年紀）	14	19
懷孕期間（年）	0.70	0.75
生育間隔（年）	5	4
哺乳期間（年）	4	2
最長生存期間（年）	45～50	60

黑猩猩與人類的再生育之相關特徵　「人類」的數值係根據現存狩獵採集民族等案例編寫。

乏在四十歲前死亡，因此實際水準可能比五低。

無論黑猩猩或人類，若以數百年或數千年等長時期設想，則可假定其個體數（人口）變動極為緩和，經過一個世代也不會有變化。欲驗證個體數在世代間維持穩定之條件，可嘗試替換世代間的女性（雌性）數量。假設以女性平均生涯生育女嬰數為被乘數，女嬰存活至其出生時的母親年齡的比率為乘數，且兩者相乘之積為一，則個體數在世代間不會改變。若出生男女比為一比一，平均生涯生育數為五，則存活率為百分之四十；平均生涯生育數為四，則存活率為百分之五十——兩者的個體數在世代間將不會改變。這項計算將男女比定為一比一，其實定義並不完善（人類的男嬰大約多百分之二至五），不過史前時代人類的出生與死亡模式，應該不至於超出在此所示的兩組生涯生育數與存活率的組合範圍。

◎自我家畜化

人類發展了文化，使用火及各種工具，促成食衣住及各種生活層面的變化。就飲食生活而言，加工、保存技術的影響尤其深遠。因為人類不僅將食物處理為較易於食用的狀態，也懂得去除植物中的毒素，使不可直接食用的植物變為食物，還會將動物的肉乾燥處理，延長其可食用期間。洞窟或豎穴等居住空間、毛皮等衣服不僅減輕氣溫等外在壓力，也減輕了野生動物對人類的危害，減輕了心理壓力。

這樣的日常生活，狀況近似於家畜動物的處境，因此有人稱人類為「自我家畜化的動物」。試比較狗及其祖先狼，豬或其祖先野豬，可知家畜動物相較於野生動物，在成長之後幼兒般的特徵依然保持不變，例如顏面線條較為圓滑。人類亦然，將復原後的化石人類顏面與現存人類顏面兩相比較，明顯可看出這種傾向。除了樣貌的變化，生育數的變化同樣值得玩味。家畜動物的生育數比其野生種多，主要原因應該是生育間隔的縮短，以及生育年齡的延長。這或許是因為家畜受到人類保護，不僅壓力減輕，營養狀態也變得更好。

◎潛在出生力之上升

非洲南部的薩恩人（San）在喀拉哈里沙漠生存，一度過著狩獵採集的生活。美國人類學者南西・哈威爾（Nancy Howell）長年深入其社會之中居住，曾針對再生育年齡（約四十歲）過後的所有女性（共七十五名），瞭解其詳細的生育歷史。結果如下頁圖二所示，最高次數為五次，且落差頗大。這七十五人的平均值為四點四，與前述生涯生育數的水準一致。

我在此關注的並非平均值，而是個人間的大幅差異。生育次數僅一次或二次的女性之所以為數不少，主要因素可能是伴隨生育引發的二次不孕。更有意思的是，擁有多次生育經驗的女性雖是少數，但畢竟存在。對生育八、九次的女性而言，平均生育間隔可能是三年以下。可能的原因是，其營養狀態及其他健康狀態良好。之後要介紹的巴布亞紐幾內亞的吉德拉民族女性，她們的生涯生育數如同薩恩女性，同樣可發現大幅的個人差異。

生育數的個人差異有可能是遺傳因素導致嗎？這點在很久以前就是令人感興趣的疑問。然而許多社會的資料顯示，擁有較多兄弟姊妹的女性不見得就有生育數較多的傾向；也不見得兄弟姊妹數量少的女性，就有生育數較少的傾向——由此可知「多產基因」並不存在。薩恩人的資料顯示，人類只要條件齊全，例如健康無病、營養狀態良好，則有能力多多生育。順帶一提，研究報告顯示黑猩猩

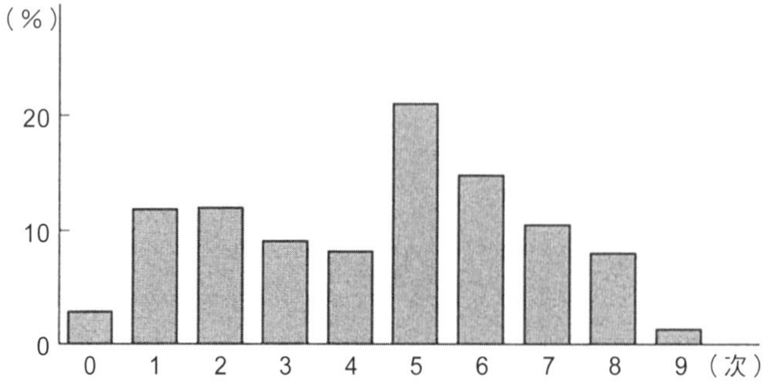

圖二　薩恩人女性的生涯生育數之頻率分布　薩恩人於近幾年以前仍在非洲南部喀拉哈里沙漠過著狩獵採集生活。

的個體生育數幾乎無法超過五次。人類在文化發達後，獲得了自我家畜化般的生活形式，因此激發了多多生育的潛能，可說是為日後的人口爆炸留下了伏筆。

泛地球型動物的歷程

◎源出非洲與源出亞洲

約莫二十萬年前，智人在非洲誕生，之後向地球各地擴散。在此之前，北京猿人或爪哇猿人的祖宗，亦即直立人（Homo erectus）也曾由非洲擴散至歐亞大陸（當時的爪哇島與亞洲大陸相連），因此智人的源出非洲可說是第二次源出非洲（下頁圖三）。學者認為第二次源出非洲大約始於十萬年前；在歐亞大陸，其中一條路徑是由中東經由南亞通往東南亞，另一條路徑則由歐洲北上，往東通向西伯利亞。在二萬五千年前，智人已自其誕生之地熱帶地區，到達千里之外的寒帶地區西伯利亞。

由地球儀可知，亞洲大陸東側在赤道附近有蘇門答臘島、婆羅州島、爪哇島等印尼諸島，以及菲律賓群島，其東方為大洋洲。再看看北側，半島的海角則是隔著白令海峽與北美大陸的阿拉斯加遙遙相望。當時人們便從這兩個地區往東遷徙，這兩個地區的遷徙稱為「源出亞洲」。從考古發掘的證據可知，前進大洋洲約莫始於五萬年前，前進北美約莫始於一萬四千年前。

大約五萬年前，人們首度遷往大洋洲，當時地球氣溫遠比現在低溫，海平面也較低。今日印尼峇里島以西各個島嶼，以及菲律賓的許多島嶼皆與亞洲大陸相連，形成巽他古陸（Sundaland）。學者認為，第一波遷徙者是由巽他古陸東部（今東印尼）搭乘木筏之類的工具抵達新幾內亞島西部（今印尼巴布亞省〔Papua〕）。這些遷徙者的子孫即是澳洲人（澳洲原住民〔Aborigine〕），或者新幾內亞島大多數地區的居民。

人類遷徙大洋洲的第二波是在幾千年前，當事者是完全不同的群體。此時的遷徙者具備東南亞興盛的根莖類農耕技術，而且擅長駕駛獨木舟。他們的子孫與當地原住民，亦即第一波遷徙者的子孫發展出少許混血關

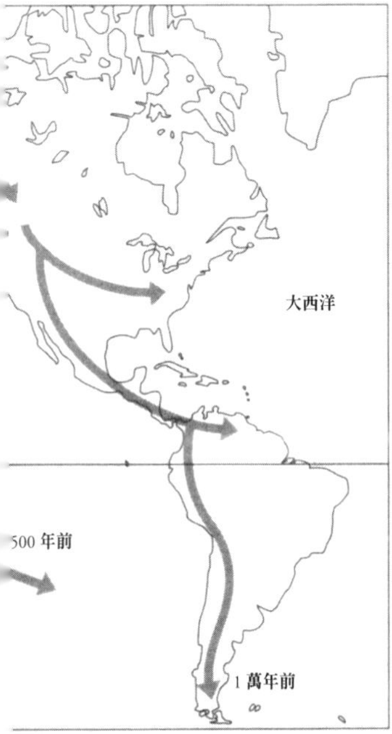

係，並擴散至南太平洋玻里尼西亞或密克羅尼西亞的島嶼。

亞洲大陸北側，大約在一萬四千年前，末次冰期（Last glacial period）的寒冷氣候開始趨緩，白令海峽轉變為無冰的通道，稱為白令陸橋（Beringia）。有力學說認為，當時的人類與猛獁象等生物，即是循著這條無冰的通道橫渡兩地。根據考古學證據等推測，當時抵達北美的人類隨後以非常快的速度前往南方。早在一萬年前，他們已經跨越赤道，抵達南美大陸最南端。

由於源出亞洲，儘管一萬年前尚未發明農耕或飼養家畜，地球上大部

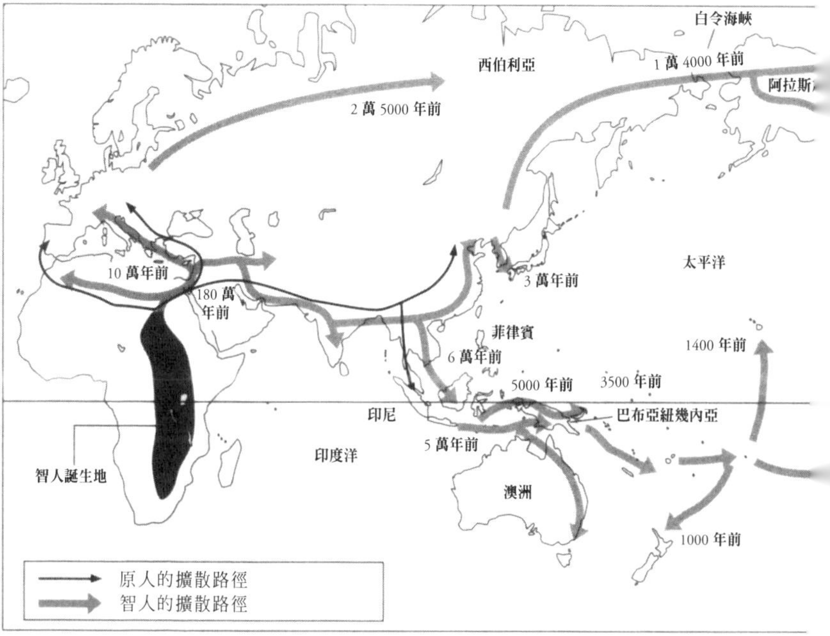

圖三　智人與原人的主要擴散路徑

分的陸地卻已經有人類居住。這是其他動物沒有的特徵，顯示人類已經成為泛地球型動物。

◎生物適應與文化適應

人類之所以演變為泛地球型動物，得以在多元環境生存，除因受惠於獨特的生物特徵，如二足步行、汗腺發達、雜食性飲食，也有賴於技術層面及社會層面的文化發展。

人類在熱帶誕生，相較於類人猿有極多的汗腺，排水能力優異，水分可透過汗水大量排出。因此人類能適應炎熱的環境，可長時間旺盛活動。另一方面，之所以能在溫帶及寒帶生存，甚至能在地球上極端寒冷的北極圈居住，並非出於生物的適應能力，而是穿衣與房舍之功勞，屬於文化適應。

對於熱帶起源的人類，適應寒冷地帶前的另一道巨大阻礙，是食物的獲取管道。愈往寒冷氣候帶移動，植物性食物的種類與數量就愈少，凍原幾乎沒有可食用的植物生長。根據因紐特人（Inuit）過著傳統狩獵採集生活時所留下的觀察記錄，植物性食物所供給的能量（卡路里）頂多占百分之五。前進寒冷地帶的人們，仰賴的是動物性食物，其獲取管道遠比植物困難且不穩定。主要食物由不具移動性的植物轉為移動性高的動物，自然也大幅改變了其生存戰略。

他們的主要食物為成群結隊的馴鹿，或是在特定季節溯溪而上的鮭魚、鱒魚等。想穩定獲得這些動物，除了狩獵漁撈技術必須進步，也要對氣候或動物生態有所理解，人類的分工合作等社會文化之進步也是不可或缺。此外，食物取得後的保存或分配，也屢屢促成技術層面與社會層面的進展。

◎農耕之前的人口支撐力

在發明農耕以前，人類即於狩獵採集民族時代擴散至地球各地，那麼狩獵採集民族的可生存人口究竟是多少人呢？動物在某個環境中可能生存的最大個體數稱為「環境承載力」，是由可能利用的食物（食物能量）數量推定，而環境承載力用以論述人類時也稱為「人口支撐力」。在農耕開始以前，取自自然界的動植物之數量，即是人口支撐力的最大影

因紐特人　美洲原住民之一，分布於北極圈周圍，以狩獵採集維生。圖為 1917 年的因紐特家庭。

響因素。

考古學家菲克利・哈珊（Fekri Hassan）可說是史前人口學的創始者，他將地球上的陸地劃分為八個生物群系（此劃分法兼容生物群集類型與氣候區的概念，其分類有凍原、北方森林、落葉林、疏林、溫帶草原、熱帶草原、熱帶疏林、熱帶雨林），並從各生物群系中，人類可食用之野生動植物數量推定人口支撐力。菲克利・哈珊也承認這是非常粗糙的推定，但姑且可以假設，人類在地球上若僅以狩獵採集維生，則最大可生存人數不到一千萬人。（見下方附表）

除了根據人口支撐力做推定，研究人員也曾以考古學的證據，推定農耕開始以前的人口。許多研究認為，距今二、三萬年前的舊石器時代後期，總人口約為八百萬人。此推定與菲克利・哈珊的人口

生物群系	面積（106km²）	人口支撐力（人）	
		每1km²	總面積合計
熱帶雨林	20	0.053	106000
熱帶疏林	7	0.204	1430000
熱帶草原	15	0.375	5629000
溫帶草原	9	0.059	536000
疏林	9	0.001	13000
落葉林	18	0.031	562000
北方森林	12	0.023	285000
凍原	8	0.005	43000
合計	**98**	**0.088**	**8600000**

狩獵採集生活時代的地球人口支撐力之推定值　人類不曾居住的高山等地，未納入地球的面積。Hassan（1981）

支撐力論點非常接近，顯示人類在各個棲息地，曾將可利用的糧食資源發揮到淋漓盡致。由此可以認定，人類雖然只是自然生態系的一員，棲息地區卻已經幾乎遍及地球陸地全境，並且適應了各個棲息地的環境。換個角度想，人類很可能「早已適應」地球上的許多地區，陷入過度適應的狀態，反而再也無法支持更多的人口。

糧食開始生產

◎農耕開始

距今大約一萬年前以前，地球上某些地區開始農耕。這起事件從本質層面改變了人類的生存方式，文明史家戈登．柴爾德（Gordon Childe）稱之為「人類的第一次革命」，也常有人稱之為「農業革命」。「農業革命」一詞讓人覺得狩獵採集生活彷彿一轉眼就轉變為農耕生活，實際上這是一段緩慢的變化，歷時幾百年甚至一千年以上。幼發拉底河流域是麥類的農耕發源地，最近的考古學調查指出，在發掘出土的小麥之中，栽培種占大多數的現象，是歷時三千年的結果。這項發現顯示，人類有很長一段時間不僅耕種栽培種，也採集野生種。儘管詳情有待今後研究考證，但也可知初期農耕的生產力很有可能是匱乏的，生產安穩性更是不足。

話雖如此，農耕在地球上的許多地區，終究取代了採集。在自然生態系統之中，各種動植物之個體數因食物鏈——「生產者與消費者」的關係而維持平衡，農耕則不受此制約，能培育植物供應人類食用。隨著農業普及，人口當然激增，相較於農耕以前不可同日而語。

左頁圖四顯示地球長期間的人口變遷，此為筆者根據生物人口學家艾德華．第維（Edward Smith Deevey Jr.）的原圖，納入近年狀況繪製而成。本圖之橫座標與蹤座標皆為對數刻度，可清楚看出自農耕約於一萬年前開始以後，人口開始急速增加。由此可知，在二、三千年間，原約八百萬的人口便增加至數千萬。這段期間的年均人口增加率，約為百分之〇點一八。

提到人口伴隨「農業革命」激增，許多人認為農耕開始就是人口增加的導火線。但在一九七〇年代，丹麥經濟學家愛斯塔．波斯拉（Ester Boserup）卻主張人口增加才是農耕開始的導火線，因而引起熱烈議論。如今波斯拉理論已廣受認同，但畢竟人口增加與農耕發展應是相輔相成的歷程，談論何者為導火線或許並非極具意義之舉。

◎定居生活的功過

農耕維生與定居生活是形影不離的關係。在定居生活中，特定成員將在日常生活中遇見彼此，形成社會，也會產生擁有土地或產物的概念。財產積蓄、社會關係高度發展與複雜化、資訊量增加的現象因此逐漸顯著，卻也引發新的問題——居住環境惡化。

排泄物之累積等問題將導致衛生狀態惡化、傳染病流行，這是定居生活造成的負面影響，人類長期為此所苦。人類會罹患的許多傳染病，其病原體原本是以野生動物為宿主，但在宿主轉變為人類以後，引起的症狀也隨之加重。例如結核、流感、天花、鼠疫、麻疹、熱帶熱瘧疾、百日咳等等，都是這類病原體，且長久以來奪走了無數人命。這些

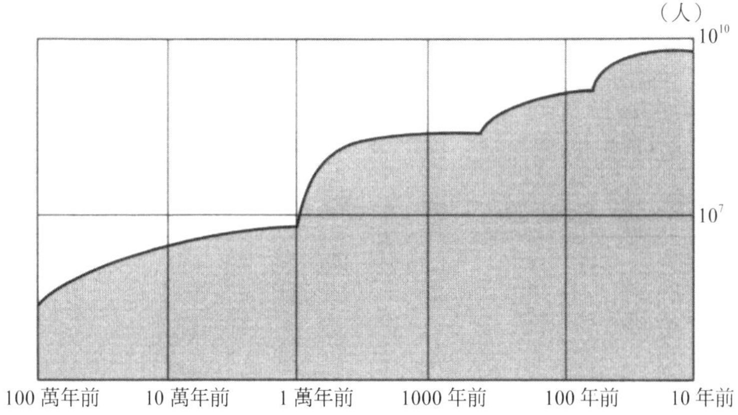

圖四　地球人口長期間的變化　根據艾德華・第維（1960）的數據，再加上近年來的資料繪製。

病原體原本在家畜體內生存，可能是因為人類密切接觸家畜，尤其是飲用生乳，因而開始被感染。況且人類高密度的居住環境，對於病原體而言更是絕佳條件，可以接二連三找到不同的人類，增加其宿主。最近的分子生物學研究也顯示，這些對人類而言特殊的病原體，是從農耕與飼養家畜開始之際現形。

高密度的居住與大量使用資源的生活，也加重了周遭環境的負荷，森林消失、耕地土壤疲乏更是首當其衝的問題。這種環境惡化問題，曾發生在古代城市及其周邊，南太平洋四面孤立的復活節島（拉帕努伊島），便曾發生發人省思的悲劇。

復活節島　南太平洋島嶼，位於智利以西外海約 3600 到 3700 公里處。當今的人類學界多根據當地的語言稱此島為拉帕努伊島（Rapa Nui），這是 1860 年代來自大溪地的玻里尼西亞勞工對它的稱呼。

復活節島因摩艾像聞名，此島孤立位於玻里尼西亞東部，面積一百七十平方公里。歐洲人最初於十八世紀前半造訪當地，當時島上人口約二千人，生活悲慘。但在日後的研究發現，島民曾建立以根莖類農耕及漁撈為軸心的社會，全盛期人口大於七千。生活之所以窮困，人口之所以減少，是因為森林被全面砍伐、土壤惡化，農耕生產力於是低落，失去樹木則無法製造獨木舟以利出海。順帶一提，復活節島全盛期的人口密度，約為每平方公里四十五人，相當於今日全球的人口平均密度。

◎多元農耕文化

農耕的類型五花八門。因為野生植物栽培化後，會隨著生長地區不同，而孕育出符合環境條件的農耕文化。廣為人知的地區與主要作物有：西亞與麥作、源自中國南部至印度東北部的稻作、熱帶亞洲的芋頭及地瓜等根莖類作物、西非與小穀類作物、中美與玉米、安地斯高地與馬鈴薯。

各個農耕文化有不同的特徵。特別重要的是收穫有無季節性，以及作物收成後可儲存的期間。例如熱帶雨林興盛的根莖類農耕，雖然全年可收穫，卻因為根莖類水分多，不適合長期儲存或遠距離搬運。從事根莖類農耕的人，會因此頻繁栽種與收穫，行動模式近似於採集野生植物。若是穀物栽培的農耕，則栽種或收穫作業集中於特定時期，水分含量少的作物也可能長期保存，作物的後續使用價值更高。另外，安地斯高地的馬鈴薯（當地稱為chuno）農耕會利用寒冷乾燥的氣候，大幅減少收成作物的水分，成功利用嚴苛的氣候條件做出乾燥薯類。

農耕將野生植物栽培化，至於野生動物則是家畜化。家畜化同樣起源於野生動物的棲息地。學者認為，主要家畜動物中，牛、馬、山羊、綿羊之家畜化乃源自麥類農耕文化圈，豬、雞之家畜化則源自根莖類農耕文化圈。新大陸的主要家畜是大羊駝與羊駝。乳汁之飲用、畜力於農耕及搬運之利用，是家畜格外重要的用途，麥類農耕文化圈尤其受惠於家畜。

各地興起的農耕，隨著品種改良等技術革新傳播至周邊地區

（圖五）。以稻米農耕為例，水田栽培技術於一萬年前在長江流域發展，五千年前廣泛傳向中國南方，三千年前更傳播至東南亞的許多地區。東南亞的農耕在此之前，乃以根莖類為主要作物，此後則有許多地區轉換為以稻作為主的農耕。

日本的農耕發展也陸續有新發現。約四千年前開始栽培陸稻，進入彌生時代後，水稻耕作從朝鮮半島傳入日本，並傳播開來。另一方面，源自西亞的麥類農耕，則自相對早期開始廣泛傳入歐洲，約六千年前可能已在英國（不列

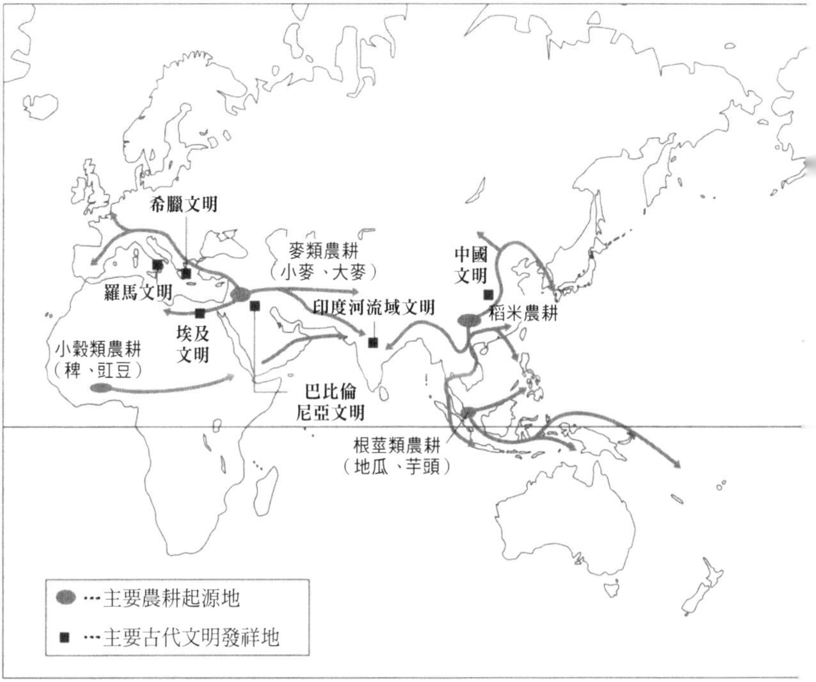

圖五　主要農耕文化的發祥地與史前時代的傳播路徑

顛島）實施。

大航海時代開始後，世界各地的狀況為歐洲世界所知，十五世紀地球上的農耕分布曾如圖六所示。圖中空白部分，是畜牧民族或狩獵採集民族的居住地，當時人類的生存模式顯然是多元化的。農耕形式的差異與社會或文化息息相關。穀物的儲藏期間長，產量若有剩餘則價值更高，這些農耕文化圈可發展出高水準的社會或文化，例如職業分工等——古代文明興起於穀物農耕文化圈，如實反映了這點。

◎從人口密度看多樣化

圖七著眼於農耕模式，並將世界分成八個地區，且標注著西元元年至一九五〇年間六個時間

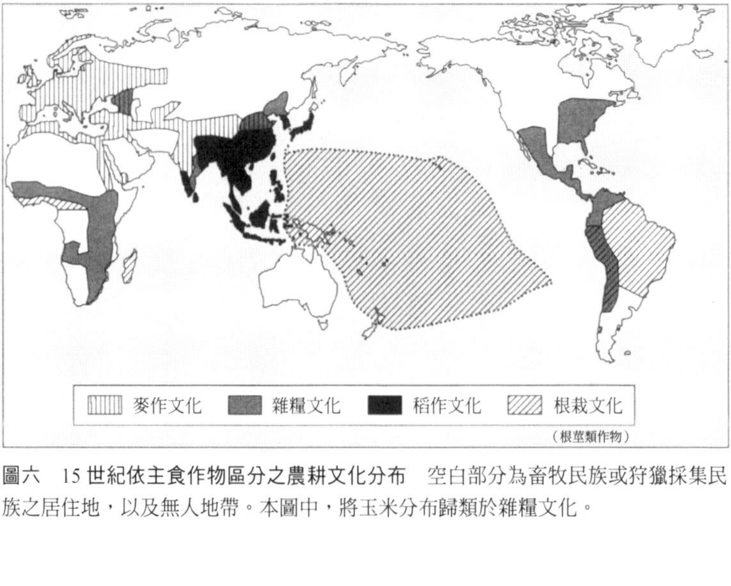

圖六　15 世紀依主食作物區分之農耕文化分布　空白部分為畜牧民族或狩獵採集民族之居住地，以及無人地帶。本圖中，將玉米分布歸類於雜糧文化。

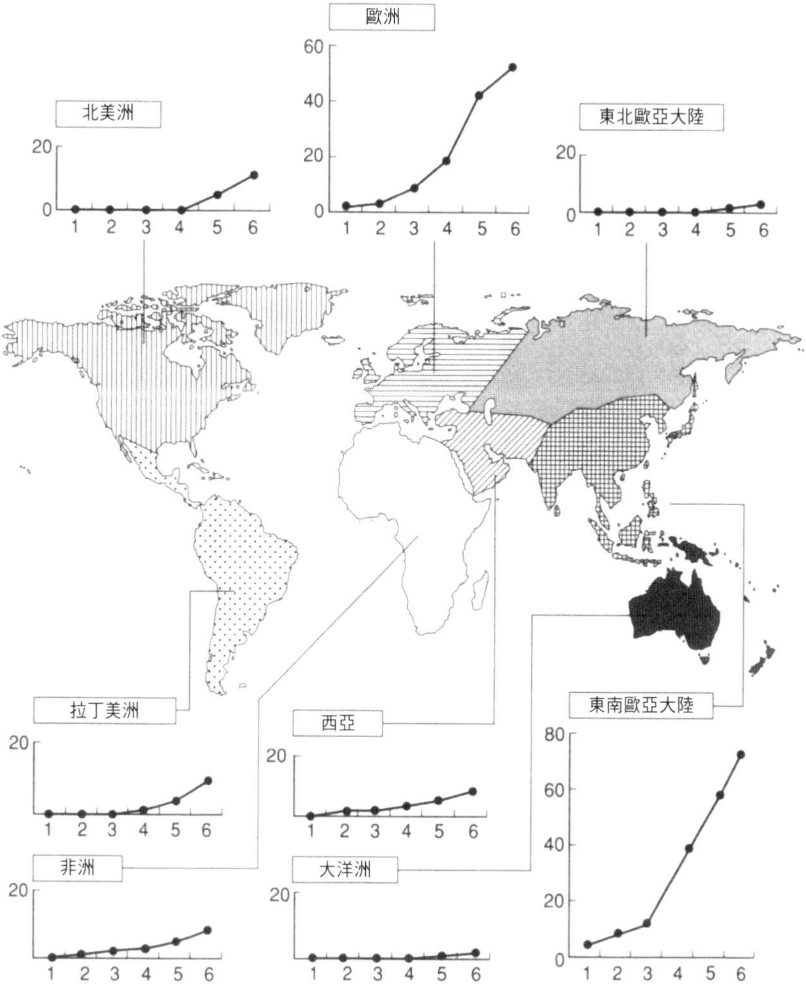

圖七　世界八個區域的人口密度變化　橫軸座標 1 至 6 的數字分別表示：1 ＝西元元年，2 ＝西元 1000 年，3 ＝西元 1500 年，4 ＝西元 1800 年，5 ＝西元 1900 年，6 ＝西元 1950 年。縱軸座標為每平方公里的人口數。

點的人口密度。這八個地區是：①西亞，麥類原產地；②歐洲，麥類農耕傳播至此；③歐亞大陸東南區，稻作優勢區；④歐亞大陸東北區，不適合栽培作物；⑤非洲，雜糧（小穀類）或根莖類栽種區；⑥大洋洲，主要農耕為源自東南亞的根莖類（澳洲大陸並未開始農耕）；⑦拉丁美洲，玉米及馬鈴薯的農耕起源地區；⑧北美，尚未開始農耕。

由圖可知，地區間的人口密度差異甚大，自一五〇〇年開始更有擴大傾向。歐亞大陸東南區與歐洲的人口密度向來很高，因為這兩個地區不僅稻米及麥類的生產力高、營養價值豐富，農耕技術也有進步，糧食供應穩定使得人們的營養狀態、健康狀態良好。

然而這兩種農耕方式具有截然不同的特徵。稻作必須投入許多人力，水田是人工創造的耕作環境，水源管理、施肥、除草都需要人力；至於麥作，耕地需週期性的休耕，也利用家畜協助耕作。這些特徵的差異，若以下列公式思考將更容易理解：（生產／勞動）＝（土地／勞動）×（生產／土地）。農耕發展正如（生產／勞動）所示，可說是提升勞動生產力的歷程，為此必須提升（土地／勞動），或者提升（生產／土地）的結果。歐洲的麥作乃著力於（土地／勞動）之提升，亞洲的稻作則著力於（生產／土地）之提升。也就是說，為了提升稻作的（生產／土地），必須投入許多勞力，可能也因此促進了亞洲的人口增加。

工業革命與人口轉換

◎由多產多死到少產少死

世界人口之增加速度自十八世紀開始加速。請看圖四（頁八九）所示的第二次人口激增。此時的人口成長乃源於歐美各國死亡率、出生率之顯著變化，有人口轉換之稱。各國的死亡率與出生率之變化模式不盡相同，各國發生變化時的社會經濟狀況也不盡相同，因此要用單一理論解釋人口轉換時必須慎重考慮，但在此姑且以英國（英格蘭與威爾斯）的典型模式為例說明。

如圖八所示，英國的普通出生率僅略高於普通死亡率，兩者皆約為千分之三十五（每一千人中有三十五人出生或死亡），但在一七五〇年左右，死亡率開始下降，出生率則維持不變（實際上應有些許上升），自一八八〇年左右開始

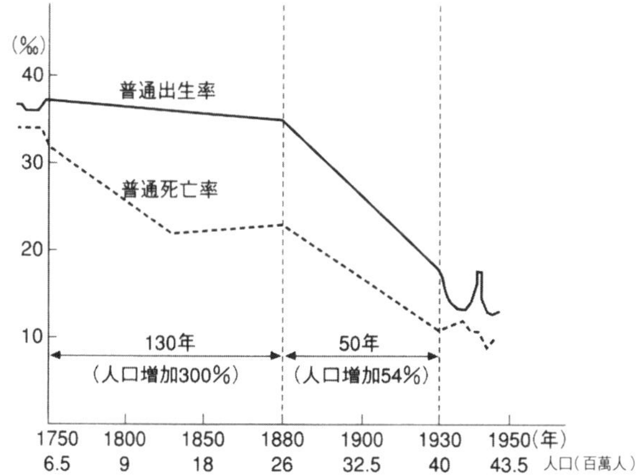

圖八　英國的人口轉換模式圖

下降。一九三〇年左右，死亡率與出生率下降至千分之十五左右，人口轉換可說至此結束。

人口轉換是指「多產多死」歷經「多產少死」而至「少產少死」的變化過程。人口轉換期間，出生率與死亡率之差增加，此一差距即是人口增加率。以英國為例，一七五〇年的人口為六百五十萬，到了一九三〇年則為四千萬，在一百八十年的時間增加為六倍以上。試算這段期間的年平均人口增加率，正好約百分之一。順帶一提，人口轉換結束後，死亡率與出生率依然持續緩慢下降。英國的普通死亡率與普通出生率，約於人口轉換結束五十年後，亦即一九八〇年左右在同一水準維持穩定（兩者於一九八〇年的值皆約為千分之十二）。

歐美各國的人口轉換大多比英國晚，這些已開發國家的人口轉換使得全球人口急速增加。全球人口於一七五〇年時為七點九億，一八〇〇年時為九點八億，在一九〇〇年已開發國家人口轉換進入尾聲時則達到十六點五億。一九〇〇年以後，已開發國家人口增加速度減緩，開發中國家的人口增加速度則是加快。

◎社會化的生與死

英國人口轉換開始的時期，與工業革命的開始時期一致。工業革命不僅徹底改變了農業為主的產業結構，也對社會及文化引起全面且重大的變化。許多年輕族群成為工廠勞工，由農村遷入城市，開始建立核心家庭。農業形態也有變化，孩童提供的勞力不如以往有價值，但也因為教育的價值提升，孩童接受高等教育的機會增加。

人口轉換的前期有死亡率下降的趨勢，人們的營養狀態與健康狀態之改善對此貢獻最多，而這兩個現象要歸功於糧食生產的進步。這是因為工業革命不僅提升了工業領域的生產力，也促成品種改良及肥料的使用，提升了農業領域的生產力，再加上運輸力的發達，大幅改善了人們的飲食生活。另外，也有人指出衛生層面的改善對死亡率下降的影響，例如一般住宅使用玻璃窗、平民使用肥皂等改變。但近代醫療與公共衛生的貢獻要真正顯著，是十九世紀後期死亡率開始下降的時候，特別是預防接種普及促使傳染病死亡率下降時。

出生率的下降也涉及許多因素。就經濟學的角度而言，農業家庭減少使孩童的勞力價值下降，父母反而增加養育孩童的費用。就社會學的角度而言，傳統大家庭（三代同堂）減少，核心家庭增加，夫妻較以往容易控制生育。比這些因素更重要的是死亡率下降，且孩童變得更不容易死亡。孩童數量受各種因素影響而變少，許多人開始加倍用心養育兒女。

吉德拉社會的人口變化

◎以生存為單位解釋的族群

在此改變觀點，舉兩個具體例子介紹人口變化的過程。第一個例子，是我長年來調查的巴布亞紐幾內亞的吉德拉人。其居住地位於新幾內亞島中央南部，面積約四千平方公里，日常生活仰賴西谷椰子（野生棕櫚科的一種，樹幹可儲存大量澱粉，也有人為移植者）之採集、火耕農業、狩獵、漁撈。吉德拉語系的人口僅約二千人，幾乎所有婚姻都是語系內的聯姻。群體占有特定土地並形成通婚圈，在生物學上稱為族群，族群的英語與人口的拼音相同，都是population。換言之，族群最基本的要素就是人口。

吉德拉人的居住地為低窪地，位於海與大河之間，但內陸地區標高略高。根據村民間流傳的故事，其祖先過去僅在內陸地區興建村落，但因為人口在長時間內緩慢增加，便開始在邊緣地區的河岸或海岸興建新的村落。採集西谷椰子對吉德拉人而言是重要的維生手段，雖然他們也從事火耕農業，主要作物根莖類及香蕉卻需要頻繁栽種及收穫，可見其行動模式近似於狩獵採集民族。

我在一九六〇年代首次造訪吉德拉社會，當時外來的影響非常有限。食物幾乎都是從他們的土地取得，醫療服務與小學教育也才剛起步，近半數的新生兒在第一次過生日之前就夭折。然而吉德拉社會也在一九六〇年代至一九七〇年代開始受到近代化的影響。

吉德拉人沒有文字。為了透過這樣的社會推測過去的人口動態，我曾為其所有人建立溯

吉德拉人的生活　吉德蘭（Gidraland）內陸地區的沃聶村（上）。即將過一歲生日的男孩。在吉德拉社會，少女經常照顧兒童（中）。吉德拉人喜歡跳舞，有時會徹夜跳舞（下）。三張照片皆為本文作者於1980年代拍攝。

及數個世代的族譜，並比較已婚女性（母親）的人數、由她們生育並生存至結婚的女嬰人數。換言之，我的作法是藉由某個世代的女性人數與下個世代的女性人數，探究世代間的女性置換率。只要假設世代間隔（平均生育年齡），就能藉由置換率推定人口增加率。

已婚女性（母親）之中，女應達到結婚年齡的有六百五十三名（下方附表）。我根據推定的出生年，將她們分成A群（一八六〇～一八八〇年出生者，一百七十六名）、B群（一八八〇～一九〇〇年出生者，二百一十一名）、C群（一九〇〇～一九二〇年出生者，二百六十六名）。各群的置換率為一點〇五、一點〇三、一點〇六，若將世代間隔設定為二十二點五歲加以計算，則年人口增加率為〇點〇〇二〇、〇點〇〇一二、〇點〇〇二六。由於三群之間差異甚微，推定尚未受近代化影響時的人口增加率約百分之〇點二。百分之〇點二的增加率，表示人口倍增之前需費時約三百五十年。

母親分群（推定出生年）	人數	生存至結婚的女兒數	置換率	年人口增加率
A（1860-1880）	176	184	1.05	0.0020
B（1880-1900）	211	217	1.03	0.0012
C（1900-1920）	266	282	1.06	0.0026

以吉德拉女性的世代間置換率推定之人口增加率　人口增加率之算式為 $r = 1/t \cdot \ln R$。r 為年人口增加率；t 為世代間隔（平均生育年齡），假定為 22.5 歲；ln 為自然對數，R 為置換率。

另一個有趣的現象是，若將母親身分的女性（A、B、C群全員）分為內陸地區村落出生或邊緣地區村落出生，則置換率有很大的差異。內陸地區出生女性的置換率為一點一六，換算為人口增加率為百分之〇點六六；至於邊緣地區出生的女性，置換率為〇點八九，人口增加率為百分之負〇點五四。為了使這項地區差異明顯化，我們在一九八〇年代獲得協助，檢查女性血液內的抗瘧疾抗體價（熱帶瘧與三日瘧）。結果顯示，邊緣地區居民的抗體價遠高過內陸地區。不僅限於巴布亞紐幾內亞，許多熱帶地區致命數最高的傳染病就是瘧疾——這種疾病幾乎無法免疫，也沒有疫苗。在吉德拉社會，瘧疾的媒介瘧蚊在高海拔的內陸地區棲息密度低，造成人口增加率的地區差異。

關於個人生育數，我們也曾向七十一名女性詳細打聽生育經歷——她們過著傳統生活，年紀已過再生育年齡。結果顯示，完全不曾生育的女性有十二名，生育次數僅一次的女性有七名，生育次數多達十次以上的女性有三名。個人間的差異極大，生涯生育數平均為四點四，這兩點與先前介紹的薩恩人女性之生育模式極為相似。順帶一提，當時吉德拉人的平均壽命（出生時平均餘命）推定約為四十歲。

吉德拉的沿海村落與對岸島嶼之城鎮相距約五公里，吉德拉社會的近代化影響即是來自該城鎮。對吉德拉的人們而言，他們多了一些機會，可將野生動物的肉或火耕作物從村落運往城鎮的市場換取現金。一九七〇年代，內陸村落也開了小商店，外來食品開始為當地人少量攝取，人們的營養狀態及健康狀態也開始獲得改善。人口相關的最大變化是，中央地帶的村落成立保健中心，有護士駐留，有機會取得瘧疾藥物，並有醫療團隊一年造訪一次，為初生兒預防接種，兒童死亡率驟減。

比較一九七〇年代前半及一九九〇年代可知，吉德拉人的平均壽命約從四十歲延長至五十歲以上。出生率也有上升，原為四點四的平均生涯生育數也突破了五點五。若由這些數值推定一九五〇年代以前至一九九〇年代的普通死亡率及普通出生率，結果如圖九所示。

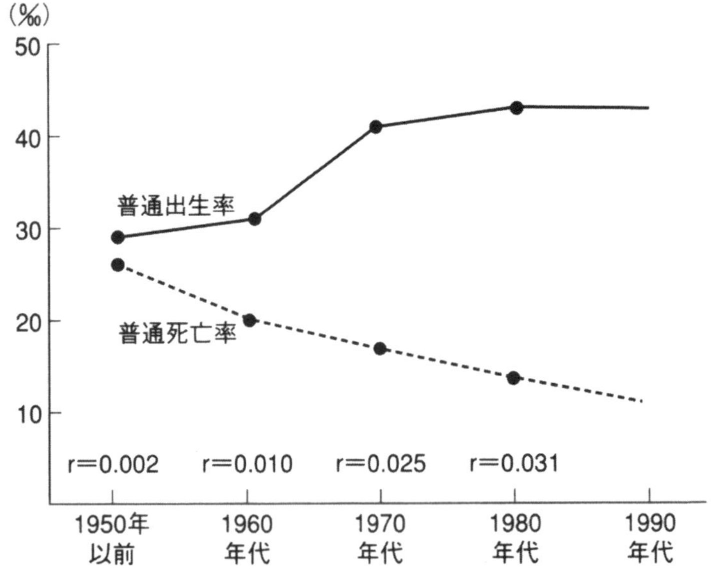

圖九　吉德拉的普通死亡率與普通出生率之變化　「r」為「年人口增加率」。

◎吉德拉的人口變化與其啟示

觀察吉德拉社會的人口動態，可發現許多有趣的內容。其中一項是傳統時代百分之〇點二的人口增加率。誠如前述，若持續以百分之〇點二的步調增加，人口倍增約需經過三百五十年。這般增加看似速度十分緩和。然而史前人口學者菲克利．哈珊推定，麥類農耕數千年前在中東開始時，相較於以前的狩獵採集民族時代而言，人口增加率已有飛躍性的成長，但也僅止於百分之〇點一。就吉德拉而論，探討其數百年或數千年的漫長歲月時，百分之〇點二的人口增加率或許是個過高的推定值。

另一個有趣的現象是，吉德拉人易於適應內陸地區，難以適應邊緣地區，但在兩處皆有人居住。人類在易於生活的環境居住，若是人口逐漸增加，逐漸達到人口支撐力的極限，就會拓展至不易適應的環境。為了適應新的環境，人類曾經屢屢改革技術、變更行動。吉德拉人亦然，族群整體的人口雖然增加，其居住地仍存在著人口減少且難以適應的邊緣地區。後來在近代化的過程，由於瘧疾藥物引進等因素，邊緣地區的環境缺陷得到緩解，反而因為交通便於和城鎮往來，變成易於適應的環境。

最後想比較吉德拉的人口變化與巴布亞紐幾內亞全國的變化。根據聯合國推算，一九五〇年代至一九九〇年代，巴布亞紐幾內亞每十年的平均年人口增加率分別為百分之一點四六、百分之二點〇五、百分之二點二五、百分之二點五七、百分之二點六四，顯現逐年增長。截至一九五〇年代，吉德拉人的生活在巴布亞紐幾內亞之中仍屬相對傳統，人口增加率也很低。但在一九六〇年代受近代化影響後，人口開始急速上升，一九七〇年代接近國家水準，一九八〇年代更是超越該標準。

吉德拉社會的變化有助於理解開發中國家的人口動態。聯合國自一九五一年開始推算人口，故許多開發中國家之人口資料僅限於一九五〇年以後。例如亞洲與非洲的許多國家，人口轉換分別始於一九五〇年代及一九六〇至七〇年代，當時的出生率遠高於死亡率。以亞洲地區整體及非洲地區整體為例，出生率為千分之四十二點八及千分之四十八點二，死亡率為千分之二十三點九及千分之二十六點六。不像一九五〇年代以前的吉德拉社會，這些地區早已度過出生率與死亡率相近的時代，處於人口急增的狀況。換句話說，開發中國家的「人口轉換」並非始於「多產多死」，而是「多產少死」。而且「人口轉換」開始時，出生率相較於以前的傳統模式更是高了一階。

一九五〇至一九五五年，開發中國家整體出生率為四十四點四，死亡率為二十四點二，人口增加率超過百分之二。這個原因造成二十世紀後半的全球級第三次人口急增——其圖表如圖四（見頁八九）所示。換言之，人類史上三次人口急增的其中一次，起因於開發中國家近年來的人口轉換。一九五〇至一九五五年開發中國家整體合計出生率（合計特殊出生率）高達六點一六。合計出生率雖是女性生涯生育數的指標，但並不等於本章頻頻提及的平均生涯生育數——平均生涯生育數是以個別女性生育經歷為根據。以國家等團體為對象，並運用一年分的統計資料，將再生育年齡（十五歲至四十九歲）女性的年齡別出生率加總而得之和，即是合計出生率。

日本的人口變化

◎一再重演的急增與停滯

第二個案例是日本列島。正如鬼頭宏等歷史人口學者所述，日本列島的人口一再上演急增期與停滯期的消長。列島內的地區差異或中世以後城市與農村的差異固然令人感興趣，不過在此要追溯的是列島全體人口的歷史。但琉球列島礙於資料有限，僅以一八七〇年代以後為探討對象。

最初的人口急增期始於繩文時代——約自西元前六千至五千年開始，持續至西元前三千年左右。原因是火耕作物等植物性食物的利用技術有所進展，不再只須依靠野生植物。然而人口最大值不過二十五至三十萬，人口密度未達每平方公里一人。第二次急增期，始於進入彌生時代後的西元前三世紀，直到西元八至九世紀。此時來自朝鮮半島的人引進水田稻作技術，傳播至西日本及東日本。西元元年左右的人口密度僅約每平方公里一人，八至九世紀之推測值卻增加至約十五人。相較於圖七（見頁九五）顯示的世界各地區人口密度，可知日本的人口密度在早期即是高密度。

八至九世紀開始進入人口停滯期，其原因雖仍有不明之處，但應是幾個因素交疊所致：政治、社會制度衰敗，如農民的統治問題，或者因為夏季乾旱頻起、稻作產量低落等等，都是學者曾指出的問題。外來傳染病的影響也很重大，特別是天花，自八世紀開始肆虐，甚至在歉收之年大流行，禍事病災頻傳。美國的日本歷史研究學者威廉·韋恩·發里斯（William Wayne Farris）推測，光是西元七三五至七三七年這三年，日本全國人口就有百分之二十五至三十五死於天花。

到了十四至十五世紀，人口增加率轉為上升，開始邁向十七世紀初期至十八世紀的第三次人口急增期。一六〇〇年的人口為一千二百二十七萬，到了一七二一年首度實施全國（琉球列島除外）人口調查時，人口已增加為三千一百二十八萬。這段期間的年平均增加率將近百分之〇點八。其中一項原因是，作物選擇多了麥類與地瓜等等，糧食生產變得穩定。與此同時，社會制度變革也有重大影響。自十四世紀起，原本隸屬於領主而在莊園工作的農民，開始以小農民的形式獨立，這股趨勢逐漸擴張。結果生涯未婚者或晚婚者減少，許多農民可於適婚年齡結婚，使得出生率上升。以中世紀歐洲來做對照，不自由的農民稱為農奴，一三四八至一三五〇年黑死病肆虐之際，由於勞動力需求增加，農奴的地位晉升為擁有土地的農民——這種現象近似於日本小農民的獨立。順帶一提，學者認為黑死病致死者多達歐洲所有人口的三分之一。

一七二一年以後，人口轉為持平發展或趨於減少，一七九二年創下最低點二千九百九十萬的記錄。舊有的說法普遍認為，由於鎖國狀態持續，幕藩制度弊害影響，飢餓、墮胎、殺嬰問題頻傳，社會陷入停滯。但在近幾年，從正面態度解釋這段歷史的論述漸漸獲得支持，認為是透過有意識的抑制人口促進了人均所得的提升。按照這般論述，江戶時代後期的人口停滯期，相當於農業中心社會開啟市場經濟化的「成熟期」，可說是為十九世紀尾聲的工業化與第四次人口急增奠下基礎。

◎日本的人口轉換

明治時代後，人口於一八八〇年代開始因工業革命而急增（圖十）。這次急增與歐洲的人口轉換往往被混為一談，但日本的死亡率、出生率變化有別於英國等歐洲國家的模式，研究人員彼此也有不同的見解。當時普通死亡率約千分之三十，普通出生率約千分之三十五，而死亡率自一八七〇至一八八〇年代開始下降，日本的人口轉換就此開始——這點則是研究人員幾乎一致的見解。

死亡率每年有所變動，一九四〇年為千分之十六，爾後除戰爭期間，幾乎連年下降，一九五五年左右開始維持於千分之六，幾乎沒有變化，直到最近才因高齡化影響轉為上升。反觀出生率，一九二〇年左右開始下降，一九三〇年代末期來到千分之二十六，爾後除了一九四一年至一九四九年嬰兒潮結束的期間，幾乎是直線下降。若重視這個特徵，則可將出生率下降至千分之十七至十八的一九五〇年代視為人口轉換結束。另一方面，一九八〇年

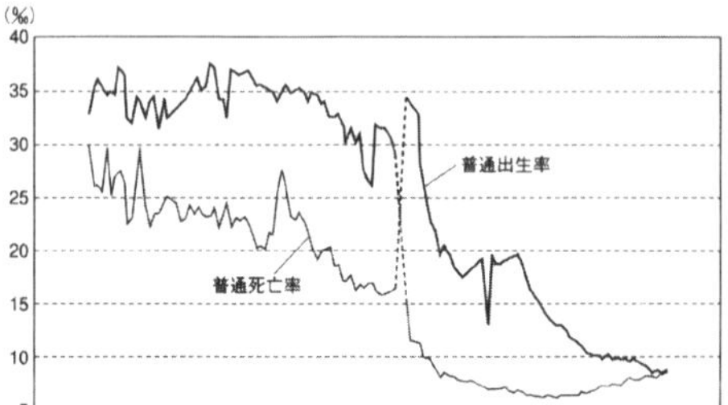

圖十　日本的普通死亡率與普通出生率之變化　根據河野稠果著《人口統計學的邀請》（中公新書）繪製。

代末期的出生率低於千分之十，直逼死亡率，有些研究人員則將此視為人口轉換的結束。

總而言之，日本的人口曾在人口轉換的過程大幅增加。若將一八八〇年定義為人口轉換之開端，一九五五年定義為結束，則七十五年來由三千五百九十六萬人增加至八千九百二十八萬人，差異為二點五倍；若將一九九〇年定義為結束，則一百一十年間增加至一億二千三百六十一萬人，差異為三點四倍。前者的平均年人口增加率為百分之一點二，後者則為百分之一點一。日本的人口轉換相較於英國，整體期間雖短，平均年人口增加率卻略高於英國的百分之一點〇。

◎日本的人口變化透露的訊息

若以日本與吉拉德做比較，差異是前者為觀察全國規模的人口，觀察期間也比較長。追蹤長期變化更可明確理解，其人口變化的特徵並不單調，而是急增與停滯反覆交替。日本是島國，這項地理條件加上長久的鎖國經驗，或許就是造成急增期與停滯期的原因。但若放眼全球，多數國家或地區經歷的，可說是更加複雜的人口急增或停滯，甚至是人口減少——其原因可能是戰爭或戰爭引發的統一、分裂，或者源自傳染病的蔓延。

在此想聚焦於日本共計四次的人口急增，比較其原因與全球規模人口變化的關係。農耕生產力的提升促成繩文時代的第一次人口急增、彌生時代的第二次人口急增，尤其後者（第二次人口急增）所受的影響尤其顯著。水田稻作是全球生產力最高的農耕技術，人們對這項技術的接納使得當時的人口急增，也為日後日本的高人口密度留下伏筆。第三次人口急增起因於市場經濟化，許多農民開始在生殖能力較高的年齡結婚；這項社會變化與歐洲在工業革命時發生的社會變化有些共通之處。最後一次急增與工業化同時開始，是日本版的人口轉換。

日本四次人口急增之中，增加程度特別大的是第二次與第四次，其原因為農耕的開始與擴張，以及工業革命——全球人口增加的主因在二十世紀中期以前與此相同。

現代的人口問題

◎人口增加的警訊

自從人類誕生以來，可說是一直希望自己所屬的團體人數增加。但在十八世紀後半，英國的托馬斯・羅伯特・馬爾薩斯（Thomas Robert Malthus）對人口增加提出警訊。他在一七九八年的著作《人口論》（*An Essay on the Principle of Population*）初版提到，「糧食是人類生活不可或缺之物，兩性間的情慾不會發生改變」；並以此為前提，主張糧食生產只會以等差級數增加，人口卻會以等比級數增加。《人口論》第二版以後則基於道德觀點，主張控制人口的必要性。當時全球人口即將達到十億，年人口增加率僅百分之〇點四。

爾後的發展與馬爾薩斯的預測差異甚大，特別是第二次世界大戰後的人口急增。然而人類開始明白人口增加是個問題，危機意識確實漸漸變強了。一九七四年，聯合國於布加勒斯特（Bucharest）舉辦「世界人口會議」（World Population Congress），一百三十六國派出代表與會，大會通過「世界人口行動計劃」（World Population Plan of Action）。其中頻頻使用「人口爆炸」一詞，認為人類若欲健全生存，就必須大力推動人口抑制政策。該大會開始前不久，各國知識分子組成的民間智庫羅馬俱樂部（Club of Rome）於一九七二年出版《成長的極限》（*The Limits to Growth*），警告人們人口爆炸與經濟成長將導致地球環境日益惡化、資源（石油、礦物、水產、森林、耕地）愈發枯竭。但後來《成長的極限》警告的狀況並未發生，羅馬俱樂部也改變了論調。但也不可否認，普世價值已經認為全球規模的人口增加、有限的資源、惡化的環境將是危及人類未來的主要因素。

國際人口與發展會議（1994 年）　由聯合國於埃及開羅舉行，多達 179 個國家參與。會中發布被通稱為「開羅共識」（Cairo Consensus）的「行動綱領」（Programme of Action），作為聯合國未來二十年（1994-2015）的目標。

然而一九七四年的世界人口會議以後，防止人口增加的行動計劃並未順利進展。特別是人工墮胎或避孕，宗教想法的差異等因素變得更加明顯。幾經波折後，國際人口與發展會議（International Conference on Population and Development）於一九九四年在開羅舉行，雖未直接提及避孕及墮胎，卻仍透過生殖健康（reproductive health）之概念表達對女性懷孕、分娩、育兒的權力之重視，並強調以生殖權力（reproductive rights）保障生殖健康的重要性。女性受教育的機會擴大，或者其社會地位之提升，皆有助於出生率下降。就抑制全球人口增加的觀點而言，這般賢明的承諾實在備受肯定。

◎地區間的多樣性

歐洲各國於二十世紀中期結束人口轉換，人口增加率逐漸下降。亞洲、拉丁美洲、非洲各國的人口增加率反而節節攀升。為比較世界六個地區近年來的變化，圖十一標示了一九五五年、一九八〇年、二〇〇五年的普通死亡率與普通出生率。在這六個地區之中，大洋洲包括已開發國家澳洲與紐西蘭，以及開發中的島嶼國家，前者人口約占百分之七十五，因此大洋洲的已開發國家特徵特別顯著。亞洲雖然包括日本，整體上呈現的卻是人口眾多的開發中國家模式，如中國或印度。

試整理各地區的特徵。非洲自一九五五年起的二十五年，狀況類似已開發國家經歷過的人口轉換前半，死亡率有所下降，爾後的二十五年連出生率也開始

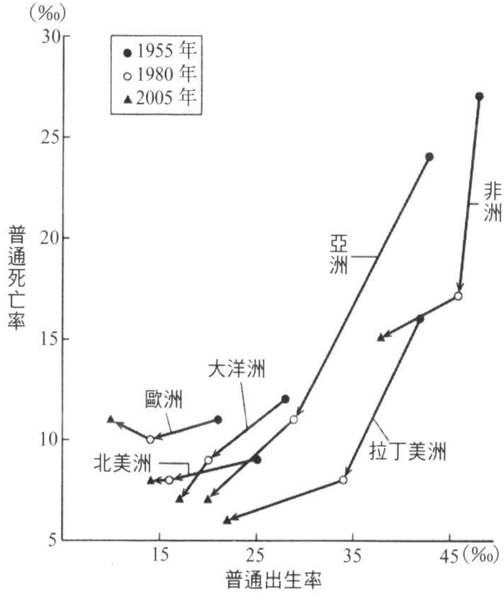

圖十一　世界六地區的普通死亡率與普通出生率之變化

下降。亞洲與拉丁美洲雖然出生率的水準有異，卻也顯示類似的變化模式；儘管出生率的下降大於死亡率的下降，二〇〇五年的人口增加率仍是高水準，亞洲為百分之一點三，拉丁美洲為百分之一點六。北美與大洋洲屬於已開發國家，死亡率變化小，出生率明顯下降，但二〇〇五年的人口增加率在北美仍有百分之〇點六，在大洋洲仍有百分之一點〇；只有歐洲顯示典型的已開發國家模式，受人口高齡化與少子化影響，二〇〇五年的死亡率大於出生率，人口增加率為百分之負〇點一；至於日本，人口增加率也於二〇〇五年轉為負值。

人口變化的模式因地區而異，這種現象也會反映在將來各地區的人口分布。圖十二為一九七五年至二〇五〇年的變遷，分為非洲、中國、印度、其他亞洲國家、拉丁美洲、已開發國家。由此圖可知，二〇五〇年時，印度與中國的人口將占世界人口的三分之一，非洲的增加率將特別高，已開發國家人口占比將是百分之十三至十四。

最後要探討非洲，檢驗其人口與人口密度的長期變化有何特徵——世界各地的人類生存

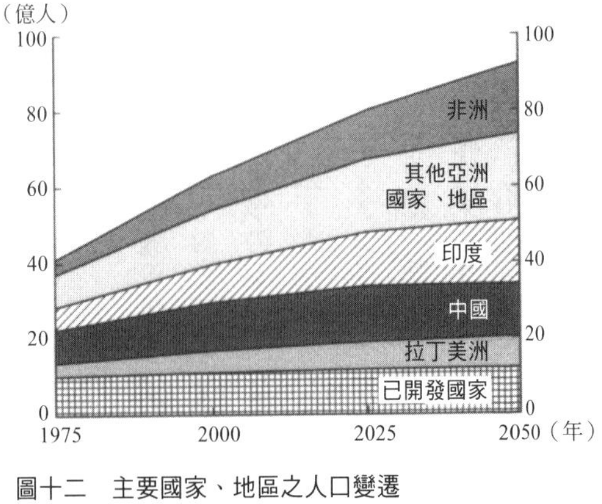

圖十二　主要國家、地區之人口變遷

	面積（106km^2）	人口（億人）			人口密度（每1km^2）			人口比	
		1650年	2005年	2050年	1650年	2005年	2050年	2005年/1650年	2050年/1650年
非洲	30.3	1.0	9.1	19.7	3.3	29.9	65.0	9.1	19.7
亞洲	31.8	2.7	39.2	53.2	8.5	123.3	167.5	14.5	19.7
泛歐洲	74.0	1.1	16.5	19.7	1.5	22.3	26.6	15.0	17.9
全球	136.1	4.8	64.8	92.6	3.5	47.5	68.0	13.5	19.3

世界三地區之人口與人口密度、人口比

健全度以非洲最令人憂心。為了點出非洲的特徵，在此將全球分為非洲、亞洲、泛歐洲三類。將南、北美洲與大洋洲納入泛歐洲，是因為這些地區的人口有很高的比重出身歐洲，或是其混血子孫。一六五〇年的人口推定已有很高的可信度，比較這年與二〇〇五年、二〇五〇年（上方附表），可知即使到二〇五〇年，非洲的人口密度仍僅止於亞洲的四成，一六五〇年到二〇五〇年的人口增加比也與亞洲相同。換言之，非洲在追求未來發展之際，就人口觀點而言並非特別不利。

◎人口紅利的恩惠

已開發國家之中，某些國家的人口自二十

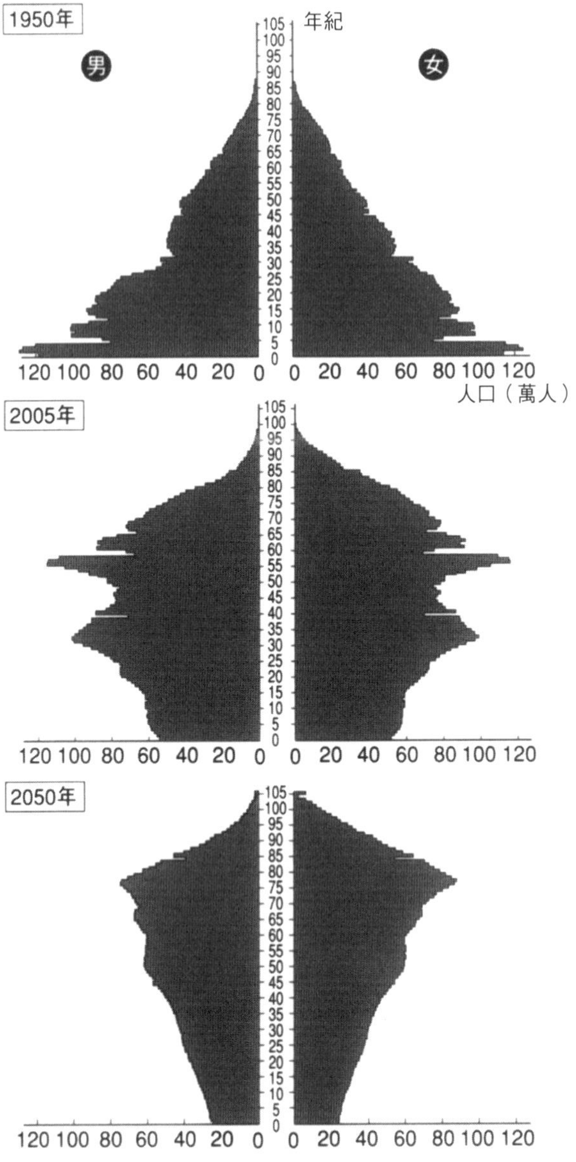

圖十三　日本人口金字塔之變化　出自國立社會保障、人口問題研究所網站「日本未來人口推估」（2006 年 12 月推估）。

世紀後半開始減少。許多歐洲國家皆是如此，日本也在本世紀加入其行列。這些國家有許多避免人口減少的措施，人口政策、社福政策、勞動政策配合得當者，曾成功阻止人口大幅減少。但正如圖十二所示，已開發國家人口的預測整體上將呈現持平走勢，因此今後在發展成熟社會之際，以「人口零成長」為前提可說是精明的作法。

急遽的人口減少，往往伴隨著人口結構顯著的變化。特別是日本及亞洲各國，在人口轉換之際，出生率即以顯著的速度下滑。此外，相較於歐美各國，出生率開始下降時的高齡人口較少。日本在一九五〇年、二〇〇五年、二〇五〇年的人口金字塔（圖十三）清楚道出這個傾向。在一九五〇年以來的變化過程中，生育年齡人口（十五～六十四歲）占全人口的比率開始急速上升，一九六〇年為百分之六十四點一。生育年齡人口比率上升的現象稱為「人口紅利」，有助於經濟成長。日本的生育年齡人口比率自一九六〇年左右開始持續上升，直到這項比率在一九九〇年代前半段下降為止，人口紅利的好處一直存在。

人口紅利現象在開發中國家顯而易見，在亞洲各國更是如此。中國、南韓、新加坡、泰國等國正在享受人口紅利的恩澤，其生育年齡人口比率將於二〇一〇年代前半達到顛峰，估計人口紅利可持續至此時。十年到三十年之後，越南、印尼、馬來西亞、印度可能會發生和這些國家一樣的狀況。同樣是開發中國家，非洲各國與亞洲各國並不相同，估計在二〇五〇年以後，其生育年齡人口比率將達到約為百分之六十五的高峰。

◎結語——地球的人口支撐力

人類自從誕生以來，就開始對周遭環境造成影響，人口不斷增加，達到自然界不可能有的水準。人口在農耕時代即將開始時為一千萬，在工業革命即將開始前為八億，如今則超過六十七億，二〇五〇年將超過九十億。在此要再次探討地球的人口支撐力。不過，美國數理生物學家喬爾・E・寇恩（Joel E. Cohen）在《地球可以支撐多少人類》（*How Many People Can the Earth Support?*）中曾說，這個問題幾乎是不可能回答的。因為人類採取的生活模式，會大大左右這個問題的答案。

在此從生態需求面積（ecological footprint）的分析結果思考人口支撐力問題——此一指標乃著眼於環境永續性與其關係。「生態需求面積」是假設全球所有人都過著某國國民的生活，並估算在此假設中的①因消費化石燃料而排出之二氧化碳，需要多少面積的森林才足以吸收，②用於道路及建築物等用途之土地面積，③糧食生產所需之土地面積，④紙、木材等生產所需之土地面積——也就是說，此指標即是生物生產量之合計。經此計算後，常再以全球的生物生產量與其比值，換算人類需要幾個地球。

根據歐洲環境署公告之世界各國、地區二〇〇二年生態需求面積，其所需地球數量如圖十四所示。數值最大者為美國，需要五點五個地球，英國、德國、日本等已開發國家所需地球數也都遠超過一。即使是地球所有居民的平均生活水準，數值仍然超過一，顯示人類對地球環境施加的負荷已經超過危險等級。這個狀況猶如一則警訊——地球上的森林及其他土地已經超出原有功能的極限，森林反而排出過量的二氧化碳，施肥導致耕地品質低落，將來原可從環境取得的益處，有提前用罄之虞。

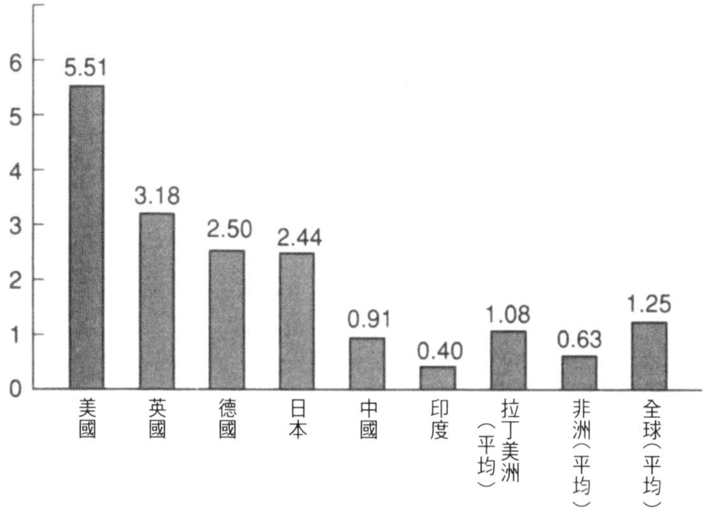

圖十四　各國家、地區、全球的生態需求面積換算之所需地球數量（2002 年）
出自 European Environment Agency 網站。

生態需求面積分析有其極限，二氧化碳以外的溫室氣體不在其分析範圍內，也未將礦物資源的相關問題納入其中。石油是現代文明的支柱，這項能源的可使用量減少更是重要的問題。石油生產量無法滿足需求量時，稱為「石油頂峰」（Peak Oil），有人認為石油頂峰早已來臨，但即使事實不然，也會在不久的將來成真。要解決這個問題，只能從石油轉換為太陽能、風力、水力等自然能源。

接著介紹美國生物學家保羅・R・埃利希（Paul R. Ehrlich）等人的想法。他們對人口也加以關注，對環境負荷的種種要素進行分解並積極投入環境問題。他們將人類對環境的負荷定義為「I」（impact），並列出I＝P×A×T的公式。「P」取自人口（population），「A」取自「富足」（affluence，意指人均資源、能源消費量），「T」取自「技術」（technology，意指人類在消費財的生產及消費之際，所需消耗的每一單位資源或能源，可透過技術的改善減低其消失量）。

要使負荷「I」下降，必須使三個變數的積小於現況。由於人口「P」必然繼續增加一陣子，因此「A」與「T」的下降不可或缺。為此必須推動技術開發與生活模式轉型，並使各國政策與國際條約同步配合推動，也要改用可自然更新的能源、鼓勵金屬等物質之回收再利用、減少浪費資源。換言之，人類必須擺脫現代文明大量生產、大量消費、大量廢棄的特徵，並建構環境協調的循環型社會。

最後再回到本章的人口主題。今後地球人口勢必會因非洲等開發中國家的人口增加，而有一定程度的增加。然而開發中國家在二十一世紀期間，想必也會有人口增加率大幅下降、人口組成大幅變化的經歷。重點是各國在享有人口紅利的過程中，不該僅止於教育、醫療、福利的充實，也不該僅止於社會經濟發展，而是要制訂穩定性高的人口政策，以因應人口紅利過後的局面。若以已開發國家為借鏡，可知「人口零成長」的社會是其今後應該發展的目標。無論是已開發國家或開發中國家，眼下都應該深思地球人口如何達到理想狀態，並為此付出努力。

◎學術文庫版附記

本章的目的，是以人口為焦點，針對近二十萬年間「人類」（智人，Homo Sapiens）生存的歷史進行探尋與解明，並對現在和將來做出展望。為此，「現在」世界中，按照地區別的人口變化資料，具有極其重要的意義。本書的文庫化是在單行本出版大約十年後進行，因此所有資料都依據「現在」——也就是二〇一八年，而做了最新的更動。再者，本章所介紹、用來表示生態系負荷度的生態需求面積（Ecological footprint）值，也已經更新為二〇一七年的數據。雖然進行了這些修正，但本章的論旨並無多大變更。

正如單行本中所指出的，從近年的世界規模人口來看，可以發現一個重大特徵，那就是先進國家中的人口高齡化與出生率下降，以及人口高齡化所引發的死亡率上升。在歐洲的許多國家與日本，死亡率比出生率還要高，人口增加率（這裡特別指的是不包含人口遷徙，用出生率減掉死亡率的自然人口增加率）呈現負數；因此，如何讓人口增加產生轉換，或是縮小人口減少的幅度，就變成極其緊要的課題。這些國家必須面對本國人口減少的狀況，自是當然之事，但本章關心的最重點，乃是地球層次的人類持續生存、及與其相應的人口議題。換言之，世界人口在反映非洲高度人口成長率的情況下節節增加，預估在本世紀下半葉將突破一百億；在這樣的人口增加情勢下，人類的持續生存仍將面臨到極大的危機。

在文庫化之際，我另一個考慮的重點是近年科學研究的成果。雖然和本文的論旨沒有直接關係，不過好比說，根據在歐洲好幾個地方發現的尼安德塔人化石中所抽出的ＤＮＡ分析結果，證明了尼安德塔人與人類之間有某種程度的混血；像這樣的新資訊，我也會進行即刻修正。

第三章

海洋對人類有何意義

文／應地利明（京都大學名譽教授）

爪哇島婆羅浮屠遺跡的帆船浮雕　此為階梯狀金字塔迴廊的浮雕裝飾，一艘「天竺船」船帆吃風航行，可能是由南印度前往爪哇的殖民者所搭乘的船。除了兩根主桅杆與一根副桅杆，還配有大型舷外撐架。8 世紀至 9 世紀中期。作者拍攝。

「源出非洲」與蒙古人種的海洋擴散

◎人類的「移動」與「定居」

人類的學名Homo sapiens（智人）意指「有智慧的人」。人類的各種名稱定義即是基於學名而定，Homo economicus（經濟人）可說是具代表性的例子。同樣概念的定義還有Homo mobilitus（移動的人）。此定義的提倡者片山一道表示，所有生物之中，只有人類曾經憑藉自主意志在全球各大陸及海洋間移動、擴散。就此定義而言，人類的歷史即是「移動與定居」的歷史。然而人類的「移動與定居」不見得如片山所言，並非都是憑著「自主意志」所為，大西洋三角貿易時代的黑人奴隸、現代的流散現象或難民流亡，都是非自主的「移動與定居」。不過在此不將所有的「移動與定居」納入探討，僅探討主要動機為「自主意志」者。

若將人類的起源追溯至直立二足步行的南方古猿出現，則可追溯至約七百萬年前。自此以後，人類歷史有無數次的「移動與定居」，其中又以〔I〕現存人類（智人）的「源出非洲」、〔II〕蒙古人種的擴散、〔III〕歐洲人的擴散，被視為是人類史上別具意義且規模擴及全球的「移動與定居」。

◎高加索人種與蒙古人種

人類祖先的發祥地有很長一段時間是在非洲，特別是內陸熱帶莽原氣候地帶，其中心位置是南北縱貫的東非大裂谷。約一百八十萬年前，智人的祖先Homo erectus（直立人）離開當地，首度進入歐亞大陸。歐美的古人類學研究者借用《舊約聖經》的「出埃及記」，將此稱之為「源出非洲」。直立人從東非大裂谷北上，經由西奈半島（Sinai Peninsula）抵達約旦河大裂谷。爪哇猿人及北京猿人的化石也顯示他們曾抵達東亞一帶。

許久以後，現存人類「源出非洲」，於十萬年前同樣抵達約旦河大裂谷，他們又自此往歐亞大陸內部擴散，其擴散範圍可明確劃分為歐亞大陸的「東洋」、「中洋」、「西洋」三區。「中洋」指的是「東洋」、「西洋」的中間地帶，具體就是南亞、西亞、中亞一帶。擴散至「西洋」與「中洋」的是西歐亞大陸人（高加索人種），擴散至「東洋」的是東歐亞大陸人（蒙古人種）。在此先談談〔II〕蒙古人種的擴散，其中心人流越過「中洋」，約於六萬年前抵達東南亞大陸，之後又分海洋陸地兩路，繼續擴張。

◎蒙古人種的擴散

當時末次冰期維爾姆冰期（Würm glaciation）才剛開始，東南亞島嶼至澳洲一帶的樣貌與現在截然不同。由於海平面下降，今日位於海面下的海棚變成陸地，形成兩大區塊的陸地，分別是以印尼各島嶼為中心的巽他古陸（Sundaland），以及新幾內亞與澳洲合而為一的莎湖陸棚（Sahul Shelf）。兩者的界線與加里曼丹島（Kalimantan）及峇里島（Bali）相連的線條幾乎一致。此地植被現在是熱帶雨林，但當時則是森林與熱帶莽原氣候的植被。對於源自東非熱帶莽原氣候帶的蒙古人種而言，這反而是有利的條件。他們在短期之內便橫越巽他古陸，抵達東海岸。

全球動物區的重要地區包括亞洲區與澳洲區，兩者正好被華勒斯線（Wallace Line）區隔開來。海洋將巽他古陸與莎湖陸棚分隔，對當時的動物而言同樣是無法跨越的障礙。但蒙古人種卻跨越了這道障礙，挺進莎湖陸棚，這段時期推定為六萬至四萬年前。將兩地隔開的海域，其間有許多島嶼，彼此間隔最大者約八十公里，可藉由木筏渡海。

蒙古人種不僅抵達東南亞大陸，另一個擴散的選項是經由陸域北上，前往北歐亞大陸，甚至極北。南北移動的方向與緯度垂直，通常比順著緯度東西平行移動困難。從東南亞大陸北上的路徑所需適應的問題，遠比沿著歐亞大陸南端的東西移動困難，更何況是在末次冰期最冷冽時的北上。蒙古人種在困難的條件下屢經退後與適應寒冷，最後於一萬幾千年前的冰河時代末期抵達北極海沿岸。

當時的白令海峽一帶因為海平面下降，白令陸橋露出海面形成陸地。但約於一萬三千年前，海平面因暖化上升，白令陸橋沒入水中。蒙古人種在此前一刻越過白令陸橋，從歐亞大陸進入美洲大陸（在日本，此時是繩文時代的開端）。爾後蒙古人種的移動有一氣呵成的進展，從今日白令海峽到南美洲最南端的大火地島（Fuego），距離約一萬四千公里，如此長距離的移動，所需時間僅約一千年左右。此次南下路線雖然與緯度呈垂直走向，但畢竟蒙古人種早

巽他古陸與莎湖陸棚　根據後藤明《隔海相望的蒙古人種》（講談社，2003年）繪製。

已在東亞北上期間適應寒冷，所以此次移動還算容易。進入全新世（Holocene）以後，氣候日漸暖化，對其移動也是一股助力。

◎人類史中的「海」

自「源出非洲」以後，蒙古人種約於五萬年前抵達莎湖陸棚，約於一萬年前抵達南美洲最南端，現存人類的「移動與定居」自此告一段落。至此時期為止，人類的移動有兩大特徵——當時的擴散狀況是名符其實的「大移動」，而且「大移動」的場景基本上是陸域。即便是邁向澳洲或美洲大陸的移動，同樣是經由陸路——當時尚且存在的巽他古陸與莎湖陸棚，或者白令陸橋。人類的擴散前線觸及遼闊的海洋，在此暫時停歇，因此有前述「告一段落」之描述。換言之，海洋就此在人類史中正式登場。

在此要探討海洋對人類的意義，以及人類對海洋的觀點。中國古代典籍《易經》將「天地人」簡稱為「三才」，認為萬事萬物之存在係建立於三才之運行。後世所謂「離地無人」[1]即源自此觀念。然而所謂之「地」，僅指直立二足步行的「人」所立足之陸地，並未涵蓋海洋。「天文、地文、人文」所謂的「地文」即「地貌」，日文是「地の文」（あや，樣貌）＝「地のかたち」（外形）。「地文」同樣將海洋排除在外，頂多只涵蓋到河川湖泊等淡水內地水域。這點在歐洲亦同，geomorphology 相當於「地貌學」，原本並未涵蓋海洋；爾後問世的「水文學」（hydrology）同樣以淡水研究為主。儘管「天地人」的「地」意味著地球表面，亦即地表，但是面積占地球百分之七十一的海洋卻不被當作「地」。

因此「離地無人」所謂之人，是指定居於特定之「地」——陸上地區之人。正如前述，人類史即是「移動與定居」的歷史。如此一來，在談論人類史之際，不免要從「定居」與「移動」兩個觀點出發。雖然人類的「定居」場所為陸地，「移動」卻不僅限於陸地，長久以來海洋也是個重要場景。探討海洋之際將有別於陸地，傳播、接收、交換、交流等關鍵詞將大量出現，舉凡人、物、資訊等等之「移動」無不與之相關。誠如前述，當人類的擴散前線觸及遼闊的海洋，就是「移動」的另一個重要場景——海洋——揭開序幕的時候。

◎蒙古人種走向太平洋

最早將遼闊的海洋當作移動空間，將之編入人類史的仍是蒙古人種。南島語系（Austronesian languages）群體於本次移動走向太平洋。由該語言的祖語復原與分布可知，其故鄉為中國南方至台灣、菲律賓一帶的海域。約六千年前的溫暖期，日本有「繩文海進」，南島語系則自前述海域前進東南亞島嶼地區。人類於此時期前進東方，但並非經由陸路，而是藉由獨木舟渡海。文化人類學者後藤明認為，菲律賓群島對於獨木舟的問世有顯著貢獻，米沙鄢海（Visayan Sea）一帶尤為卓越。菲律賓群島號稱「島嶼有三千」，米沙鄢海更是島嶼最多的海域。當地人類藉由三角帆並善用風力，透過舷外撐架（outrigger）提升穩定性，為獨木舟提供了新發明與新配備，人類因此更容易迅速且安穩地在外海航行。

太平洋的島嶼分布以西南部至南部一帶偏多。這些島嶼長久以來區分為密克羅尼西亞、美拉尼西亞（Melanesia）、玻里尼西亞。不過學者提倡以另一套地理劃分來說明蒙古人種在太平洋海域的擴散。這個二分法以南島語系的故鄉為基準點，分為近大洋洲（Near Oceania）與遠大洋洲（Remote Oceania），界線約為「菲律賓—新幾內亞—澳洲」東緣海域所連成的界線；其內（西）側為近大洋洲，大致上是東南亞島嶼區與澳洲合併而成，屬於多島嶼海域；此界線以東為遠大洋洲，小型島嶼散布於四處，以火山島及珊瑚島為主，僅紐西蘭為大型島嶼。

新幾內亞鄰近於近大洋洲東緣，其東北方有一片群島稱為俾斯麥群島（Bismarck Archipelago）。約於三千六百年前，南島語系的群體在此發跡，擁有獨特的土器。他們是人類擴散至遠大洋洲時的重要角色，學者將之命名為拉皮塔人（Lapita）。片山認為其擴散分為三個階段，而且是在短期間內進行。後藤明曾引介學者歐文根據考古學資料推定的年代，若將之與這三個階段整合，所得結果如下：①拉皮塔人擴散至東加（Tonga）群島或薩摩亞（Samoa）群島——約三千五百年前；②拉皮塔人的子孫玻里尼西亞人擴散至社會群島（Society Islands），如大溪地島（Tahiti）等地——約二千五百年前；③這些族群擴散至太平洋東南緣復活節島（Easter Island）——約一千五百年前。其他擴散歷程推估為：至夏威夷島——約一千七百年前；至紐西蘭——約一千年前。

◎獨木舟的技術革新

前述的遷移擴散有賴於船舶技術革新。雙體獨木舟於此時問世，這種雙船體的帆船由兩艘獨木舟並排組成，船體之間以橫木及甲板連結，配備蟹鉗形的四角帆。詹姆士·庫克（James Cook）就曾駕駛雙體獨木舟於一七六九年停靠大溪地島港口，並在報告書中繪製揚帆航行的雙體獨木舟，且附上說明表示，雙體獨木舟即使不配備舷外撐架也能穩定航行，船帆有單帆及複帆之分。依前述三階段區分，雙體獨木舟於階段②、約二千年前在遠大洋洲西南部海域問世。因為這項發明，人類得以於階段③擴散至海洋性質最濃厚的遠大洋洲深處。

如今雙體獨木舟已經沒落，文化人類學者須藤健一表示，大型雙體獨木舟全長約三十公尺，可搭載三十噸的物品，或三十名乘客及其必需糧食、飲用水，並航行數十日。由於人類使用雙體獨木舟時間晚至一千年前左右，遼闊的太平洋海域已經轉變為「蒙古人種的海」、「南島語系的海」。當他們擴散至遠大洋洲深處，人類全球規模的「移動與定居」暫時進入穩定期。打破這個穩定狀態的，是本章開頭提到的〔III〕歐洲人於十五世紀末開始的擴散。這部分暫且留待後述，在此先將焦點轉向其他海域。

◎高加索人種的擴散

現存人類「源出非洲」，抵達約旦河大裂谷後，高加索人種接著往「西洋」與「中洋」擴散。蒙古人種邁向「東洋」之際，在東南亞洲大陸地區抵達陸地東緣；高加索人種族群在邁向「西洋」之際，尤其是邁向歐洲時，同樣抵達陸地的西緣。與蒙古人種不同的是，高加索人種來到海邊隨即止步不前，並未立即走入大海。

針對這樣的說法，想必會有人提出質疑，表示維京人（Viking）在十世紀抵達格陵蘭，十一世紀初則抵達北美洲東海岸紐芬蘭。但就人類史的觀點而論，蒙古人種走進太平洋與維京人走進大西洋之間具有根本上的差異。在此我想引用「人境」（ecumene）概念。所謂「人境」是指一個範圍，在此範圍內人類可持續開發、利用在地資源，藉以實現永續定居。

例如南極觀測基地，雖然可供永續居住，但欠缺定義前段描述的條件，稱不上是人境。蒙古人種擴散至美洲大陸或太平洋，正是基於擴大人境而促成的「移動與定居」。相較之下，維京人雖然抵達北美洲，卻不過是沒有永續性的暫時現象——因為蒙古人種早已將當地據為自己的人境，維京人扎根前便遭到驅逐。

「溫海」與「冷海」

◎蒙古人種的海

為何高加索人種與蒙古人種之間會發生這樣的差異？想必近大洋洲多海島的海洋性質是主要因素。北大西洋北端可劃分出「冰島—格陵蘭—北美洲東北部」一帶，除了這一帶都缺乏前述條件，但「溫海」與「冷海」的對比或許才是更主要的因素。蒙古人種在海洋的擴散發生於「溫海」，「西洋」高加索人種在海邊停步是因為碰到「冷海」。海水溫度的差異在人類史上具有重大意義。

先從「溫海」開始說起。所謂「溫海」，是指海水溫度約攝氏二十五度以上的海，因此在「溫海」較不易因為接觸海水導致失溫或肉體上的痛苦。「溫海」的特徵就是航行時不必擔心被海水弄溼，這表示只要是具有浮力的物體，都能成為移動工具；而且南島語系擴散的海域屬於溼潤熱帶，遍布各地的森林多為熱帶雨林，從森林砍伐原木或竹子後，可直接以木頭或竹筏出海，或者將原木加工為獨木舟。

舷外撐架船出海捕魚　「溫海」的船，船板低，由漁夫走進海中將之推向外海。印尼蘇拉威西島（Sulawesi）。作者拍攝。

又因為在「溫海」接觸海水並不難受，所以不需要舷板等防波浪結構；既然不需要舷板，表示不僅可以減輕船舶重量，也易於直接持槳划船，因此手划式的船槳雖然在使用時會被波浪打溼，仍能被選為工具而使用。這種形式的船舶，姑且稱為「獨木舟＋手划槳型」。在日本廣為人知的「白龍」或「爬龍」[2]即是其大型化的例子。當東南亞島嶼在巽他古陸消失後，依然將有帆的「獨木舟＋手划槳型」當作日常航行手段，這是因為「獨木舟＋手划槳型」是人人皆可輕易製作、輕易操縱的船，也使得各地的往來形成「海洋世界」。在太平洋逐漸發展為「蒙古人種的海」的歷程，溼潤熱帶的「溫海」實在是與其密不可分的生態條件。

◎「冷海」的屏障效果

高加索人種在前往「西洋」的路上則是來到「冷海」。這片海洋的海水淋在身上會剝奪體溫，最後將人逼向死亡。西北歐亞大陸也是溼潤地帶，是落葉闊葉林或北方混交林的生長地帶。這個空間和東南亞島嶼相同，可輕易從森林確保木材用量，但這裡不像「溫海」，竹材或原木經過簡易加工製成竹筏或獨木舟仍不足以出海。這片「冷海」也是片「凶暴之海」，因此船舶必須配備防波浪結構，以免進水或人員被水淋溼。

日本位於「冷海」與「溫海」的遷移帶，當獨木舟配備防波浪的舷板成為半結構船後，便開始用於遠洋航海，人們在彌生時代也開始走進東亞海域世界。歐洲的海洋比日本更偏向「冷

「冷海」的方舟　葡萄牙皇室御用船舶，舷板帶有裝飾，船槳一字排開。1895 年。里斯本國立海事博物館館藏。作者拍攝。

海」，其船舶也需要同樣的結構，方舟就是其原始型態。

方舟是兼具隔浪板與舷板的船。舷板具備兩項功能，其一當然是阻隔波浪，另一項功能是充當槓桿的支點，使船舶可以配備船槳或船櫓。說到「冷海」就要提到「方舟＋船槳」，與手動划槳不同的是，利用船槳的時候可將充當支點的舷板開口縮小，同時可在其上鋪設舷板。如此可進一步提高阻隔波浪的效果，增加載運量。至於載重增加的問題，可藉由船槳的增加或放大船體來應對。

「溫海」與「冷海」對於前進「東洋」的蒙古人種與「西洋」的高加索人種有不同的意義。這兩片海洋證實了人們常說的「海洋既是屏障，也是交流的場所」這兩種意義。

◎舷外撐架的研發

蒙古人種走進「溫海」，他們實現的重大革新就是前面提過的舷外撐架的研發。僅在船舷單側配備者，稱為單舷外撐架船；在船舷兩側配備者則稱為雙舷外撐架船。在船體外配備浮材可使船舶維持水中的穩定性，尤其是當波浪從側方襲來時。穩定性之提升可使船寬縮窄、船身拉長，如此可減少造波阻力，若再配備船帆，甚至可使航行速度更快。就單舷外撐架船而言，操作三角帆可使船外浮材總配於上風側，如此更能使航行速度提升。

玻里尼西亞人則進一步研發出大型雙獨木舟，實現了長距離的航海，他們所到之處甚至可能遠至南美洲西岸——如今地瓜被引進太平洋海域，成為南太平洋諸島及新幾內亞的重要主食作物，便足以驗證這個推論。學者認為地瓜的原產地為中美洲墨西哥至瓜地馬拉一帶，四千年前在南美洲秘魯也有人栽培。蒙古人種曾經抵達南美洲西海岸，或許地瓜正是經由其手傳入東南亞。

坦尚尼亞的雙舷外撐架船　坦尚尼亞是舷外撐架船分布的西緣。作者拍攝。

◎從東南亞到印度洋

蒙古人種抵達東南亞島嶼地帶後，更進一步往西走向印度洋，擴大活動海域。其活動西緣為印度洋西南端的馬達加斯加島東岸，推測抵達時期為七至八世紀以前，但也有學說認為可能是二千年前。這波擴散也擴大了他們的「人境」。舉個例子，馬達加斯加共和國的官方語言為馬拉加西語（Malagasy language）及法語，前者就是於南島語系。

「不耕土稻作技術」也是伴隨其擴散而傳播至印度洋的事物之一，此為東南亞島嶼地帶的低窪溼地特有的稻作技術。顧名思義，這種稻作方式在移植前的整地作業完全不使用犁或鍬等耕具；但為使移植後的稻苗容易生長，仍會實施整地作業，作法是先用大型除草刀砍倒水生雜草，然後將水牛成群趕入水田，耕者在水牛後方追趕，讓水牛在水田內繞圈，透過牛的重量與牛蹄將田土踩軟，並將雜草連根掩埋。這種耕作方法將水牛蹄當作耕具，稱為蹄耕或踏耕。蹄耕今日仍散布於東南亞島嶼地帶、印度半島東海岸、斯里蘭卡島西南部、馬達加斯加島東海岸的溼潤低地，這些地方都是南島語系的馬來裔海洋民族活動的領域。

在阿拉伯海四周的印度半島西海岸或非洲東海岸，舷外撐架船仍被當作漁船或小型船舶，也是馬來裔海洋民族留下的結果。蒙古人種在海洋擴散的這段歷程，造就了橫跨太平洋與印度洋的「溫海」海域世界，只不過它們的活動範圍並未超過好望角（Cape of Good Hope）前往大西洋。

◎大西洋的「溫海」

挑戰大西洋的是「西洋」高加索人種。他們的選擇是將「方舟＋船槳型」加以放大，亦即建造大型結構船。相較於舷外撐架船，這種船舶的運載量更大。然而航向北大西洋這片被視為「凶暴之海」的「冷海」並不容易，基督教的世界觀認為世界是平的、海洋將在世界的盡頭墜入萬丈深淵，這般想法更令人難以航向大西洋。正如前述，在這段過程中也曾發生插曲，例如維京人曾經抵達北美大陸；他們所成就的海域世界，長久以來侷限於北方的波羅的海與北海的陸地沿岸緣海，以及南方的「地中海」（在自然地理學中，舉凡海洋沿岸大致上被陸地環繞的海域，就稱為「地中海」）。直到十五世紀以後，他們才藉由大型結構船前進大西洋。有趣的是，這項嘗試是從歐洲最「溫暖的海洋」開始——葡萄牙與西班牙。

大西洋和東南亞島嶼地帶一樣，也有溼潤熱帶與「溫海」——非洲幾內亞灣一帶與南美洲亞馬遜低地周邊。從經緯度來看，非洲與南美洲的距離不過經度二十度左右，若將這段距離擷取至東南亞島嶼地帶的赤道周邊，僅僅相當於新加坡到帝汶島附近，「獨木舟＋手划槳型」的船舶也曾存在於此。然而學者認為，南美的蒙古人種與西非的非洲人種（Negroid）之間並未橫跨大西洋交流。在巴西及非洲側的幾內亞灣岸，溼潤熱帶的主食作物都是木薯（樹薯），學者認為其原產地與前述的地瓜相同，都是中美洲墨西哥到瓜地馬拉一帶，以及巴西西北方兩地。固有的學說認為，幾內亞灣岸的木薯於十六世紀由巴西經葡萄牙人之手傳入。在這項看法中，南美洲與非洲的溼潤熱帶，是經由葡萄牙人首度建立聯繫。

然而這項學說真是毫無疑問嗎？在此想提出一段經驗。這段經驗出自西印度群島最南端附近的城鎮——巴貝多島（Barbados）的首都橋鎮（Bridgetown）。在今日這座小城鎮的背後，一座公園就位在微小低地上，當地在過去很有可能是個小海灣或潟湖，巨大的猴麵包樹就聳立於昔日的海岸線上。通常猴麵包樹的樹齡難以推論，但該樹大約是一千年，而西班牙人是在一五一八年

巴貝多島的巨大猴麵包樹　樹高 28 公尺，樹冠直徑 25 公尺。作者拍攝。

抵達巴貝多島，若前述推論正確，表示猴麵包樹在西班牙人抵達以前早已存在於當地。

猴麵包樹屬於木棉科，是西非熱帶莽原氣候地帶具代表性的樹木。柳田國男曾在伊良湖岬撿到椰子，後來由島崎藤村將之寫成「椰子之實」的歌詞。椰子的果實有堅硬的外皮包覆，可能經得起在海上長期漂流；然而猴麵包樹的果皮較不堅硬，果肉雖然包覆著種子，卻無法在海上長期漂流。巴貝多島的猴麵包樹可能是由人類傳入，而非因海上漂流而傳入。當初可能是人類將猴麵包樹果帶進當地，未食用完畢的種子便在此發芽、成長。倘若當地人和西非人一樣，都將猴麵包樹當作有用的植物加以利用，可推斷當初在巴貝多應該有更多的猴麵包樹。這項推論若屬實，加上該猴麵包樹的推定年齡也正確無誤，並非由歐洲人帶到當地，則可推定在歐洲人抵達當地以前，猴麵包樹已因巴貝多島與西非之間的人類交流而傳入。

同樣的交流，也可套用在前述西非幾內亞灣岸的木薯。當時阿拉瓦克人（Arawak）以木薯的原產地——亞馬遜盆地至巴西一帶為居住地，他們是南美洲勢力最大的集團，巴貝多島也是其居住地。如果木薯或巴貝多島的猴麵包樹是人類透過大西洋交流所孕育的產物，則其中一群推手可能是阿拉瓦克人。

印度洋海域世界的成立

◎兩個海域世界

蒙古人種深入遠大洋洲，使當地化為人境，人類的「大移動」至此告一段落。若將蒙古人種抵達紐西蘭的時期定義為大移動的末期，則該時期距今約為一千年前。但在這之前，海洋就如同陸地地域一般，已在人類「移動與定居」的深化與相互影響奠定的基礎之下，發展出人、物、資訊彼此交流的空間——海域世界。伊斯蘭世界史學者家島彥一將海域世界定義為「廣泛的歷史空間，其中，海域內的交流網絡符合某種程度上的時間持續性，海域內相互交流密切」，強調海域世界本身就是極具歷史張力的存在。海域世界遍布全球各地，其成立地點必然為海洋，可根據海洋性質分為兩類。

其中一種海域世界成立於大陸邊緣的附屬海或「地中海」；換言之，這樣的海域世界的成立背景是「陸域環繞的海域」。世界上多數的海域世界都屬於這種類型：在歐亞大陸，從東部開始列舉，有以黃海、東海為中心的東亞海域；有南海、東南亞島嶼地帶形成的東南亞海域；有地中海海域、波羅的海海域等環繞於歐亞大陸；還有美洲大陸的加勒比海海域世界等等，都是第一種類型的海域世界。

另一種海域世界與前者相反，是以大洋為成立背景，由「海洋環繞的陸域」形成。在太平洋、大西洋、印度洋三大洋之中，太平洋與印度洋在大航海時代以前已形成海域世界。在太平洋，航行方式有舷外撐架船或大型雙體獨木舟，遠大洋洲的島嶼猶如節點，形成海洋網絡空間。但在人類史上更具重要意義的卻是印度洋海域世界。

◎印度洋與溼潤熱帶

相較於太平洋或大西洋，印度洋不僅規模小，本體部分又位於南北回歸線之間，是強勢寒流無法流入的「溫海」。而且印度洋有規律性吹拂的季風，不同季節的風向會有幾乎完全反向的變化。由於風力摩擦，海水會產生吹送流，風和海水都會流向同樣的方向，對帆船的航行而言是良好的條件。季風吹拂的「溫海」雖是印度洋海域世界的特性，但光憑這點不足以解釋其成立原因。畢竟對於海域世界的成立，這點雖是重要的自然條件，卻不是決定性的因素。誠如前述，海洋是「移動」的場地，海域世界乃基於人與物在海域間往來「移動」而形成。就物的層面而言，印度洋具備優異條件。

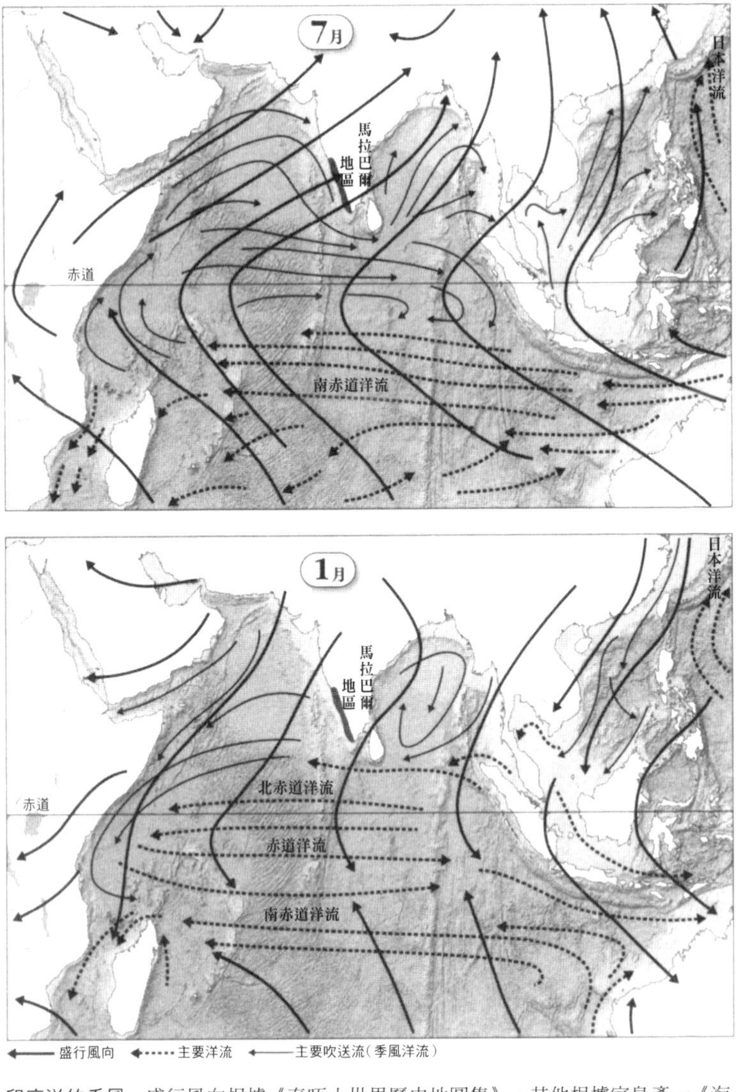

印度洋的季風　盛行風向根據《泰晤士世界歷史地圖集》，其他根據家島彥一《海洋文明：印度洋的歷史》（朝日新聞社，1993 年）繪製。

歷史上，人類主要以非熱帶為群居地，尤其是溫帶。因此人類自古以來就愛好在自己所在的生態系統無法得到的熱帶產品，尤其是溼潤熱帶的產品——各式辛香料就是個好例子。溼潤熱帶氣候的極致例子便是熱帶雨林，其分布集中於赤道周邊三處——亞洲的東南亞島嶼地帶與馬拉巴爾海岸、南美洲亞馬遜河流域、非洲剛果河流域。南美洲與非洲的熱帶雨林都分布於大河的內陸盆地流域，其河口銜接大西洋，因此兩者開始參與世界貿易，是在大西洋海域世界因大航海時代開始而成立以後。在該時代以前的漫長歷史之中，東南亞島嶼地帶與馬拉巴爾海岸都是世界僅有的溼潤熱帶產品獨家供應地，而且東南亞島嶼地帶與馬拉巴爾海岸都位於溼潤熱帶，「溫海」環繞，聯外交通便利，與另外兩座被封鎖於大陸內部的熱帶雨林形成明顯對比。

◎印度洋的東西結合場所——馬拉巴爾

印度洋還有一項條件是另外兩座大洋所欠缺的。印度洋是北邊被亞洲大陸封閉的大洋，位置大約在北回歸線一帶，這是印度洋之所以為「溫海」的重要因素。而且印度洋的約略中央位置嵌著一座倒三角形的巨大陸塊——印度半島，其走向由亞洲大陸指向赤道的方向。因為這座楔形半島，印度洋被分隔為東邊的孟加拉灣與西邊的阿拉伯海。

印度半島在歷史上的作用，不僅將印度洋區隔為東西個空間與海域，同時也具有整合兩者的意義。馬拉巴爾地區位於其尖端，具有熱帶雨林，阿拉伯海夏季的西南季風也是向這個地區吹拂，而且當地是胡椒的原產地——這項熱帶產品自古以來即是印度洋貿易的代表性產

馬拉巴爾海岸科契舊港都的辛香料批發街　上圖：事務所兼倉庫沿著道路而建。中圖：入口通向後方的倉庫與水路卸貨區。下圖：科契舊港都的辛香料攤販，各種辛香料少量陳列販售。三張皆由作者拍攝。

品。也就是說，馬拉巴爾不僅將印度洋分割為東西兩區，同時也整合了東西兩區，溼潤熱帶產品中最重要的胡椒也由此地生產，此地彷彿吸引飛蛾的燈火，具有引人聚集的作用。印度洋海域世界之成形，就是因為有兼具多重意義的馬拉巴爾充當其聚集場所。

擴散至「中洋」的高加索人種與擴散至「東洋」的蒙古人種，是促使印度洋轉變的兩個因素，使其成為活絡的「交流之海＝海域世界」。他們將馬拉巴爾地區當作交會暨結合的場所，塑造廣大的印度洋海域世界。由於先前已經提及蒙古人種走進印度洋的歷程，在此將以「中洋」高加索人種的活動為探討主軸。

◎《厄立特利亞海航行記》

《厄立特利亞海航行記》寫作於西元一世紀後半的埃及，這部古代文獻史料可為印度洋海域世界之成立提供佐證。「厄立特利亞海」在希臘語中意指「紅色的海」，當時所指不僅止於今日的紅海，也包括印度洋全境。該書是「導覽文」，內容包括埃及至印度半島南端的港灣狀況與商品地理，推定作者為居住於埃及的貿易商人，曾在該海域活動。該書對活絡的交易活動有所著墨，其發展背景是季風的「發現」與航海應用。該書第五十七節表示，夏季在阿拉伯海吹拂的西南季風根據發現者的名字而稱為「希帕羅斯之風」（Hippalos），人們可運用此風自阿拉伯半島西南岸橫渡阿拉伯海，向印度洋直航。

古中東史家蔀永造曾整合該書記載的地名與當時希臘人對世界的認知，並概括為下頁地圖。根據該書描述，時人會善用「希帕羅斯之風」橫渡阿拉伯海前往印度，圖中阿拉伯半島西南部的卡聶與非洲大陸東北角的「香料交易地」即是該航路的起點。其終點為印度西北部的巴睿加札（Barygaza，今俾路支），或是利謬利克地區（今馬拉巴爾海岸）。在「希帕羅斯之風」的航路被「發現」以前，紅海入口的猶戴蒙阿拉伯（「幸福阿拉伯」之意）是西方商人與印度商人會合及交易的地點。當時的埃及商人不會由此再往東方的外海前進（該書第二十六節）。此外，學者認為猶戴蒙阿拉伯是今天亞丁（Aden）一帶。

該書對印度西北方的港都巴睿加札有幾節的詳述。當時的巴睿加札可說是「印度的門戶」，其重要性在書中可見一斑。位於馬拉巴爾海岸的木吉里斯（Mūzilis），是與北方的巴睿加札相提並論的港都。該書第五十四節表示「木吉里斯……也因（阿拉伯或）希臘船舶繁榮。當地鄰接河川……距離（河口）有二十斯塔達（stadion）[3]」（蔀永造譯）。木吉里斯就好比今日印度半島西南部馬拉巴爾海岸的帕塔那姆。這項記載顯示，木吉里斯是希臘與西方世界對外的貿易據點，因而繁榮。

該書第五十六節列舉了馬拉巴爾地區與木吉里斯的重要出口商品，最大宗的要屬「大量的胡椒」。正如前述，馬拉巴爾是胡椒的原產地，當時是胡椒的獨家供應地，出口商品清單也包含馬拉巴爾以外的東西——來自恆河流域的那多司（香料），來自內陸地區的肉桂、透明石（寶石類）、鑽石、藍寶石，以及克琉嗇島（馬來半島附近）產的玳瑁等（鄀永造譯）。這些記載顯示，馬拉巴爾地區是各式產品的集散地，除了當地生產的辛香料，也有來自恆河流域及東南亞的諸般產品。馬拉巴爾分隔了印度

古希臘人對亞洲的認知與《厄立特利亞海航行記》記載之地名　到印度半島西岸南端為止，都有詳細地名記載，東岸以後則頓時簡略。科摩令角南方之所以有連續三座港都，是因為該書認知的位置與實際位置之間有偏移。根據佐藤次高、岸本美緒編《地區世界史 9：市場的世界史》（地區世界史叢書，山川出版社，1999 年）繪製。

洋海域世界，也發揮了整合的功能。該書還列舉了進口至木吉里斯的商品，最大宗的是「極其大量的貨幣」。

◎胡椒與金銀幣的交換

《厄立特利亞海航行記》關於木吉里斯的記載，就另一種層面而言也是非常有趣——因為古代泰米爾（Tamil）的商堪（Sangam）文學詩集《阿哈那努魯》有以下詩句：「培略魯河水花起，滿載金幣，雅瓦納寶船來。裝滿胡椒復離去，木吉里碼頭真興隆」（辛島昇譯）。詩中所謂「雅瓦納」，是指古代泰米爾語的希臘人及羅馬人，「木吉里」則指木吉里斯。這首詩句與《厄立特利亞海航行記》對於木吉里斯的記載，彷彿東西相對而立的鏡子，連接著相同的鏡像，道出希臘、羅馬人航向馬拉巴爾的事實，以及因此促成的繁榮。兩者的描述都指出，胡椒是馬拉巴爾往西方出口的重要商品，金幣銀幣則是其付款手段，經交易由西方轉移至東方。

《博物志》（*Naturalis Historia*）的作者老普林尼（Gaius Plinius Secundus）是活在《厄立特利亞海航行記》時代的軍人政治家。眾所周知的是，他曾感嘆羅馬帝國有大量的金銀幣流入印度。類似的狀況在其遙遠的後代——十八世紀也曾發生，當時英國掀起印度產棉製品的熱潮，有「印度瘋」（Indian Craze）之稱，用以付款的貴金屬貨幣大量流向印度——而這正是工業革命的原因之一。羅馬時代的金銀貨幣不僅在印度半島各地的港都遺跡或王都出土，也在東南亞大陸地區出土。

《厄立特利亞海航行記》也描述了印度半島東西兩方船舶的構造差異。關於西方的記述包括：非洲大陸東北部的索馬利亞一帶有「縫合製成的小船或獨木舟」，波斯灣附近的阿曼一帶有「（來自阿拉伯半島西南岸的）馬達拉提，是當地特有的縫合小船」（蔀永造譯）等等。另一方面，對於科摩令角的東方則如此描述：「另有一種船舶稱為散嘎拉，是以船軛連接特大型獨木舟而成」（蔀永造譯）。如此可知，印度洋西部海域有小型縫合船，東部海域則有大型獨木舟，兩座海域有不同的船舶。所謂縫合船，是因為寬而厚的板材難以入手，因此以細繩等連接窄板材製成舷板；大型獨木舟則是鑿穿巨大原木所製造的船。印度洋西部海域，特別是北部的阿拉伯半島一帶屬於乾燥地帶，東部海域則屬於溼潤熱帶的森林地帶，兩種生態系統的差異便反映在船舶的差異。儘管印度洋觸及的阿拉伯半島南岸與其內陸沙漠地帶都是乾燥地帶，卻不能將兩者混為一談。

◎「綠色阿拉伯」

阿拉伯半島南岸的氣候特質與後續探討的內容有關，在此先略加闡述。西亞的印象往往與沙漠畫上等號，阿拉伯半島內部的魯卜哈利沙漠即是一大主角。當地的氣候特徵是降水極少，而且集中於冬季。西亞整體上屬於冬雨型乾燥地帶，阿拉伯半島南岸一帶則是例外，西南端更是顯著。當地山地遍布，夏季吹拂的西南季風碰上山地，帶來地形性降雨。阿拉伯半島西南端是西亞罕見的夏雨型地帶，氣候略顯溼潤。其山地夏季綠意盎然，有「綠色阿拉伯」之稱。

「綠色阿拉伯」的「綠意」與南北的幅度，在沿著阿拉伯半島南岸向東方延伸的同時愈發縮減。前面提到，《厄立特利亞海航行記》將該半島西南端記載為「幸福阿拉伯」。這表示「綠色阿拉伯」雖然位於乾燥地帶，卻也是「幸福阿拉伯」。該書即是在「幸福阿拉伯」的描述之中提及縫合船——可能是因為這一帶可取得縫合船所需的原料。

關於印度洋海域世界的縫合船，家島彥一有一篇研究廣納歷史文獻，內容頗為周到。該研究表示，該海域縫合船的原料以「綠色阿拉伯」栽培的椰子為主。椰子是沒有分枝的直立樹種，經過加工後，樹幹可製成桅杆，木板可製成船板，葉柄與葉片可製成船帆，包覆在果實胚乳外圍的纖維可製成縫合用的細繩——建造縫合船所必須的材料幾乎都可從椰子取得。然而家島彥一表示，椰子是在十一世紀以後引進「綠色阿拉伯」，西亞乾燥地帶原生的椰棗樹幹無法用於造船，因此《厄立特利亞海航行記》記載的縫合船材料，可能是取自椰棗以外的原生樹木，不太可能是取自椰子樹——另一個可能是，當時所用的材料是仰賴馬拉巴爾引進的熱帶材料。

《厄立特利亞海航行記》在科摩令角東方的記載中提到的散嘎拉船，令人聯想到獨木舟並列連結而成的雙體船。這項記載也讓人聯想到另一個時空的雙體獨木舟——誠如前述，這是蒙古人種得以在遠大洋洲擴散的因素。研究人員認為，雙體獨木舟在太平洋海域之開發，地點位於遠大洋洲西南部的海域，時間約為二千年前，相當於《厄立特利亞海航行記》的時期。既然如此，難以假設此時期在太平洋海域開發的雙體獨木舟會被用於孟加拉灣海域。如同家島彥一的推論，書中記載之雙體船，所指的可能是舷外撐架船。

◎同時代中國方面的史料

前面曾提到，在東南亞大陸地區的各個遺跡也曾出土古羅馬貨幣，但光憑這點難以斷定希臘人或羅馬人曾經來到東南亞大陸地區。因為當空間由馬拉巴爾南端的科馬雷（科摩令角，在印度稱為卡雅庫馬里〔Kanyakumari〕）再往東方移動後，《厄立特利亞海航行記》的記載頓時變得簡略（見頁一五一）。這點顯示當時的希臘人及羅馬人的活動領域最遠差不多到達科摩令角，並未由科摩令角再往東發展。

有趣的是，中國發現的同時代史料與該書彷彿是相對而立的鏡子，希臘人及羅馬人東行的極限在該史料中有跡可尋。這項史料是一世紀時撰寫的《漢書》〈地理志・粵地〉，內容為南越（華南）的港都往西南方移動的路徑——先從港都出發，經由海路往南航行五個月，接著同樣經由海路航行四個月又二十日，抵達諶離國；此後可經由十天的陸路，二個月以上的海路抵達黃支國，其南方尚有已程不國，漢朝譯使就此折返。

令人注目的是，這篇記載主要描述皆為海路，陸路的描述僅一小段，而且耗時遠少於其他路段，僅需十日。直截了當的說，這些路徑就是從中國南部出航南行，進入泰國灣後轉由陸路橫越馬來半島最狹窄的地區，然後再由海路筆直航越孟加拉灣抵達南印度，除此以外別無可能。

當時連接孟加拉灣與南海的交易幹線路徑與今日有所不同，通常並非經由馬六甲海峽的海路，而是在馬來半島最狹窄的克拉地峽一帶橫越陸路，在泰國灣再由海路東行——東南亞考古學的研究人員將此稱為泰國灣路徑。馬六甲海峽位於赤道無風帶，對於仰賴風力的帆船而言，是難以通過的海域；今日該海峽仍以海盜出沒聞名，在當時更是加倍危險的地方，因此人們通常會迴避該海峽，而在馬來半島最狹窄處暫轉陸路移動。印度產的瑪瑙製串珠是當時的重要交易品，在克拉地峽至泰國灣與南海沿岸一帶以及廣東都有出土，在馬六甲海峽沿岸卻不曾發現。這點也指出泰國灣路徑正是當時的交易幹線路徑。

《漢書》〈地理志〉記載的路線最終來到印度，這般解釋的理由與「黃支國」有關。一般認為，漢文史料的「黃支國」可能是南印度東南部的甘吉布勒姆（Kanchipuram）。「黃支國」的下一站是「已程不國」，這座港都國家可能位於甘吉布勒姆南方的科摩令角附近。值得注目的是，《漢書》說「漢之譯使至此還矣」。這表示由此以西是不需要中文口譯的世界，也就是說已經超出中國人的活動範圍。

《漢書》〈地理志〉的記載與前述《厄立特利亞海航行記》的記載猶如相對而立的鏡子。可以想見，印度半島尖端部分是一條界線，西方為希臘、羅馬人的活動領域，東方為中國（以及東南亞）各集團的活動領域，東西壁壘分明。當然也有人或物從印度半島往東西兩方向移動。往西移動的部分，《厄立特利亞海航行記》第二十六節表示，在阿拉伯半島西南端紅海灣口附近，（過去）「無自印度來埃及者」，（來自埃及者也）「僅來到此」（蔀永造譯），第三十節關於阿拉伯半島西南部港都的記載，也表示印度人曾存在於當地。

反觀印度半島往東方的移動，前述的瑪瑙串珠及羅馬貨幣等物的移動是毋庸置疑的。至於人的移動，印度古代史家羅密拉．塔帕爾（Romila Thapar）認為，最初從印度前進東南亞的是追求交易利益的商人，他們的移動也呼應了東南亞各王國的建國故事。以西元一至七世紀位於湄公河下游的繁榮國度扶南國為例，無論當地出土的梵語碑文史料，或是中國漢文史料（《梁書》），都表示來自印度的婆羅門與當地公主之婚姻，是扶南國建國之開端。

「大海域世界」的形成與「文明圈帝國」

◎印度洋海域世界的拓展

在此想基於《厄立特利亞海航行記》與《漢書》〈地理志〉來探討印度洋海域世界在一世紀時的拓展。《厄立特利亞海航行記》對於埃及至印度半島南部的海域世界有詳細的記載，印度洋海域各地皆曾出土古羅馬的貨幣，顯示該海域與地中海世界有緊密的聯繫；另一方面，由《漢書》〈地理志〉的記載可知，中國籍口譯的活動範圍曾觸及馬拉巴爾一帶。

由此可知早在西元元年前後，歐亞大陸南緣一帶已經形成串聯各個海域的交易網絡——「東亞海域—東南亞海域—印度洋東部海域（孟加拉灣）—印度洋西部海域（阿拉伯海）—地中海海域」。家島彥一將這遼闊的海域網稱為「大海域世界」，猶如日式連珠紋路，彷彿彼此相扣的圓環，卻又保有看似連續而不連續的關係，其中最重要的一環是馬拉巴爾。「大海域世界」是個與集權秩序扯不上邊的世界，沒有特定的「中心—外圍」關係，也沒有「主宰—從屬」的關係。

「大海域世界」的成立，與雄霸於其東西兩端陸域的大帝國密切相關。以一世紀為例，東端有大漢帝國，西端有羅馬帝國。這點顯示出，「大海域世界」的作用與各帝國相關陸域的成形具有相輔相成的關係。簡言之，帝國在各海域世界的相關陸域活動愈是成熟活躍，「大海域世界」的交流就愈發活化，而印度半島南部與西亞對於該條件的實現有很大的幫助。

◎「海洋的印度」與「陸地的印度」

海洋國家帕拉瓦（Pallava）王國擁有孟加拉灣，印度半島南部的活力源自於該王國之確立。由於印度半島南部向來維持獨立，不曾被納入印度北部的各帝國，印度次大陸直到近代才形成版圖遍及全境的大帝國——英屬印度帝國，由英國在十九世紀建立了「殖民帝國」。

印度半島南部一帶之所以能保持獨立直至近代，主要因素是當地不僅屬於印度教文明圈，而且具有「海洋印度」的開放性，再加上原住民族群達羅毗荼人（Dravidian）比北印度的雅利安人更早在此扎根，長久以來保有獨特的性質，這點也是印度次大陸及中國之間的重要差異之一——在中國，華南一帶以廣東為核心，在歷史上向來擁有獨特自主的性質，可說是「海洋的中國」，但被漢武帝納入中華帝國後，「海洋的中國」失去政治獨立性，逐漸成為中華帝國南方海域的門戶；然而印度半島南部的「海洋的印度」在政治上並未和北方的「陸地的印度」合而為一，而是持續孕育成獨立國家，帕拉瓦王國就是初期的良好範例。

帕拉瓦王國的國名於四世紀問世，其根據地甘吉布勒姆可能是《漢書》描述的「黃支國」。該王國的勢力於五至七世紀急速擴張，版圖擴及印度半島南半部一帶，面向孟加拉灣。相較於中國各王朝，帕拉瓦王國只是個領土極小的國家，不過該王國對於印度洋海域世界的擴張貢獻良多；另一方面，印度教文化之融合也於五至六世紀在南印度醞釀，在該王國積極走向印度洋東部海域世界時，新的融合文化也順勢在東南亞傳播，其路徑即是前述泰國灣路徑。

◎室利佛逝帝國與馬六甲海峽

印度教文化經過融合後，傳播至東南亞被當地接納，法國的東南亞史家榭迪斯（George Cœdès）將之稱為「印度化」，爾後此說法流傳至今。「印度化」是廣泛的文化轉變，不僅止於宗教，還擴及思想、禮儀、城邑、建築、雕刻、稻作農耕技術。今日東南亞的文化根基仍帶有印度的要素，其由來即是舊時期的「印度化」。受「印度化」影響，東南亞塑造了自我，兩個強大的印度教帝國在此根基之上成形：其中一個是大陸地區的高棉帝國，另一個是七世紀成形的室利佛逝．夏連特拉（Sri Vijaya．Shailendra）帝國。就印度洋海域世界的觀點而言，後者的意義更為重要。室利佛逝．夏連特拉帝國是主宰馬六甲海峽兩岸的海洋國家，其根據地是今日蘇門答臘島東南部的巴林馮（Palembang）。該帝國建立霸權、主宰周邊海域，因此促成馬六甲海峽的航海安全，該海峽便取代泰國灣路徑，成為航海幹線路徑。

室利佛逝．夏連特拉帝國主導的和平為「大海域世界」帶來兩個重要的果實。第一是經由馬六甲海峽東行的海洋路徑，印度洋海域世界因此與東南亞島嶼地區的熱帶雨林地帶有了直接的聯繫。先前已經提到，世界上有三座熱帶雨林，其中只有東南亞島嶼地區在大航海時代以前便已參與人類的交易史。當地是當時全球唯一的溼潤熱帶產品供應地，通往此處的直行路徑已然開通。

第二條路徑經由馬六甲海峽向東北行，印度洋海域世界因此得以直行中國。廣東是「大海域世界」繁榮的東端港都。義淨於六七一年的唐朝前往印度取經，六九五年歸國，這條路就是他的行經路線。雖然兩條路徑分別通往東南亞島嶼地區的熱帶雨林及中國，卻都在「海洋迴廊馬六甲海峽」匯聚，該海峽成為「大海域世界」全新的結合場所，與印度洋的馬拉巴爾並駕齊驅。該海峽與其周邊海域在日後的歷史中有許多重要港都，包括室利佛逝・夏連特拉帝國的首都巴林馮、馬六甲，以及近代的檳城及新加坡。

◎伊斯蘭、沙漠、海洋

且將焦點轉移至「大海域世界」西部，在此同樣曾發生重要的變化——伊斯蘭帝國在西元七世紀初於阿拉伯半島登場，數十年間統一西亞一帶而建立帝國。伊斯蘭是興起於沙漠的宗教，其世界觀基本上不僅限於陸地，也包括海洋。《古蘭經》第五十五章說道：「慈悲的神……（中略）解放兩座海洋，使其相逢，並在其間設置屏障，使之各守其分」（井筒俊彥譯）。「兩座海洋」指印度洋與地中海，「屏障」則可解釋為西亞。家島彥一認為，這段經文闡述的是海洋的世界觀，將西亞視為東方印度洋與西方地中海兩個海域世界重疊的場所，亦即「大海域世界」的結合場所。

就日本的常識而言，提到「伊斯蘭」會立刻聯想到沙漠，《古蘭經》對於海洋的強調或許是令日本人出乎意料的。沙漠與海洋是非常兩極化的空間——沙漠是極度缺水的空間，海洋則是太多水的空間。但在此且不關注這兩造極端性質，而是要從人、物的「移動」探討沙漠與海洋。其實就交通網絡的形成而言，沙漠與海洋可說是具有相同的特性——對人類而言，兩者都是廣闊而充滿沙礫或水的空間。在這空間之中，沙漠有綠洲城市，海洋則有港都，兩者呈點狀分布。將這些城市連貫而成線條，就是商隊或船舶行走的路線，其交通方式分別為駱駝或船舶。

此結構可說是一種交通網絡，綠洲城市與港都是節點，商隊或船舶往來的路線是邊線。人、物、資訊便藉由駱駝或船舶搬運，在交通網絡中流動。穩定供應水質良好的飲用水，是綠洲城市或港都皆具備的重要功能，可供應量是這些城市成為節點的重大基礎。綠洲城市與港都不僅是交易網絡的節點，也能發展為政治權力的根據地，藉由其集散功能而將周邊納入政治勢力範圍。這種政治勢力稱為綠洲城市國家，或者港都國家。

◎「沙漠的船」與「海洋的船」

除了前述的同質性，這兩種城市之間當然也存在著差異性。先就交通網絡的可變性來談論，連貫各港都的航路具有可變性，可因應需要而自由變更路徑；反觀連貫綠洲城市的沙漠通商路徑則較為固定，欠缺前者的可變性。因此就交通網絡結構而言，沙漠屬於樹狀網絡，基本通行模式為在同一路徑上往返；海洋則屬回路型，不僅可往返通行，也可逕行前往另一節點或繞圈。

輸送力的差異更是明顯。比較駱駝商隊與船舶可知，兩者可承載的搬運量大相逕庭。海洋的船舶也可搬運重量大而單價小的日常物資，將之轉為交易商品；然而駱駝商隊的承載力較小，重量大的東西無法轉為運輸品。承載搬運量的差異大幅影響交易的樣貌，沙漠的駱駝運輸，不得不侷限於輕量而運輸負荷小的高價商品，以奢侈品為主體——「絲路」之名讓人立即聯想到絹絲或正倉院的寶物，是因為沙漠的駱駝交易原本就以這類奢侈品為主力。極端地說，在交易網絡上的綠洲城市，其庶民生活與這些奢侈品都是無緣的。

反觀海洋的船舶運輸，不僅限於奢侈品，各式各樣的日常生活物資也是運輸對象，例如各種糧食、燃料、廉價的棉製品等。不僅止是奢侈品的交易，也與港都的日常生活密切相關。海洋與沙漠不同，其網絡具有可變性，可自由設定航路，這種特質與船舶運輸可承載各種交易品的特質相輔相成，促使海域世界的活動愈發活絡。

◎波斯灣、席拉夫的繁榮

回歸正題，就前述意義而言，伊斯蘭帝國不僅限於陸域，也是廣納海洋的帝國。特別是阿拔斯王朝，自從七五〇年時將根據地遷移至美索不達米亞平原與波斯灣後，特徵更是顯著。《一千零一夜》的〈航海家辛巴達〉在日本廣為人知，伊斯蘭帝國關於海洋帝國的性質在這段航海故事之中可見一斑。在故事中，辛巴達是該王朝首都巴格達的富商。

在前述時空背景下，各帝國於八世紀中期，以其文明圈為基礎，在「大海域世界」的相關陸域確立。若以「文明圈帝國」的概念來看，八世紀後半由東方往西看，在東亞世界有唐朝、東南亞大陸地區有高棉、東南亞島嶼地區有室利佛逝．夏連特拉、印度半島有帕拉瓦、西亞與地中海南岸一帶有伊斯蘭、地中海東北部有拜占庭等帝國，這些「文明圈帝國」串聯了與其相關的陸域及海域。「文明圈帝國擁護下的和平」因此橫跨「大海域世界」，使得「大海域世界」內的相互交流愈發活絡。

波斯灣北岸中部的席拉夫（Siraf）是「大海域世界」廣大交易網絡的節點，繁榮期間為西元八至十世紀，往東觸及廣東，往西觸及東非中部海岸基爾瓦。家島彥一認為，席拉夫是當時印度洋海域世界最大的國際交易港。九世紀後半至十世紀初的著作《中國與印度的諸般資訊》，作者可能是席拉夫一帶的阿拉伯或波斯航海商人，其中記載著他們對海域的認知，以及從席拉夫到廣東的航海路徑。經整理得出下圖。

由該書可知，他們將「大海域世界」內部劃分為七個海域，其主要往來港都位於各海域的東端，該港都是

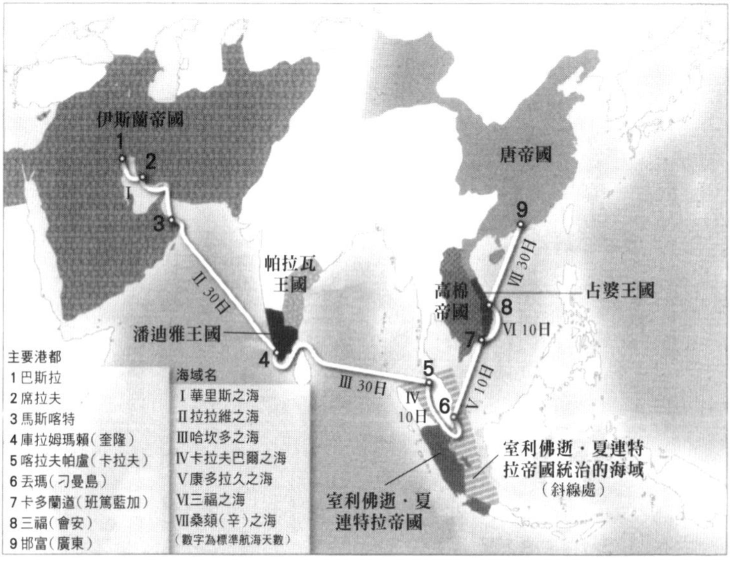

西元 8 世紀左右的文明圈帝國與海上路徑之所需天數　圖中標示為波斯灣至中國之間的穆斯林航海商人對海域的認知，以及航海所需之天數。根據家島彥一譯註《中國與印度的信息 1》（平凡社，2007 年）及 M.Penkala 繪製。

各海域的連結節點，若「一路順風」則從波斯灣到廣東所需天數約為一百二十天。書中還提到，航海商人不僅可在這些主要港都交易，也可從水井補充「淡水」或「好水」，可見優良港都的重要前提是，需能供應航海時的飲用水。這些條件可說明為何主要港都皆位於海域邊界一帶。

當時阿拉伯或波斯航海商人往返於席拉夫與廣東兩地，廣東是大食船、波斯船、天竺船等船舶集結的國際港都。然而學者認為中國商人或中國船在此時期並未造訪席拉夫等波斯灣港都。中國商人往來的西緣與古代一樣，僅止於馬拉巴爾。可見馬拉巴爾位居地理要衝的性質——「將印度洋分為東西兩區，同時也統合兩者」，在這個時期依然影響著由東向西的移動。

◎東西農耕「印度化」

前面接連強調了馬拉巴爾的性質——「大海域世界」東西交流的結合場所。然而印度半島南部包括馬拉巴爾在內，不僅是來自外界的交流向量匯聚的場所，也是自行散發向量的中心點，許多交流由此地散發至周邊海域。東南亞的「印度化」即是此處向東方傳播文化的好例子，其開始時期為前述帕拉瓦王國的確立期。在此將主題侷限於農耕，探討「印度半島＝

印度洋海域世界的傳播中心」之部分功能。

此時期的東南亞農耕「印度化」是指秈稻的傳播，這種米在日本因長米的形象而著稱。在此以前的東南亞大陸地區之稻作與日本等地相同，是以短米類的粳稻為主體，此時期的東南亞稻作農耕不僅在廣大的平原發展，更走向極度潮溼的三角洲。之所以能做到這點，是因為人們引進印度半島的秈稻——對低窪潮溼環境適應力特別強的稻米。新型稻米的引進還促使一系列的印度農耕技術融入當地，例如整地過程中的犁耕技術。順帶一提，秈稻於十二世紀左右經由東亞海域世界，傳至中國江南稱為「占城米」，傳至日本則稱為「大（太）唐米」。後來日本更將之引進海岸地區，用於圍墾新田地。

印度半島對同時期的西方而言，也是農耕技術的傳播中心。伊斯蘭帝國阿拔斯王朝以豐饒的美索不達米亞平原為根據地，「大海域世界」最大的港都席拉夫之所以繁榮，是因為這座港都對於阿拔斯王朝而言，具有外港的地位。當時的美索不達米亞平原之所以豐饒，是因為人們運用底格里斯河與幼發拉底河的水源發展農業灌溉，也因此確立夏冬二毛作[4]。然而西亞基本上屬於冬雨型乾燥地帶，其栽培作物以麥類為主，幾乎僅限於冬季作物；印度半島則為西亞供應了當地欠缺的夏季作物，各式各樣的夏季作物，如秈稻、甘蔗、棉花、各種豆類於此時期自印度半島向外傳播，美索不達米亞平原的灌溉地帶因此實現了集約化農業，以夏冬二毛作為軸心。總而言之，印度半島是印度洋海域世界東西向農耕革新的傳播中心。

◎穆斯林之海

「文明圈帝國擁護下的和平」雖經歷帝國的轉變，卻仍持續至十世紀以後。橫跨歐亞大陸海陸的蒙古帝國於十三世紀確立，促使「大海域世界」的交流更加活絡。十三世紀末是該帝國的全盛期，馬可波羅（Marco Polo）由中國返回的路上曾經由海路造訪馬拉巴爾。他詳細記錄了當地的產品，也提到中國船舶曾造訪埃力，相當於今日坎納諾爾（Cannanore）附近。一三四二年造訪馬拉巴爾的伊本·巴圖塔（Ibn Battuta）也曾提到，來自中國的戎克船（Junk）最遠曾抵達希利（相當於前述的埃力），而他本身也曾從希利南方的卡利卡特（Kozhikode）轉乘中國戎克船前往東方。

然而蒙古帝國於一三六八年瓦解，「大海域世界」的結構開始有重大改變。尤其是在已經「印度化」的東南亞，更是有顯著的進展。爾後東南亞的島嶼地區伊斯蘭化，大陸地區則是南方上座部（小乘）佛教化。這些變化大致上分別透過阿拉伯半島與斯里蘭卡的海洋交流路徑和平進行；特別是島嶼地區的伊斯蘭化，乃基於海域世界的行動原理演進——人們渴望能更確實得到參與交易的機會，於是印度洋「穆斯林之海」的性質比以前更加強烈。

馬拉巴爾在此時期依然是「大海域世界」的交會與結合的場所，這種性質持續至大航海時代。東方的中國於一四〇五年有鄭和率領第一次南海遠征，西方的葡萄牙有達伽馬（Vasco da Gama）計劃於一四九七年環遊好望角抵達印度——兩者皆以馬拉巴爾當時的中心港都卡利卡特為最終目的地。

「西洋」高加索人種前進海洋

◎中國與葡萄牙的挑戰與回應

在此想探討擴散至「西洋」的高加索人種，以及其走進海洋的歷史。高加索人種的擴散曾在碰上廣闊的「冷海」後停止，其海上活動長久以來侷限於「陸地環繞的海域」，以緣海與「地中海」為中心，具體而言即是地中海、北海、波羅的海。到了十五世紀，「西洋」高加索人種才正式走進眼前那片遼闊的大西洋。反觀蒙古人種，早已走進「溫海」屬性的南太平洋及印度洋，「中洋」高加索人種也已走進海洋；相較之下，「西洋」高加索人種的行動顯然晚了許多。

「西洋」高加索人種走進海洋的歷程，就人類史而言是全球規模的「移動與定居」，屬於本文開頭提到的〔III〕歐洲人的擴散。在此之前已有〔I〕現存人類的「源出非洲」與〔II〕蒙古人種的擴散，兩者皆走進原先無人類居住的地帶，擴大了人境的範圍；至於〔III〕的「移動與定居」，則是以壓倒性的軍事優勢為後盾，並藉由海洋走進既有的人境空間，促成這次擴散的正是「西洋」高加索人種。

前面已經提到，率先走進大西洋的是在「西洋」中屬於「溫暖的海」區域的葡萄牙與西班牙。在此想將話題聚焦於葡萄牙進軍印度洋海域世界的歷程。

這段歷程若跳脫歷史脈絡，改以小說的風

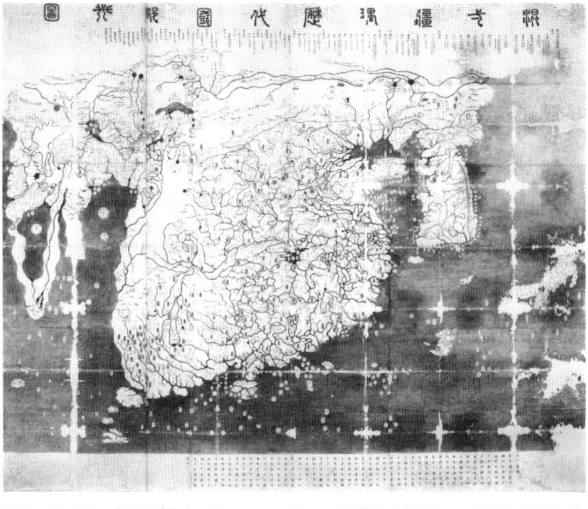

混一疆理歷代國都之圖　1402 年，朝鮮王朝將 14 世紀中期中國繪製的兩張地圖合成、增補而成的世界圖，是現存世界圖之中，最早以環海大陸的形式呈現非洲者。

格描述，則可解釋為葡萄牙接受中國的挑戰，並基於兩種意義作出回應：第一個意義是世界地圖上的「挑戰與回應」。朝鮮王朝曾於一四〇二年根據中國流通的地圖製作世界地圖——「混一疆理歷代國都之圖」。該圖繪有四面環海的非洲大陸，在現存世界地圖中，該圖是最早以這般形式呈現非洲的一幅。在「西洋」，古希臘的希羅多德在其著作《歷史》曾提到非洲四面大海環繞，並認為這是「常識」；但在十五世紀初期的「西洋」，撒哈拉以南亦即黑色非洲（Black Africa）是個未知的存在。在這種狀況下，環海大陸非洲的描寫，竟是出自距離非洲十萬八千里的「東洋」之手筆，這在地圖史上是「東洋」對「西洋」發起的挑戰。葡萄牙在一百年後對此做出的回應，是一五〇二年繪製的「坎迪諾圖」（Cantino）。該圖基於實測結果將非洲以環海大陸的形式繪出，同時也驕傲的展示了他們「通往印度的海路」。

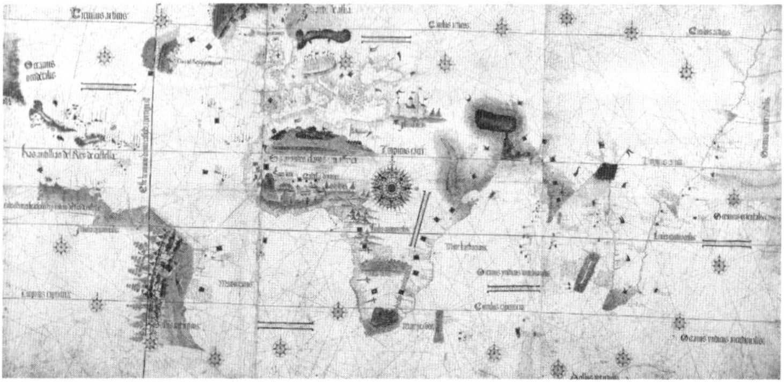

坎迪諾圖　描繪範圍自美洲大陸東部至東南亞。在根據實測結果繪製的世界地圖之中，此為現存最古老者。1502 年。義大利摩德納市艾斯特希圖書館館藏。

◎鄭和的南海遠征

第二次的「挑戰與回應」比前一次更直接，挑戰的主題是印度洋海域世界，由明朝發起挑戰，葡萄牙發起回應。明朝在初期有意繼承橫跨海陸的蒙古帝國，自一四〇五年開始在鄭和的指揮下遠征南海。此次航海具有示威意義，宣示大明帝國已經確立，要求各國對中國朝貢。明朝就此走進「印度洋海域世界」，將之視為「我們的海」。直到一四三三年的二十八年間，鄭和總共進行了七次南海遠征。

中國船艦自東方跨越馬拉巴爾深入印度洋西部海域世界，是本次遠征劃時代的亮點。自古以來，中國戎克船的活動範圍僅到馬拉巴爾，此時東方的舉動打破了印度洋海域世界原有的秩序與權限。印度洋東部與西部兩個海域世界原已形成「穆斯林之海」，中國卻試圖將之重新編制為單一海域世界。由於鄭和是雲南出身的穆斯林，自然不難參與滲入進該海域世界的伊斯蘭網絡。

在一四一三至一四一五年的第四次遠征，鄭和等人抵達東非，最遠曾抵達今肯亞北海岸的麻林地（Malindi）。當時麻林地曾派出中國朝貢使節團，並攜帶長頸鹿來訪。長頸鹿在當地的名稱發音與中國虛構神獸「麒麟」相仿，因此大受歡迎。鄭和的艦隊於一四三一至一四三三年的第七次遠征，亦即最後一次遠征也曾造訪麻林地。

◎由西出發的印度海路

葡萄牙不落於中國之後，試圖從西方走進印度洋海域世界，甚至前進「大海域世界」東緣。自從一三四一年開始探索加那利群島（Canary Islands）以來，葡萄牙一直在摸索「通往印度的海路」。鄭和最遠抵達的地點為麻林地，這裡對葡萄牙而言同樣是個值得紀念的地點——這裡是達伽馬第一次航海時，到達非洲大陸的最遠地點。他們拜託麻林地的國王仲介印度籍嚮導，以卡利卡特為目標，開啟橫渡印度洋的航海。卡利卡特是鄭和第一至第三次遠征時的目的地。彷彿在追隨鄭和的腳步似的，達伽馬也以當地為「通往印度的海路」的最終目的地——這正是中國與葡萄牙在印度洋海域世界的「挑戰與回應」。

達伽馬從麻林地出發的時間，是鄭和艦隊最後一次造訪的六十六年後。中國在永樂帝死後便終止「南海遠征」，爾後便不再派遣大艦隊前往印度洋海域世界。此時在麻林地對於鄭和的大艦隊應該還有記憶，也許當時的人還曾對達伽馬的船舶之小感到訝異。

一五〇二年的「坎迪諾圖」以達伽馬的成果為基礎繪製。該圖詳細記載各地地名與商業資訊，其中又以卡利卡特與馬六甲的資訊最為詳盡。在此僅就馬六甲的說明做介紹：「本城各種商品齊全，由此送往卡利卡特。包括丁字、安息香、沈香、白檀、蘇合香、大黃、象牙、價值不菲的寶石、珍珠、麝香、精妙的瓷器，以及其他眾多商品。這些幾乎都運往外地，特別是中國。」該圖指出三個地點的重要性：卡利卡特——馬拉巴爾的中心港都，馬拉巴爾是「大海域世界」交會與集散的場所；馬六甲——馬六甲海峽的中心城市，馬六甲海峽是印度洋東部與東南亞兩個海域世界的結合場所；中國——其存在意義無須多言。也難怪達伽馬以後的葡萄牙人在走向印度洋海域世界之際，自然而然都以馬六甲為目的地。

一五〇九年，葡萄牙艦隊來到馬六甲。馬拉巴爾當時是印度洋海域世界的界線，葡萄牙的卡瑞克帆船（Carrack）無視當時的東西秩序，

麻林地海岸的十字架 由達伽馬建設。在達伽馬抵達此地前，鄭和的寶船艦隊曾三次群聚於此海域。

駛入孟加拉灣海域。鄭和以中國戎克船自東方發起的行動，如今改由葡萄牙人自西方發起；然而鄭和的遠征能與印度洋海域世界的伊斯蘭網絡保持共生關係，葡萄牙卻是以毀滅與掠奪此網絡為目的，於一五一一年攻陷馬六甲。爾後葡萄牙於一五五七年進一步獲得澳門的定居權，中國對此的回應是在一九九九年成功使澳門回歸中國——中國與葡萄牙的「挑戰與回應」至此畫上句點。

◎歐洲列強進軍海域

「大海域世界」在歷史上長久發展，後來歐洲列強將之解體，建構了新的世界體系並重新劃分權力，葡萄牙進軍印度洋海域世界是這一切的開端。歐洲列強緊接著在葡萄牙之後進軍「大海域世界」，印度洋海域世界更是其主要目標。為了達成此目的，歐洲各國相繼於十七世紀創立東印度公司——英國（一六〇〇年）、荷蘭（一六〇二年）、法國（一六〇四年）、丹麥（一六一六年）；到了十八世紀又有奧斯騰德（德國，一七二二年）、瑞典（一七三一年）等。歐洲各國在各地設置自家商館，「大海域世界」逐漸轉為「歐洲人的海」。

歐洲人起初發起的是重商主義的行動。為了便於地方產品的集散與搬運，他們遍及沿岸各地建設商館，不僅限於「大海域世界」在過去的歷史過程中形成的既有港都。荷蘭為其中一例，建設於印度洋、東南亞、東亞各海域的主要商館分布圖如本書一七九頁所示，圖中僅標示位於臨海地區的主要商館，當時商館之多可見一斑。

東南亞史家瑞德（Anthony Reid）將此時代稱為「大交易時代」。為牟取「大交易時代」的利益，不僅歐洲列強起身，連在地國家也開始變貌。泰國是典型的例子。泰民族最初建設的國家是一二二〇年左右創始的素可泰王朝（Sukhothai Kingdom），以素可泰為根據地，位於北部山地盡頭與內陸平原交界之處。一三五一年確立的泰族王朝取代該王朝，將根據地轉移至阿瑜陀耶（Ayutthaya）。阿瑜陀耶位於河川交通的節點，兩條支流在此匯入昭披耶河，也是大型帆船溯行的終點，自十四世紀開始，阿瑜陀耶已是昭披耶河水系的交易中心。阿瑜陀耶王朝是商業國家，當地的交易功能與三角洲的稻作是其經濟基礎。今日的扎克里王朝（Chakri dynasty）則創始於一七八二年，以三角洲末端的臨海地曼谷為根據地。泰族國家的政治中心地歷經「素可泰↓阿瑜陀耶↓曼谷」的轉移，就地理位置而言則是經歷了「內陸平原↓新舊三角洲的界線↓臨海新三角洲末端」的轉移，這段歷程顯示泰族國家積極適應了「大交易時代」，順應了海域及港都有活絡發展的時代。

海洋技術革命與現代

◎蒸氣船問世

重商主義的狀況到了十九世紀開始出現重大變化，原因是「運輸技術革新＝蒸氣機與運輸手段的結合」。具體而言，在海域有蒸氣船，在陸域有蒸氣鐵道問世。蒸氣船不需依賴風或海流，可獨力航行，不必等待起風，縮短了休航期間，促成航行定期化、船舶大型化與高速化、續航距離增加等。這些革新與上一節所提的帆船時代相比，十九世紀之後已不需要配置稠密的商館網絡或港都。

為因應蒸氣船所需，港都必須具備新的條件——水深夠大，便於大型蒸氣船出入港；可建設近代化埠頭或供煤、供水設施；港灣規模變大因此需要廣大腹地。有本錢符合這些條件的港都數量有限，帆船時代的港都為了避免海盜等外來侵襲或掠奪，往往位於鄰接陸域的小島嶼或小河川的河口地區，這些港都無法滿足蒸氣船所需的「良港」條件。

在這股趨勢下，馬拉巴爾的各個港都因為水路向陸地延伸，腹地僅侷限於狹小的海岸平原，逐漸失去以往的榮景。結果人們開始集中投資具備「良港」條件的少數特定港都，港都的篩選與淘汰正式開始。此時雀屏中選的「良港」在大規模築港工程後，成長為近代港灣。就印度半島而言，孟買、清奈、加爾各答都是具代表性的例子。

築港工程不僅建設了近代化埠頭，也將連接埠頭的鐵道支線視為重點建設目標。擁有近代化港灣設施的新港都在海域及陸域兩方都有利用蒸氣動力的交通運輸工具，因而形成水陸節點。原先位於島嶼的重要港都在此時失寵，人們不得不遷往大陸沿岸。雖然在亞洲找不到良好案例，但在非洲卻有兩個代表案例——位於西非的聖路易（Saint-Louis）遷往達卡（Dakar）；莫三比克（Mozambique）遷往馬布多（Maputo）。除了前述的帆船到蒸氣船的革新，蒸氣鐵道在陸域也實現了運輸革新。

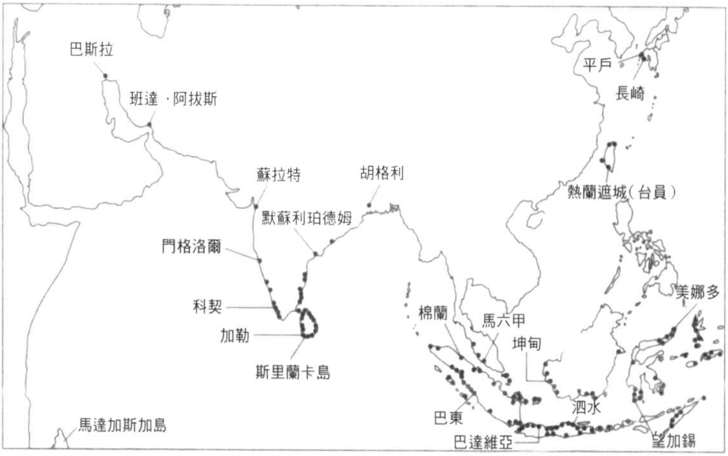

印度洋海域世界周邊的荷蘭主要臨海商館　並非全部存在於同一時期。西亞海岸之所以分布較少，是因為荷蘭的航海路徑是由馬達加斯加島的外海直線航向斯里蘭卡島，再航向東印度領地（今印尼）。

鐵路以近代港灣為起點向內陸延伸，其沿線一帶的農產品或礦產品等初級產品之開發、搬運變得容易且迅速。腹地空間愈大，內陸潛在資源的發現與開發潛力愈大，愈能對歐洲列強貢獻國家利益；這點逐漸改變了內陸地帶擁有的政經意義——以近代港灣為起點，將內陸一帶化為自己的領域，當作殖民地統治，將為其醞釀龐大利益。

◎由點到面的統治轉換

此時期歐洲列強對「大海域世界」的往來方式起了很大的轉變。帆船時代透過港都（點）爭取交易機會，蒸氣機時代則統治殖民地（面），原本重商主義式的往來方式轉變為帝國主義式的往來。這導致殖民地數量大增，光是在「大海域世界」，從十九世紀中期至末期分別有英國殖民印度次大陸，法國殖民中印半島，荷蘭殖民爪哇島的外島，而列強瓜分非洲也是同時期的事件。一九六〇年代，美國經濟學者羅斯托（Walt Whitman Rostow）提出「起飛」（take off）概念。羅斯托認為，對當時的日本及其他先進國家而言，「鐵道時代」的來臨即是「起飛」的指標；但對許多非歐洲國家而言，「鐵道時代」的來臨是「殖民地化」的意義。

在港都屢遭淘汰之際，新的港灣城市逐漸成長，並兼具近代埠頭設施與鐵道起點設施。

另一方面，在點到面的統治轉移，亦即殖民地統治，需要的是針對異民族統治所設的配備，此時歐洲列強引進的是「法治」。「法治」不僅需要印在紙上的法令，也需要足以顯示法律權威的配備：政廳、總督官邸是權力統治所需的設施，高等法院等設施則是保障權力行使的設施，這些公共建築都是彰顯法律權威的配備。這些雄偉的權力設施以歐洲的正統建築為基礎典範，並在建設期間融入當地的建築語彙，稱為殖民地建築。權威主義式的建築顯示統治權力的所在位置，港灣城市與此融為一體，進化為近代殖民城市。

第二次世界大戰後，全球各地昔日的殖民地紛紛獨立。這些新興獨立國家接手舊宗主國的領域、人民，以繼承國家的姿態重新出發，也繼承了舊宗主國建設的近代殖民都市，視其為首都。近代殖民都市以此為母體，在一元集中與過度都市化的同時繼續增生、巨大化，成為一座又一座的大都會。好比孟買、雅加達、胡志明等地，這股趨勢在二十一世紀愈發加速。這是蒸氣動力交通工具在海陸兩地亮相後，一路綿延至今的重要影響。

◎歐洲人的擴散致使世界重劃

本文將人類第三階段的「移動與定居」定義為〔III〕歐洲人的擴散，在此想闡述其對地球造成的影響。除了極少一部分例外，「移動與定居」都是透過海洋進行，人類在漫長歷史建構的世界編制因此大幅變貌。撇開位居波動中心的歐洲不談，現代世界可因當時的變貌程度劃分為以下三個空間。

①北亞、南北美洲、澳洲的蒙古人種擴散的空間——原已定居於此的蒙古人種群體因為「西洋」高加索人種群體壓倒性的軍事力量，以及其引入的傳染病而遭受致命打擊。此次「移動與定居」使得人口極度減少，「西洋」高加索人種壓倒性的優勢使得此一空間可冠上「新歐洲」或「擴充版歐洲」的名稱。

②非洲的非洲人種群體擴散的空間——除了南非等地，「西洋」高加索人種群體幾乎不曾在此「移動與定居」。然而這些外來人士的到來，使得非洲人種群體的自主歷史發

拉哥斯（Lagos）的黑人奴隸交易所　葡萄牙西南端的拉哥斯是大航海時代的港都據點，早在1441年，歐洲最早的黑人奴隸交易所業已開張。作者拍攝。

展遭到否定，例如國家之確立。其中一項重大衝擊是，奴隸交易導致非洲人種群體分裂與人口減少。一九六〇年代的獨立潮忽視了歷史發展，這一大群的國家雖然繼承了「西洋」高加索人種經人工分割、扶植的殖民地與統治權，而「具有領土、是主權國家」，但國民卻未經整合，導致如今依然貧困而成為「破產國家」，其實早在當時就已經種下禍根。

③北方以外的「東洋」蒙古人種與「中洋」高加索人種擴散的空間——除了馬來半島、民答那峨島、巴勒斯坦等少數地區，原住民社會並未因為「西洋」高加索人種的到來而發生決定性的變貌。即使是這些殖民行為，強韌的當地社會仍持續發展，持續寫下自己的歷史。

◎「海＝自由空間」的終結

海洋並非完全不受陸域變貌影響。在人類史上綿延不絕的「移動與定居」之中，陸域是著重於「定居」的歷史場景，海域是著重於「移動」的歷史場景。就「主宰—從屬」關係而言，「定居」較容易囊括把握，「移動」比「定居」更難以捉摸，在「主宰—從屬」關係之中，自立自主的餘地較大。同樣是人類的舞台，著重於「移動」的海域比陸域更為自由。

海洋是自由的空間，與領土觀念無關。各式各樣的團體基於多元目的從陸域走向海域，港都便成為海域與陸域的銜接點，是從事多元交易、交流的場所。各團體之間的語言、習慣、貨幣、商業習性等方面各不相同，為了調整其利害關係、促使交易活動圓滑進行、充分發揮港都的功能，便需要有不同於陸域「主宰─從屬」關係的巧思。在印度洋到東南亞的海域世界之中，港都有一共通巧思，稱為「廈班達」（波斯語「港王」之意）制度，是將港都營運委由自治性港都管理者處理。該制度之細節因港都而異，在東南亞各港都成為殖民地以前，廈班達的基本職責與任務概括如下。

①接見停港的船長、交易商人，確認其來歷、目的、貨物等，再向港都主宰者保證其身分無虞。
②為交易行為負監督責任，決定並徵收課稅額。
③為港都的運輸制度及其營運負責。
④管理港都的倉庫與其保管之商品，負起保管責任。

上述廈班達的職責，具有代替陸域主宰者處理統治行為的意義，在執行上述四點時也具有自治權限，因此能使港都營運順暢。

印度洋至東南亞海域各港都在成為殖民地前所採行的廈班達制度，令人聯想到中世至近世過渡期的堺市[5]。談到當時的堺市，必將提及城市自治營運。當時住在堺市的富商稱為納屋眾或會合眾，是城市自治營運的中心人物。相較於其身後陸域串聯的「主宰─從屬」關係，他們比較自立自主，也曾自理港都營運。雖然並非完全脫離領主權力的自立，但不可否認堺市當時具有自治城市、自由城市的特質。堺市可與共享廈班達制度的亞洲各港歸為同類，都是自治性的城市。東南亞港都的廈班達制度或堺市的自治制度，後來都因為被殖民或近世權力之確立而變質、消滅，被納入陸域主宰權之下——海洋或港都的活動自此失去自由。這股趨勢如同陸域被化為殖民地的歷程，發展為陸域國家主導的「海洋圈隔」，領海劃分，以及領海以外離岸二百海里的經濟海域之劃分即是一例。

海洋對人類而言是著重於「移動」的場景，其意義隨著「海洋圈隔」而發生變化。特別是在第二次世界大戰以後，以海洋為場景的「移動」不再如以往與人、物雙方相關。今日人類「移動」的主要場景已轉移至天空。極端地說，海洋已經與人類的「移動」無緣。這使得海洋成為以貨運為主的空間，人類在此追求的是水產等資源。本來自由出入的公海被劃分為經濟海域，在在顯示出海運需求的古今差異。

1 「離地無人」：出自日本江戶時代思想家吉田松陰。

2 白龍（ペーロン）、爬龍（ハーリー）：形狀類似於華人龍舟的船舶，在日本夏季，長崎的白龍競賽與沖繩的爬龍競賽相當有名。

3 斯塔達（Stadion）：希臘長度單位。

4 二毛作：指同一塊農地，一年種兩種不同的作物。

5 「堺」在中文漢字中意同「界」，邊境、範圍、界線之意。但這裡引用的為地名。

第四章

「宗教」為人類帶來了什麼

文／森本公誠（東大寺長老）

卡巴聖壇　伊斯蘭最神聖的聖地，擁有 13 億穆斯林信眾，今日穆斯林依然禮拜如昔。所有信眾在地球上任何地方必須面對它的方向祈禱。

前言

◎日本人喪失的宗教觀

當讀者看到「宗教」這個詞會聯想起什麼呢?有些人腦海中會浮現佛寺和神社,有些人會想到最近在世界上經常成為話題的伊斯蘭。有些人對宗教的印象,可能源自於幾年前,類似「奧姆真理教」那種可疑的新興教團。當然還有些人覺得自己沒有任何信仰,所以和宗教八竿子打不著任何關係。可以說每個人對「宗教」的反應都不一樣。當筆者還是學生時,馬克思的「宗教是人民的鴉片」以及列寧的「宗教是毒酒」這兩句話相當流行。那個時候我已經成為一名佛教僧侶,這兩句話還是從朋友那裡聽來的。當時我雖然覺得這話說得有點道理,但從人類的歷史上來看,有很多時候也不盡然都是如此,矛盾的心情油然而生。當時距離第二次世界大戰結束,日本戰敗後還不到十年,社會上仍呈現一片混亂的景象。

在我小學五年級的時候,日本宣布投降。到二戰結束的那一天為止,教育灌輸我們天皇為「現人神」,美英兩國是「鬼畜」的觀念,而我也如此接受。然而在日本戰敗後,小學的老師們高唱「美國萬歲」,天皇向大眾宣布自己並不是神。目睹這樣的轉變,當時我心裡就在想，大人們說的話，到底有哪些是可以相信的呢？難道過去的一切都是謊言嗎？我幼小的心靈已經無法相信大人，對他們失去了信任。

回頭想想，不論面對什麼事情，我都會先採取「懷疑的態度」來做檢視的這種思考方式，或許就是在那個時候形成的。當時下至我身邊的同學、上至著名的大學教授，都很崇拜馬克斯和列寧。在我聽見「蘇聯萬歲」被喊得震天價響時，心裡總覺得哪裡不太對勁，無法隨之起舞。雖然如此，自己其實並沒有能與潮流抗衡的理論武器，於是我也把《資本論》的新書版解說書找來讀了。

進入明治維新之後，「國家神道」成為日本人的精神支柱。然而到了戰後，日本在駐日盟軍總司令（General Headquarters）的統治下廢除了國家神道，政府被迫實施徹底的政教分離。此舉讓戰敗後，半數以上呈現出精神虛脫的日本國民被推入更加虛無的處境裡——可以說日本人宗教觀的喪失就是在這個時期發生的。為了在這樣的狀態下重新站起來，每個人都進行了不同程度的摸索。然而，當時在知識分子心中占統治地位的思考方式，原自於對過去國家神道的反動，因此他們認為宗教應該被否定才是。

這種想法具體反映在憲法的規定上，國家和公家機關透過否定宗教教育，使條文的法律解釋在一般民眾間產生了否定宗教的錯誤認知。宗教頓時成為蒙昧的象徵，有不少知識分子還以沒有宗教信仰而引以自豪，然而知識分子並不能代表全體日本人。戰後日本新興宗教如雨後春筍般出現的情況，說明了仍然有許多人在追求心靈的救贖。

◎與伊斯蘭的相遇

每件事都有它的功與過，宗教當然也不例外。先不說基督教和伊斯蘭教二者在歷史上發生過的事，就連日本人自己的宗教觀，在二戰前後也經歷了價值觀的巨大變動。我無法確定，是不是因為同輩之間對宗教的否定態度，讓我在反抗這股潮流時，懵懵懂懂地走上了出家為僧這條路？如果沒有選擇遁入空門，我是不是也會像其他人一樣隨波逐流呢？對於這個問題，直到今天我仍然無法給出一個明確的答案。雖然在大學時我也選修了佛教的專業課程，但是當我在選擇專攻領域時，並沒有鎖定在與佛教相關的周邊學科，而是將研究伊斯蘭定為自己的目標。因為當時我已經感覺到，在基督教和佛教以外，存在著一個未知的伊斯蘭世界。我聽到在第二次世界大戰後混亂的國際局勢下，宗教依然在伊斯蘭世界的日常生活中扮演不可或缺的角色。伊斯蘭究竟有什麼樣的魅力？我想用自己的方式來探索它。

我曾對做為宗教信仰的伊斯蘭相當感興趣，但是當面臨到要以伊斯蘭的「什麼」做為自己的主要研究領域時，想法又不一樣了。伊斯蘭已經有一千三百年的歷史；伊斯蘭這個宗教社會，在發展的過程中從小規模的教團國家，發展為巨大的伊斯蘭帝國，期間雖然經歷過多次國家的分裂，但也成就了一個具有鮮明特色的文化社會。在這段史實之上，比起宗教的伊斯蘭，若是從歷史的觀點來檢視伊斯蘭社會的話，可以清楚地看見更真實的伊斯蘭。也就是說，透過時間流逝的自然篩選，更能掌握伊斯蘭世界的實際情形。當時我抱著上述的想法，並將它做為自己的方法論，選擇了社會經濟史做為研究的領域，這是我從事伊斯蘭世界研究的原點。

從我開始研究伊斯蘭起已經過了半個多世紀，目前全球約有十三億穆斯林，這個數字真是驚人，代表著以世界總人口來看，每四個人當中就有一個人是穆斯林。而且當今世界上，已經不存在像過去那樣，基督教文化圈和伊斯蘭文化圈如此涇渭分明的區隔了。在美國或歐洲等以基督教為主流的社會中，也生活著為數眾多的穆斯林。

例如在法國就有不少穆斯林，其人口已經達到五百萬人之眾，占總人口的百分之十一；而且穆斯林並沒有被法國社會同化，他們擁有強烈的集團意識，成為一個獨立的社會架構，出生率也比較高。當原本為基督教國家的法國社會裡，帶進了穆斯林的生活習慣後，衝突也就時有所聞了。

◎嘗試迴避「文明的衝突」

在形成了複雜而巨大的宗教集團之後，伊斯蘭需要擔負的角色也愈加吃重；但要能確實掌握宗教的真義，又談何容易。一九八九年柏林圍牆倒塌後，東西冷戰的架構也隨之解除，關於世界的未來，掀起了另一波的不安與期待。不知道是不是受到這種氛圍的影響，美國有一位學者預測，在冷戰結束後的二十一世紀，取而代之的是宗教與政治間複雜的糾葛，人類將會進入「文明衝突」的時代。提倡此一理論的學者是在哥倫比亞大學執教鞭的杭亭頓（Samuel Phillips Huntington），他的名著《文明衝突論》（*The Clash of Civilizations*）於一九九三年出版。在杭亭頓筆下的「文明」一詞中，宗教占有相當重要的部分。

二〇〇一年九月十一日發生的九一一恐怖攻擊事件，帶給美國國民巨大的震撼。其後美國總統以要脅的口吻對全球宣布「要文明還是要恐攻」，接著發動空襲阿富汗以及伊拉克戰爭等一連串軍事行動，過程中還把好多國家一起拖下來淌這個渾水。在美國總統的認知裡，所謂的恐怖攻擊大概就是伊斯蘭文明的同義詞。美國人認為杭亭頓的話一語成讖，世界上大多數的人也將這一連串的事情理解為「文明之間的對立」。

然而，在九一一恐怖攻擊事件發生前的一九九八年時，伊斯蘭世界其實早就開始有所作為了。為了不讓二十一世紀真的淪為一個文明間對立的時代，時任伊朗總統的哈塔米（Mohammad Khatami）在聯合國大會上，極力呼籲文明之間的對話；而聯合國也從善如流，將二〇〇一年定為「國際文明對話年」。當我們回過頭去看這件事時，只能說真是造化弄人！在九一一恐怖攻擊發生之後，不同文明以及不同宗教之間的對話，仍然在伊拉克戰爭和世界各地爆發的恐攻煙硝中，以不同層級的方式繼續進行下去，希冀能促成衝突雙方理解彼此。

◎文明之間對話的意義

當然，像這樣的對話一定會伴隨著許多困難和對立。就算雙方都對彼此的思考方式有相當的理解，但因為是持有不同宗教觀和世界觀的兩造進行對談，仍會在自己的信念和信仰上僵持不下，因此有不少人對這種文明間對話能夠起到什麼作用感到悲觀。確實，從當前的局勢來看，或許透過對話來改變世界的政治力量還不存在，但只要還存在願意對世人的良心和良知喊話的人，對話就有意義。從我個人的經驗來看，它的價值還不只於此。

對話要成立，參與雙方都需要具備寬容與忍耐的特質，若是缺乏這兩者，就很難實現具有實質意義的對話。如果能不要只想著去辯倒對方，在對話的過程中，你就可以清楚看見，存在於對方的思考方式之後、一張具有歷史的脈絡圖像。被稱做世界宗教的普世宗教都擁有完整的體系，而這個體系事實上是在歷史的發展過程中所建構出來的產物。「體系」乍看之下似乎天衣無縫、渾然天成，然而它們並不是「絕對」地自然形成。就算是擁有漫長歷史的宗教，也會受到它所依存的時代和社會價值觀的影響。

在世界歷史中，近代肇始於在歐美引領下所展開的工業革命，而由於奉行近代資本主義的列強們稱霸寰宇，因此我們也將歐美的價值觀視為普世價值接受了，這點反應在歷史觀上也是一樣的。然而從今天起，不管是對過去的歷史或放眼未來，我們不能夠再以歐美的歷史觀作為基準了。若只想在這一章節便說明宗教在人類的歷史中扮演什麼樣的角色，很有可能會招致讀者對宗教產生誤解或偏頗的印象。

宗教不只牽涉到個人內在的心性問題，表現在外也呈現出複雜多變的面貌。從歷史來探討宗教的話，很多時候就會牽扯到社會、國家、政治的問題。宗教是擁有眾多皈依者的普世價值，教團做為信徒們的精神共同體，其存在會和既有的社會和國家發生緊張的關係。然而其中也有像伊斯蘭教這樣，在成立之後，很快地就解決了宗教和國家之間的緊張關係，藉由教團的國家體制化，將二者合而為一。在這篇文章裡，筆者還會舉出一些例子來做說明，希望能為解決宗教的歷史問題，提供一個可能的解決方式。

世界史中的基督教徒史

◎基督教內部存在的排除原理

談到宗教，一般人都會認為這是關於個人精神世界（靈魂）的事。然而正如日本人在二十世紀中葉時所經歷過的事情一樣，宗教影響的範圍可不一定侷限在個人層面。從歷史上來看，國家和宗教相互結合的例子可不少見；就算是相同的宗教，在它和國家權力結合之前和之後，因宗教價值觀並不連續，對國內的百姓所帶來的影響也呈現出相當大的差異。

以世界上信徒人數最多的基督教為例，過去該教曾為了在羅馬帝國內吸收信徒，而遭到羅馬官吏們的迫害。儘管如此，基督教內部仍然在排除了會混淆信仰、存在於帝國中的皇帝崇拜、源自東方的密特拉教（Mithraism），以及像是希臘的阿提米斯（Artemis）女神及埃及的伊西斯（Isis）地母崇拜後，於西元三一三年經《米蘭敕令》頒布，而成為公認的宗教，

羅馬帝國皇帝狄奧多西一世　他是古典時代晚期至中世紀這段過渡時期羅馬帝國的君主，並將基督教定為國教，打壓異教徒。

而且其教會組織還和皇權有密切的接觸。三八〇年時，羅馬皇帝狄奧多西一世（Theodosius I）將基督教奉為國教，並在三九二年時，禁止帝國內信仰其他宗教，而基督教也在此時產生了質變。需要特別注意的一點是，基督教內部存在的排除原理，就是在這個時間點，發生了決定性的轉變。基督教教徒得到了皇權做靠山，從受害者搖身一變成為加害者，在帝國疆域內，對異教徒和異端進行迫害，甚至掀起了破壞希臘羅馬時代神像的運動。

例如，狄奧多西一世就答應亞歷山大港宗主教（Patriarch of Alexandria）[1]的要求，對非基督教的宗教設施和神殿進行破壞。宗主教還煽動基督教徒，讓他們像暴民一樣，摧毀在希臘化時代象徵繁榮的亞歷山大港塞拉皮斯神殿和圖書館，以及其他異教徒的紀念碑和神殿。這類對異教徒的迫害行為，在區利羅一世（Cyrillus Alexandrinu）於四一二年就任亞歷山大港宗主教之後，更是變本加厲。他除了驅逐長期居住在亞歷山大港的猶太人，更在四一五年時，殘忍地殺害了當時最富盛名的女性哲學家希帕提亞（Hypatia）。

希帕提亞是哲學家席昂（Theon）的女兒，是一名才貌雙全又謙虛的女性。她在亞歷山大港的新柏拉圖主義學校裡擔任校長，教授哲學、數學、天文學等知識，受到學生們的熱烈歡迎。然而在四旬期（Lent）[2]的某一個夜裡，宗主教手下的修道士駕著馬車衝進學校，將她強行帶到教會，以殘忍的手段結束了希帕提亞的生命。此後學者們因為感到人身安全受到威脅，紛紛離開此地，曾經做為學術之都的亞歷山大頓時失去了耀眼的光環。

希帕提亞　拉斐爾在畫作《雅典學院》中所繪的白衣女子，後世咸信此人即為希帕提亞。

◎追求寬容的漫長歷史

基督教在之後的發展，我想大家都很清楚了，下文僅以條列的方式作敘述。

·**黑暗時代的中世紀歐洲。**雖然有些學者否定「黑暗」這說法，但當時基督教的影響實在太大，我認為想為其翻案也只是徒勞無功之舉。

・**十字軍東征和與伊斯蘭世界的接觸。**此時基督教徒認識了一個完全迥異於自己的異文化。

・**從伊斯蘭世界手上奪回地中海的控制權。**此後伊斯蘭世界難以取得建造大型船隻的木材。

・**對地中海沿岸的伊斯蘭城市進行海盜式的侵略與侵占財富。**中世紀時的威尼斯是相當著名的奴隸市場，穆斯林稱呼以義大利地區多個城市為中心的基督徒為「法蘭克」，並對其相當畏懼。當高品質的伊斯蘭金幣和其他有價值的金銀財寶被洗劫一空之後，法蘭克們會擄走穆斯林的男女，或是將他們賣為奴隸，或是向他們勒索贖金。歷史學家伊本・赫勒敦（Ibn Khaldun）在其《自傳》中寫到，休達（Ceuta，現在摩洛哥北部的海港城市）的某位有力人士在直布羅陀海峽被基督教徒的船給劫走，馬林王朝的蘇丹阿布・賽義德（Abu Sa'id）因為同情這個人的處境，竟為他支付了三千枚金幣的贖金。

・**義大利地區的諸多城市因香料貿易而累積了大量財富，促進文藝復興。**透過暴力的手段從伊斯蘭世界得到的資金，經由埃及成功地和亞洲進行香料貿易。義大利的城市獲得巨富後，將一部分投入在藝術上。

・位於伊比利半島伊斯蘭文化圈內的基督教徒，發起收復失地運動。七世紀時，走出阿拉伯半島向四方征討的穆斯林在征服北非之後，於八世紀中期出兵伊比利半島，並且幾乎占領了整個半島。後伍麥亞王朝（七五六～一〇三一年）滅亡後，基督教徒開始反擊，在奪回穆斯林最後的據點格拉納達後，將收復失地運動的能量，轉為對美洲新大陸的發現與征服。

・美洲大陸原住民遭到屠殺和基督教化。在西班牙人的火炮面前，印地安人完全束手無策。印地安人的帝國崩壞了，最後連靈魂都被征服，信仰起黑聖母。

・歐洲的宗教改革與基督新舊教之間的衝突。以路德對販賣贖罪券（過去也稱為免罪符）的質疑為濫觴，批判教會的浪潮如燎原之火影響整個歐洲，許多民眾也參與其中。因為地方上的

瓜達露佩聖母　是羅馬天主教為聖母瑪麗亞封的頭銜，指的是在墨西哥一聖母畫像顯靈中的聖母。這個畫像被保存在墨西哥城的瓜達露佩聖母聖殿。利奧十三世教宗在 1895 年 10 月 12 日爲此畫像加冕。

領主和國家存在著必須信教的原則，因此大部分的歐洲地區都面臨選擇天主教或新教的問題。之後事情的發展越演越烈，甚至演變為義與不義之爭，造成雙方爆發血腥的戰爭。

・**法國大革命與政教分離**。法國在神職人員和貴族等特權階級的統治下，第三階級的貧民過著水深火熱的生活。革命爆發後，民眾對教會展開激烈的掠奪和破壞，甚至升級到禁止舉辦彌撒和關閉教會的程度。革命帶來的影響，讓國家從教會獨立出來，使政教分離（laïcité）和信仰自由的思想萌芽。附帶一提的是，美國在獨立之初，就樹立起政教分離的原則。

以上我用短小的篇幅，帶大家概覽了基督教歷史，缺漏雖在所難免，但也不難從文中看出，基於宗教正義的排除原理，存在於基督教底流那種對異質他者的不寬容。天主教會開始重視和其他宗教之間的對話，其實是相當晚近的事情。我認為藉由從教會的桎梏中解放出來，才能學會對異文化宗教的寬容性。而人類從漫長的歷史中學到的事情，以近代國家來說就是廢止國教制度，以及確立國民信教自由獲得保障的原則。

日本近代史中的國家神道

◎廢佛毀釋運動

正如我們在基督教的歷史中所看見的，伴隨排他原理形式出現的國家與宗教的結合，若是放在日本史中來看，表現在明治時期的國家神道上特別顯著。「國家神道」的起源，可以追溯到江戶時代中期，對《古事記》、《日本書紀》和《萬葉集》等古典著作進行的文獻學研究。透過對記紀神話[3]採取新的研究取徑，國學者們主張，在儒教和佛教渡來之前，日本已經具有屬於自己的文化和精神原型，提倡日本人的同一性，這些主張後來匯集成一個思想運動。國學思想經由本居宣長和平田篤胤宣揚復古神道，得到進一步的發展，到了幕末時演變為尊皇攘夷論，進而動搖了幕藩體制。

做為政治意識形態的尊皇攘夷論，在以薩摩和長州兩藩為主的勤皇志士們手中，變成了「尊皇倒幕」，然後藉由明治維新，成立了以天皇為中心的新政府。新政府成立的明治元年（一八六八年），政府為了宣揚天皇的神權權威，仿照過去的律令制，設立神祇官，並且登用了許多主張復古神道說的國學者和神道家，來執行新的宗教政策。

新的宗教政策具體來說，就是否定日本人傳統的「神佛習合」信仰型態，在祭政一致的制度下，將所有神社納入神祇官的管轄。之後更禁止以僧侶的樣貌在神社裡當差，或將佛像、佛具當作神體、神器，以及神職人員不能主持佛教葬儀等。隨後公布的「神佛判然令」（神佛分離令），為神佛分離定了調，排除所有神道以外的宗教。此舉直接造成佛教在新時代中被視為無物，喪失了其宗教的價值。支持這種作法的人，在各地沸沸揚揚地推展廢佛毀釋的運動。當時許多寺院都面臨存亡危急之秋，做為信仰對象的佛像也遭到毀棄。上述的事情，都可以歸結到出現於幕末時的尊皇論，獲得了來自國家權威在背後撐腰所致。法國的吉美美術館所收藏的六百尊佛像和四百張佛畫，都是創立者愛米爾．吉美在明治九年（一八七六年）來日時，在短短三個月的滯留期間之內所蒐羅到的。這些藏品，估計都是在廢佛毀釋的風暴中流失到海外的。

在廢佛毀釋的波瀾中，當然少不了來自佛教界的反抗。明治政府後來雖然承認，透過神祇官推動的神道國教化政策，確實有做過頭的地方。即使之後在宗教政策上經歷過不少試行錯誤，但政府在試圖統合國民的宗教意識上，卻從來沒有改變過想法。政府除了要把國家和神道掛勾，更在摸索如何推行強硬的神道國教化。這樣的國家神道，以天皇為現人神的軍事優先國家主義為骨幹，直到第二次世界大戰日本戰敗為止，成為大部分日本人精神上的支柱，而政策成形的過程，也相當不單純。

◎明治憲法下的神道

阻礙神道國教化的主要原因來自於制定憲法，制憲是將樹立近代國家做為目標時，繞不過去的一個大原則。在起草明治憲法時，做為近代國家的其中一個條件就是，要將根據政教分離而來的信教自由寫進憲法中才行。可是這麼做的話，就和明治維新之初，政府所推行的神道國家化政策發生了矛盾。

明治憲法（大日本帝國憲法）第二十八條這樣寫到，「日本臣民，在不妨害安寧秩序及不違背臣民義務之範圍內，有信教之自由」。雖然對於「臣民義務」是什麼，具體的範圍仍存有疑義，但也是在這個附加的限制下，保障了信教的自由。然而，憲法內文中並沒有保障神教的優先權，因此臣民可以根據自己的信念，選擇信仰神道、佛教的任何一個宗派或基督教。

然而政府為了給予神道特別的待遇，採用「神道並非宗教」的手段，並以國家的立場提出憲法解釋。從現在來看，我們或許可以將這樣的解釋看作是一種詭辯。政府透過這種手法，將神社以及對神社裡舉行的祭祀活動之禮敬——也就是國家神道——強加到人民身上，但是卻沒有牴觸憲法第二十八條的規定。因為政府的作為不在該條所規定的「信教」範圍之內，故可被視為一種超法規性的宗教。另外，無法歸納在國家神道範疇下的神道，則依規定劃為「教派神道」，受到憲法保障的信教自由。就這樣，全國「不屬於宗教」的神社，由內務省神社局管理，並在官幣社、國幣社等國家制度的序列化之下，以國家預算來支付新神社的營造，以及沿襲自過去的神社重建工程。

◎教育敕語的神聖化

要將國家神道徹底落實到國民身上，還得靠學校教育才行。明治憲法頒布的隔年，明治二十三年（一八九〇年）時，明治天皇對臣民，也就是今天所謂的國民，以直接對話的方式公布了關於教育的敕語，也就是所謂的「教育敕語」。

敕語的內容對現代人來說並不容易理解，在此筆者將主要的內容摘要如下：①天皇家的祖先在建設日本這個國家時，不忘將樹立一個重道義的國家放在心上，所以臣民們無不恪盡忠孝，萬眾一心發揚美德。這正是日本的「國體之精華」，「教育之淵源」。②因此，汝等臣民應當孝敬父母、友愛兄長、夫婦和睦、朋友講信、對人恭謙、行事謹慎、以博愛之心待人、努力學習、勤於勞動、磨練才能、提升人格、為世界人群奉獻、尊重憲法、遵守法律。③此外，當國家有事時，臣民需有為國家犧牲奉獻的正義和勇氣，成為永遠繁昌的皇運之助力，這樣做不僅是盡天皇忠良臣民之義務，也為彰顯汝等臣民祖上之美風。④以上這些話，都是我天皇家先祖所留下的教訓，不論皇族和臣民皆應共同遵守，是從古至今放諸四海皆準的道理。⑤朕也會和臣民們一起，將這些教誨銘記於心。惟願君臣一體，共步於德之道上。（文中號碼為筆者所附）。

在明治天皇公布了這篇詔文後，文部省立刻命令小學必須在舉行典禮時，奉讀這篇文章。同時還禁止各級公私立學校，在課堂裡教授宗教教育（明治三十二年文部省訓令第十二號）。基督

明治憲法下的小學元旦　學校教育中，每逢元旦等儀式時，需要宣讀教育敕語，並對御真影敬禮。《風俗畫報》第 64 號（明治 27 年）。

教被禁並不令人意外，但是傳統的佛教及其他宗教的信仰內容，也完全被排除在教育現場之外，只有教育敕語受到重視，而教育敕語的神聖化，也成為當時的趨勢。進入昭和時期後，教育敕語不僅成為國民教育的基礎，而且逐漸神格化，後來文章甚至被放入用來祭拜天皇、皇后御真影的奉安殿中。當時學生們每天早上，都要先向校門附近的奉安殿行禮，之後才能走進教室。

一般認為，教育的內容原則上由智育、德育、體育這三大項所組成，乍看之下，敕語的內容著重在德育上。像②裡所提倡的，有不少都是人類共通的德目。然而問題在於，將傳統的道德觀置於天皇的名義下使其神聖化，成為國家神道的一部分，內化為國民的基本道德。「非宗教」的宗教和政治合為一體，當國民被統一的思想給洗腦後，結果就是我們所熟知的歷史發展。

雖然天皇制度淵遠流長，但在明治維新之後的立憲君主政治體制下，進行了曠日廢時且毫無勝算的戰爭，並隨著第二次世界大戰日本戰敗而灰飛煙滅。整個過程中，犧牲了許多國家利益和寶貴的生命。「七十七年」[4]相比於日本的歷史，雖是一段短暫的時間，卻是一個時代的劃分，或許將這個時代暫時稱之為「明治王朝」會比較容易理解。

做為日本人精神支柱的教育敕語，在昭和二十三年（一九四八年）時，經由參眾兩院的決議，遭到了排除和失效的命運。雖然從建立主權在民的民主國家，這個新時代的精神來看，教育敕語的內容顯得格格不入，但否定了它卻也讓日本人的倫理觀失去了依靠，其影響之大，或許仍然延續至今。我認為「明治王朝」的歷史不僅對現代日本人有意義，也能提供給在這個世界上思考國家為何的人們一個寶貴的教訓。

從聖武天皇來看「統治者的宗教」

◎建設律令國家

我們從歐洲基督教的歷史中瞭解到，在近代以前「人民服從統治者的宗教」是一個原則。然而，天皇和我們一樣也是人。日本於二戰前，在明治憲法的解釋下，國家的統治權掌握在天皇的手裡；與這個理論相對，有另一派學說認為統治權屬於國家，而天皇則是其中的最高機關，這個理論稱為「天皇機關說」。天皇機關說這個理論後來因為政治的原因遭到抹殺，但無論是哪一個學說，國家加諸於統治者身上的理念，對統治者來說絕不是件輕鬆的事。有時統治者甚至會面臨賭上國家的存亡，被迫做出痛苦抉擇的時候。這裡我想探討一個隱性的問題，那就是對統治者來說，什麼是「宗教」。接下來讓我們帶著這個視點，舉象徵奈良時代的統治者聖武天皇為例來做說明。

奈良時代的佛教時常被稱做「國家佛教」，這個稱呼容易讓人聯想到「國家神道」，給人一種在奈良時代國家和佛教維持著密切關係的印象，認為佛教是國家的信仰，除了排斥其他宗教，還強迫人民信教。然而，事實卻和上述內容不同。一般在日本古代史學界裡，人們只是將「律令國家佛教」略稱為「國家佛教」而已。國家佛教指的是律令國家的最高主權者——天皇——公開接受佛教，這是學界對這件事的理解。放在當時的時空背景下，「國家」一詞也可以指稱天皇，或許在歷史專家的團體裡這是一個沒有什麼爭議的字彙，但卻是個容易造成一般大眾誤會的稱呼。

奈良時代的政治體制為律令制。以天皇為中心的日本統治階層為了復興百濟，於六三三年時派遣大軍，在白村江和唐朝、新羅聯軍決戰，結果卻吃了個大敗仗。此後日本政府的危機感日強，為了強化國內的支配體制，迅速地採納了中國的律令制度來治理國家，最初的重點項目是天智天皇九年（六七〇年）時製作完成的全國規模戶籍。其後，在壬申之亂中獲勝的天武天皇，以獨裁的方式掌握大權，他以確立皇親政治和建設律令國家為目標，同時還努力提高自己的權威。「天皇」這個蘊含著宗教性和絕對性權威的稱號，也從天武天皇開始使用。繼承天武遺志的持統天皇，在即位儀式上接受了群臣的拍手和拜禮，一個活生生的人就這樣成為了神。

編纂法典的工作在天武及持統兩位天皇在位期間持續不輟，到了文武天皇大寶元年（七〇一年）時，付出的努力結出了「大寶律令」的碩果。八世紀前半葉時的日本，全國雖然劃分為六十多個以「國」稱呼的地方行政區，然而統治階層的理想是，執行以天皇大權為基礎的中央集權政治。要言之就是，中央政府可以掌握各地的民眾，推行一元化的支配。為了達成這個目標，就需要製作覆蓋全國的戶籍，發布軍事行動的動員令，以及土地國有這種以公地公民概念為基礎的土地貸與制度（班田收授法）。而為了執行國家的政策，龐大的官僚養成，也作為政策的一環加以執行。

這部大寶律令裡，包含著當時日本社會所無法想像的高度統治技術。這些技術都是從中國的統治階層在漫長的統治經驗中所學到的。雖然日本接受了中國的律令制度，但是當實際上遇到不符合日本國情的時候，也是有需要改變的地方，例如中央的官僚機構就是其中之一。唐制裡中央政府以尚書省、中書省、門下省這三省為中心，直屬於皇帝；而在大寶律令裡，這三省的權限被集中在「太政官」一職上。

另外關於「宗教」方面，唐朝在尚書省下設有專司祭祀的祠部，而日本則是將與祠部相當的「神祇官」從太政官分離出來，與之並置。此舉乍看之下，容易讓人覺得日本政府重視神祇，然而實際上，將神祇納入律令官僚機構中，可以將神主[5]以神官的形式收納進官僚體制之中。此舉意味著，將自古以來專職侍奉神明的那些人們，收編到國家的體制之下。此外，分離出神祇官，還可以使太政官從諸神的束縛中解放出來，成為一個世俗的機關，發揮其機能。

◎國家統治下的佛教

對神道進行的國家統治，同樣也發生在佛教上。日本的佛教在「鎮護國家」的思想下，原本就被視為應該為國家服務。相較於中國企圖以國家權力對佛教教團進行直接統治，日本則是設立佛教教團的統治機關，在治部省之下成立「玄蕃寮」來管理佛教事務，並於都城置僧綱、地方置國師等組織，任命僧侶擔任其職，以自治的方式統括教團。

儘管如此，日本政府想要將僧尼置於統制之下的意思並沒有改變，並藉著頒布由二十七條法律條文組成的「僧尼令」，來監督管理出家人。例如致力於在民間傳教，並借助信徒的力量來推動土木建設工程的「行基集團」[6]，之所以會受到政府的鎮壓，正是因為違反了僧尼令。雖然僧尼令是「律令」這種有體系的法律，但在實際執行時，卻發生了法律與現實社會之間的背離現象，上述這個例子堪稱其中的典型。這是因為佛教教團的活動是利基於佛教的教義，並不會只侷限在固定的範圍之內。

日本政府推行的以法律為依據的新政策，在聖武天皇即位時，已經過了四分之一個世紀，並逐漸呈現出政策上的矛盾。像是有不少農民逃離本籍地等，引發了許多重大的社會問題。面對這樣的事態，政府將原本開墾地只能私傳三代的開墾獎勵法（三世一身法）修改為開墾地可以永久私有的「墾田永年私財法」，此舉可視為政府讓渡了土地的權利，容許了民有權。

◎聖武天皇的政治

聖武天皇就是在這樣的時代背景下，以二十四歲的年紀於神龜元年（七二四年）登基，不斷推出新的治國政策。我們從他的政治手腕可以發現，其中有許多地方都可以反映出，是出自於他在長達十年的太子生活中所接受的帝王學教育內容。當時統治階層的子弟們，都被要求學習「經史」；所謂的「經史」指的是儒教的典籍，以及中國古代的史書。聖武天皇在經史之中，對《史記》、《漢書》、《後漢書》特別感興趣。他還把西漢第五代皇帝文帝時的治世，作為自己追求的理想。這點從他即位後的隔年，立刻推出為死刑和流放刑減刑的作為可以看得出來。從憐憫犯人的聖武天皇身上，我們知道他採取的政治基本方針，是儒教「以德治國」的德治主義。

但對一位君王來說，就算他有心想要執行自己的政治抱負，可是底下的各級官員們卻貪贓枉法的話，也無法反映在實際的政績上。因此在聖武天皇即位後不久，他很快地就注意到監督官員的重要性。天皇著手進行官員制度的改革，掌握官員出缺勤的情況，肅正綱紀，並根據行政的實績給予獎懲。或許保守派的代表人物長屋王[7]，就是因為反抗天皇的改革而遭到疏遠的吧。聖武天皇透過任用熟悉經史的新型官僚，將人事權掌握在手中。在這一連串的

聖武天皇　任內信仰佛教，創建國分寺、東大寺，發心鑄造大佛，兩次派遣唐使，出現了天平文化盛景。749 年，讓位出家。圖為鎌倉時代畫像。

政治動作後，原本是皇親政治要角的長屋王便被排除在權力之外。

經過全面修正了「班田收受」這個在當時作為經濟體制根本的「口分田班給」問題後，對自己的政治充滿自信的聖武天皇，在天平四年（七三二年）的新年朝賀儀式上，穿上了和唐朝皇帝相同的冕冠冕服。藉由此舉，他想向國內外誇示，自己是君臨日本的天皇，而且決定派遣已中斷十六年之久的遣唐使。

然而就在不久之後，從那一年的夏天開始，旱災、飢荒、地震和瘟疫等天災，每年都會肆虐日本。尤其在天平九年（七三七年）時，爆發了天花大流行，造成人民大量死亡，民眾的生活陷入一片愁雲慘霧中。飢寒起盜心，犯罪率也在這段時間內不斷攀升，雖然天皇很同情人民的處境，但想必在他的心裡，也感受到了某種無力感。因為從繼承自中國的政治思想來看，「遭逢天地異變，乃是天帝對君王失政的咎責」的災異思想，也包含在其政治思維中，天皇也為之苦惱不已。

◎從儒教到佛教

聖武天皇在天平六年（七三四年）時曾下詔，「民多入罪。責在一人。非關兆庶」

（《續日本紀》②二八一），主要針對年長者以及身邊缺乏照顧的百姓，還有陷入飢荒的群眾，詳細地指示了執行救濟活動的細節。具體的救濟活動，實際上擴及到全國各地，這些事情都可以在現存的「正倉院文書」[8]中得到確認。從這些幫助為天災所苦的百姓的行動中，可以看到政治的原始意義。聖武天皇的政治理念在持續不斷發生的天災中，從儒教的「德治」轉移到出於佛教的「救濟」思想。這件事可以從天平六年的「敕願一切經」卷末的願文「經史之中，釋教最上」得到確認（《東大寺要錄》7－8，根津美術館藏《觀世音菩薩受記經》其他）。

聖武天皇所提到的「釋教」，就是釋迦的教誨。他延續了天武、持統兩位天皇重視《金光明經》的傳統，並在即位後的隔年，要求全國的寺院讀誦《金光明經》。到了神龜五年（七二八年），聖武天皇還下令抄寫《金光明經》的最新譯本，十卷本的《金光明最勝王經》六十四部，頒布到全國。

《金光明經》是釋迦為國王等國家統治者所宣說的一部經典，該經典的內容中還涉及到何謂「國家」的問題。經文的內容說到，國王的統治權是由聳立在世界中央的須彌山山頂上的神仙們——帝勢天和其他三十三位天神——所賦予的，我們可以將這種說法視為一種君權神授的概念。

既然承認統治權是由神明所賦予的，國王就必須對神負起統治的重責大任。換句話說，為君者在執政時，必須有自知之明才行。所謂的自知之明如經文所說，就是「若有惡事，縱而不問，不治其罪，不以正教，捨遠善法，增長惡趣，故使國中，多諸姦鬪，三十三天，各生瞋恨」，或是「寧捨身命，不愛眷屬」等。這些內容對國王來說，都是需要遵守的義務。

本文接下來不再對《金光明經》的內容做更深入的探討。但是在天平九年（七三七年）爆發的天花大流行，成為聖武天皇將《金光明經》奉為施政基本方針的決定性事件。那一年的十月，天皇在太極殿中依國家行事，請以道慈律師為首的僧眾講說《金光明最勝王經》。到了天平十三年（七四一年），聖武天皇更以這本經書的內容為依據，下詔在全國建立國分寺。聖武天皇為了救濟在天災中受苦受難的人民，認為只有將能夠成為人們精神支柱的佛教思想，傳播給黎民百姓知道才行，而建立國分寺則是其中的一種手段。

具體來說，國分寺裡有二十位常住僧侶。政府將每個月裡的六天設定為六齋日，規定在這六天裡人民不可以捕獵山林及海洋中的生物，我們可以將其視之為假日。然後在這些日子裡，民眾到寺裡集合，聽出家人們講經說法。如果有遇到十四、十五連續兩天的話，就會進行為期一天一夜的八齋戒，鼓勵人民在這一晝夜的時間裡，遵守佛教中規定的八種戒律。藉由讓民眾和僧侶過著相同的生活，帶給每個人反省日常行為的機會。

◎建造盧舍那大佛

然而，聖武天皇所從事的對人救濟活動，以及促使國家繁榮的手段，可不只上述這些而已。他還以《華嚴經》為理論基礎，除了祈求日本的國家安寧，還擴及到希望所有的動、植物也能蓬勃生長。接著還在首都新竣工的國分寺裡，建立象徵經典的盧舍那佛像。如果說《金光明經》的內容是對國家的統治者說的，那麼《華嚴經》則是以救度世人為使命，為菩薩所宣說的經典。經中描述了釋迦偉大的「覺悟」境界，而盧舍那佛則象徵著釋迦頓悟的那個瞬間。彼時有形的形體消失，光明遍照到宇宙的每一個角落，永不黯淡。

聖武天皇相信，沒有形體如宇宙般的釋迦，也可以化現為肉眼可見的型態來救濟苦難中的人類，所以才產生建造佛像的想法。因此，他以經中所提到的「菩薩」自詡，只要認同建造大佛理念的人都視之為「友」（經中稱之為「知

奈良東大寺的盧舍那大佛　這尊大佛依聖武天王的發願，是為了救濟受苦的人們所建造的，於 752 年開眼。

識」）。天皇呼籲民眾捐獻（喜捨），就算只是微不足道的東西，也是對造像工程的貢獻。

然而建造大佛的工程卻遇到許多阻力。首先，新都城的建設需要花費大量的財力，而且到底該以恭仁京、紫香樂宮、難波京[9]哪一個為首都，在沒有明確的定案下，讓政局顯得不安。其次為發生大地震，建造於紫香樂宮的大佛在施工到一半時發生了倒塌，「災異」再次出現。當時的人們受到「災異思想」的影響，認為由聖武天皇所推進的計劃，招來了天地神祇的瞋恨。最後在以太政官為首的官員們，以及平城四大寺僧眾的勸說下，天皇才於天平十七年（七四五年）五月，還都平城京。

◎發現黃金的祥瑞之兆

儘管遇到許多阻礙，卻沒有讓聖武天皇放棄建造盧舍那大佛的想法。工程在天平十七年的八月時，先整建了用來講說《華嚴經》的道場金鐘寺，並重啟大和國的金光明寺——也就是日後的東大寺。此後工程順利進行，到了天平二十一年（七四九年）時，大佛整體已大致完成。而在此時，陸奧地區[10]發現黃金的消息和樣品也送到了宮中。

當時許多人相信日本並不生產黃金，因此連天皇也苦於該如何確保鍍金用的黃金不虞匱乏。當發現金礦的消息一出，聖武天皇感到無比的喜悅，過去困擾心頭的擔憂全化作了感謝。該年四月一日，天皇行幸東大寺，並在尚未完成的盧舍那大佛像前，命人北面而立，宣讀以「三寶之奴天皇」開篇的敕文。這篇文章裡寫道，天皇對天地自然終於回應了自己的想法。

在祥瑞災異思想之下，天皇把產出黃金這件事理解為「大瑞」，並說到「朕豈能以一人獨享此大瑞，應與天下共頂受賜，歡理可在」。天皇想將喜悅分享出去，於是開始一連串對官員們的加官晉爵、大赦身陷囹圄之人，並賞賜發現了黃金的人們。此外還將年號改為「天平感寶」（《續日本紀》③六十五～七十九）。

到了該年閏五月二十日時，天皇下詔「以華嚴經為本，一切大乘小乘，經律論抄疏章等，必為轉讀講說，悉令盡竟」。並向東大寺等十二大寺提供粗綢、棉、墾田地等（《續日本紀》③八十三）。過去，天皇並沒有具體提及該經的名字，這是首次將《華嚴經》向社會公開。不僅如此，聖武天皇還宣布將《華嚴經》作為根本經典，表示出他對該經的義理應該有相當的理解。這裡要特別注意的地方是，聖武天皇並沒有意圖排斥《華嚴經》以外的其他佛典，反而勸誡僧侶，要對一切經書和論書進行「悉令盡竟」的研究。

聖武天皇在天平六年時，將祈願人民生活安寧作為自己政治的指導原則，選擇了將「釋教」置於經史之上的最高位階，但這並不意味著他欲排除儒教和中國的史籍。對聖武天皇來說，儒教的德治觀念一直在他心上，而且對皇祖神和自古存在於日本諸神的尊敬，更是片刻不敢怠慢。在聖武天皇的政治思想中，我們能感受到一種接納多元觀點的包容力。而他在皈依《華嚴經》中的「盧舍那佛」後，發願要建造一尊大佛，結果卻出現了產出黃金的結果，讓他確實感到佛恩浩蕩。也因此在「以華嚴經為本」詔書中，出現了「太上天皇沙彌勝滿」的稱號。

◎聖武天皇的出家與讓位

根據《續日本紀》的紀錄，孝謙天皇於七月二日即位，如果聖武天皇在閏五月二十日讓位成為太上天皇的話，就會產生皇位的空窗期。關於這件事，歷來學者們的觀點各異，但「太上天皇沙彌勝滿」這個稱號中，包含了出家與讓位兩件事情。「現神」亦即「現人神」的天皇出家，在當時是一個相當異常的事態，因為這是個空前的舉動。

聖武天皇過去受到災異思想的束縛，認為自然界發生的災害都是自己的責任，而為此傷神不已。但是在皈依佛法之後，卻發生了發現黃金此等慶事。為了表達自己的感謝，天皇以出家來表現誠心向佛之意，應是可以理解的。然而在出家後，天皇仍然可以保留自己的地位嗎？

對聖武天皇而言，《華嚴經》是他內在行動的思考泉源，而在該經最終章的「入法界品」中提到，有一位君王因為聽了如來出現的事，而將王位讓與太子，並在如來座下聽聞了深刻的教理後發菩提心。這位國王因有感於維持在家的身分，難以獲得佛法的真理，於是決定出家。或許聖武天皇正是參照了這段經文，將它作為自己的行動準則，才會採用「出家即讓位」的方式。藉由出家並同時成為太上天皇的舉動，讓聖武天皇得以先發制人，鎮壓了當時在統治階層中，反對皇太子阿倍內親王即位的抵制活動，這其中當然也包含了政治判斷在裡頭。

聖武天皇讓位後，孝謙天皇在準備期間過後，於七月二日在太極殿即位，年號改為天平勝寶。在盧舍那大佛尚未完成、還只能看見其龐大的身軀時，聖武天皇搭上了發現黃金的順風車，表明自己皈依佛教的立場，將年號改為天平感寶。接著出家，宣布自己脫離現人神的天皇位置，把皇位讓給內親王，促成孝謙天皇即位，並改元為天平勝寶。聖武天皇一氣呵成解決了自己所面對的重大問題，不得不讓人佩服他高明的政治手腕。在這一連串的行動中，我們看到了聖武天皇並不拘泥於自己的地位，而且還是一個順從自己信仰的人。

伊斯蘭的歷史與伊本．赫勒敦的分析

◎世界三大宗教的差異

基督教、伊斯蘭教、佛教被稱為世界三大宗教，基督教的信眾約有二十億人，伊斯蘭教為十三億人，兩種宗教都擁有為數眾多的信徒，但佛教徒卻只有三億數千萬人而已，甚至遠遠不及印度教的教徒。然而信仰的人口數其實並不是個問題。上述這些宗教跨越了民族和區域的限制，對不同的文化和社會產生了巨大的影響，這是因為他們蘊含的「普遍性」才被視為世界宗教。

其中，基督教和伊斯蘭教的共同之處為，兩者都是一神信仰；佛教則是從一開始就不存在「絕對唯一神」這樣的觀念。從這點來看，佛教確實是一種異質性的宗教。雖然要把時代和地區背景等等完全相異的宗教拿來做比較的話，需要特別小心謹慎，但不同宗教之間存在的根本差異，則和它的創始者所經歷過的強烈宗教體驗的內容有著密不可分的關係，這點倒是無庸置疑的。

伊斯蘭教是約在七五〇年時，由一名出生於麥加的商人穆罕默德所創立。穆罕默德在四十歲時突然接受到神啟，而神啟在他往後二十多年的人生中不曾中斷。將神的語言集結起來的著作就是《古蘭經》。一般認為，神對穆罕默德做出的第一個啟示為「你應當奉你的創造主的名義而宣讀，他曾用血塊創造人。你應當宣讀……」（九十六章第一節以下），或「蓋被的人啊……」（七十四章第一節以下），不論是哪一則都是穆罕默德面對著一位以絕對他者存在的神。

而佛教的創始者佛陀則是經歷了「開悟」的宗教體驗，並說出「予乃無有師，無類可比者，人天之世界，無有可敵予」（巴利經典《中部》），這是兩個宗教之間根本的不同之處，佛陀沒有借助其他人的力量便達到了覺悟。在宗教中，和神的啟示相對的，也存在「無師獨悟」這樣的概念，這是我們須特別留意之處。

◎穆罕默德的教團

在穆罕默德確認了自己是神的使徒，也是最後的預言者之後，開始進行布教活動。雖然他在年輕人之間頗有斬獲，可是卻受到統治麥加的貴族古萊什人的迫害，於六二二年時，被強制遷移居至亞特裡布（Yathrib，即後來的麥地那）。但自從穆罕默德到了麥地那之後，在他身上卻發生了許多巨大的改變。在那之前，神的啟示中瀰漫著一種充滿末日論的緊張感，可是到了麥地那後，內容卻轉變為好人能進入美好天國的約定。

在現實世界裡，穆罕默德就像神啟的化身，信徒們視他為絕對的指導者而團結在一起，成立了伊斯蘭的共同體烏瑪（Ummah），並於之後發展為教團國家的程度。在經歷了巴德爾之役等幾場戰爭後，兼併了故鄉麥加，最後還完成了統一阿拉伯半島的大業。連宗教的創始人自己也拔劍參與戰鬥，伊斯蘭國家與宗教一體的政治形態，就是從這樣的背景下誕生的。

六三二年，預言者穆罕默德過世，這件事雖然為伊斯蘭共同體帶來分裂的危機，但資格最老的弟子阿布・巴克爾（Abu Bakr）以「神的使徒的代理

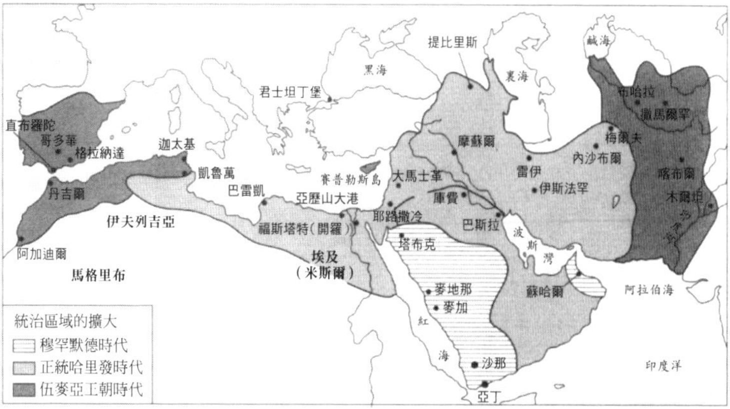

伊斯蘭的擴大　在穆罕默德的教團統一了阿拉伯半島後，在大約一個世紀的時間裡，支配的版圖向東西擴張。

人」、也就是「哈里發」自居，來阻止分裂。阿布．巴克爾的主要功用是繼承預言者的遺志，穆罕默德的死造成阿拉伯諸部落之間的同盟契約關係解除，也出現了欲脫離伊斯蘭共同體的行動，但阿布．巴克爾透過徹底除去這些主要的首謀分子，將阿拉伯諸部落們拉回伊斯蘭共同體之中。這件事造就了阿拉伯統一的民族力量，這股力量化為大征服的行動，而且還外溢到阿拉伯半島之外的地方，並由第二代哈里發歐瑪爾（Umar）繼承下去。

阿拉伯軍隊在歐瑪爾在位的十年間，征服了拜占庭帝國統治下的敘利亞和埃及，往西直達巴爾幹地區，向東則將伊拉克全境納為囊中物，隨後還進入伊朗，拿下了胡齊斯坦和吉巴爾兩省。到了第三代哈里發伍斯曼（Uthman）掌權的前半期，甚至併吞了薩珊王朝大部分的國土。到了六五一年，薩珊皇帝伊嗣俟三世（Yazdegerd III）遭到暗殺後，王朝正式覆滅。

◎伊斯蘭國家體制

大征服的成功建立在與波斯、薩珊兩帝國的長期抗爭上，雖然過程中阿拉伯內部也消耗了不少能量，但放在民族的發展以及與伊斯蘭教的結合上，卻相當具有意義。大征服事業是藉由出生於城市的教團指導者們，運用了從東西貿易的經驗中，學習到的組織能力及向心力，將規律和統治帶給過去只會進行部落鬥爭的阿拉伯遊牧民，在善加利用這股戰鬥力量後所展現出來的成果。在阿拉伯進行組織化的過程中，哈里發伍斯曼可謂居功厥偉，他是確立了初期伊斯蘭國家體制的重要人物。

大征服的結果，讓原本只是小規模的教團國家，發展為坐擁廣大版圖的大帝國，而且在領土內不同的區域裡，存在著不同的人種、語言、習慣、不同程度的文明和政治體系。歐瑪爾對這些征服的地區，派遣了握有全權的總督（emir，埃米爾），有時在總督之外，還會個別派遣負責財政的徵稅官（āmil，阿米勒），征服地區的行政全部委由總督來做裁決。另一方面，透過和這些統治地方上的代理者不斷的書信往來，中央也可以從中進行統治和使其服從命令，讓帝國能維持著某種統一性。

歐瑪爾雖然在伊斯蘭國家體制的建立上做出許多貢獻，可是他卻死於一名和他有私怨的波斯奴隸之手。歐瑪爾的後繼人選由他所指定的六位長老中選出，最後由伍斯曼勝出。阿拉伯的大征服為教團帶來了廣袤的土地和巨大的財富，但是參與征服戰爭的阿拉伯戰士們，卻對如何分配作戰勝利後收穫的成果感到不滿。其中一些激進的分子將矛頭首先指向各地的總督，其後連伍斯曼本人也無法置身事外，最後慘遭殺害。哈里發死後，穆斯林之間發生內鬥，爆發了第一次內亂，敘利亞總督穆阿維亞（Muawiyah）藉機開創了伍麥亞王朝。

伍麥亞王朝的政治體制基本上將阿拉伯人置於統治的特權階級，對被征服的異民族進行的統治，除了哈里發歐瑪爾二世之外，並沒有特別去獎勵被征服的民族改信伊斯蘭教。為了和之後的阿拔斯王朝做出區別，將其稱為「阿拉伯帝國」。當時國家存在的最大目的，是將從征服地區的先住民農民手中徵收到的稅金，分配給阿拉伯穆斯林。高額的稅金讓這些農民們選擇逃離村莊，或是找阿拉伯人幫忙讓他們改信伊斯蘭教。在阿拉伯人聚集的征服城市中，像這樣逃亡的農民數量不斷增加，產生許多不穩定因素。

從伊斯蘭第一次內亂以來，在經歷了激烈的政治動盪後，新的思想應運而生，進一步推進了學術的發展，以《古蘭經》為中心發展出對阿拉伯語的研究為首、擴及到神學、法學的領域，而主要的舞台就發生在庫費和巴斯拉等伊拉克的新城市。另外，在麥地那也興起了以蒐集預言者穆罕默德相關的知識為首，在遼闊的征服領土上，尋訪預言者的教友們，這類充滿知性的旅行。像這類探索之旅，包含大征服在內，最後還加入了初期穆斯林的事蹟，都促進了伊斯蘭史學的萌芽。

◎伊斯蘭社會的變化

在學問興隆的背景下，也掀起了伊斯蘭法的成文運動。然而，伍麥亞王朝的制度和法學者們個人的法律解釋之間，存在著巨大的鴻溝，於是立刻就成為批判的焦點。伍麥亞家族哈里發的地位遭到質疑，伊斯蘭世界的輿論認為，執掌伊斯蘭國家的最高權力者，應該回到延續預言者血脈之人。就在這樣的局勢下，阿拔斯家族成功地推動了一場革命。

阿拔斯王朝體制的實質建立者，是第二代哈里發曼蘇爾（Al-Mansur）。他所建立的體制，源於伍麥亞王朝末期伊斯蘭社會的內部發展，趁著透過伊斯蘭教達成統一化的潮流，實現制度化的目標。藉由廢除根植於阿拉伯至上主義的地方分權體制，確立中央集權的統一支配體制。可以說，這是自阿布·巴克爾創立哈里發制度以來，逐步發展而成的一種初期伊斯蘭國家體制的完成體。同時，對其後的穆斯林而言，這個時期的哈里發制度，是一種後世應該回歸的伊斯蘭社會體制基礎。

和伍麥亞王朝相比，阿拔斯王朝被視作真正的伊斯蘭帝國，其主要的原因在於，在阿拔斯王朝的統治期間，領導者們努力地將伊斯蘭教或伊斯蘭法中蘊含的統一性原理，落實到實際的國家治理。然而在阿拔斯王朝中，哈里發一人手握聖俗兩方大權的支配體制，到了十世紀中葉以後，實際上就維持不下去了。哈里發只保住了宗教上的權威，而政治的實權就像布維西（Buyid）王朝那樣，由手握軍權的人所掌控。由此可以看到政教分離現象的產生，時代朝著宗教與王權並存的方向發展。然而再往下走，掌握軍事力量的人，又開始將聖俗的權力一把抓，伊斯蘭社會再次面對巨大的社會轉變。

此外，因為伊斯蘭世界經歷了數次分裂，同時出現過多位哈里發的情形，要想維持統一的狀態已是不可能；再加上十字軍和遊牧民族等來自東西方各地異民族的不斷入侵，最終在十三世紀中葉，阿拔斯王朝努力維繫住的哈里發血脈斷絕於蒙古軍攻陷巴格達之時。與此同時，在伊斯蘭世界內部，不同政治勢力之間的鬥爭也是層出不窮，導致局勢更加混沌。在這樣危機四伏的時代裡，歷史學家伊本·赫勒敦走進了人們的視野。

◎伊本·赫勒敦登場

伊本·赫勒敦於一三三二年出生於北非的突尼斯。先祖來自於南阿拉伯，曾是統治塞維亞地方的貴族。伊本·赫勒敦自幼博覽群書，以成為一名政治家為自己的夢想，他曾出仕北非、伊比利半島上的不同王朝。有一段時間，甚至成為某個小國的執政者，然而仕途生涯波瀾起伏，讓他遍嘗悲苦，惶惶度日。伊本・赫勒敦思索著，在變幻莫測的政治背後，是否有一種必然性存在呢？人類深刻的思維和知識，有可能影響國家的興亡嗎？對於政治懷抱的野心，難道就只是自取滅亡，盲目的慾望過剩？在經過了九年一點都不快意的政治生活後，他最終從政治的世界裡抽身，投入解開人類社會這個問題的學術生活中。

伊本・赫勒敦意識到，他在政治上的失敗，源自於不夠瞭解現實社會，因此選擇了歷史學作為研究人類社會本質的敲門磚。從當時伊斯蘭的史觀來看，歷史是由一個個不連續的事件所接續而成的，這是種認為時間為不連續的一種觀點。然而伊本・赫勒敦則將時間視為具有因果律的連續，並且打算在這裡頭找出某種法則。

「若是從外部來看歷史，它不過就是政治事件、眾多邦國、遙遠過去發生過的事件等堆砌而成的報告，而且還以典雅的

伊本・赫勒敦　為了探究歷史與人類社會的本質，創立了「文明的學問」。

方式記錄下來……，這些內容告訴我們，環境的變化怎麼對人與人的相處產生影響？國家如何擴張領土？一個政權從興起到滅亡的那一刻為止，採取了什麼方式來為自己續命。但若是從內部來看歷史的話，你會發現它是種思考方式，是真理的探尋，是對存在事物起源的詳細說明。另外，歷史還是對不同事件的情況及其發生原因的深刻知識。由此可知，歷史這門學問深深地扎根於哲學之中，將其視為哲學的一個支流，是恰如其分的。」

為了探究歷史的內部，伊本·赫勒敦翻閱了相關的史學書籍，還將觸角延伸到法學、哲學和帝王學，可是卻都沒有找到一個令他滿意的學問。但在其後，他確立了自己的想法，憑一己之力創立了一門「新的學問」，他將其命名為「文明之學」。這是一種相當具有原創性的方法論，可以納入社會哲學的範疇中，伊本·赫勒敦在他的著作《歷史諸論》中，對這門學說做了統整性的描述。

◎伊本·赫勒敦的文明論

所謂的「文明」，依據伊本·赫勒敦的話來說就是「人類社會」。而他研究學問的目的，就是為了要解釋由人類所建立的社會的本質，以及社會呈現出的多元表象，其中也包含了分析國家的成立與發展。當時他正處在混亂的政治局勢之中，在經歷了一連串的失敗後，他帶著反省的態度，企圖勾勒出國家的樣貌。這種嘗試讓他突破了國家的框架，直接和掌握人類社會的全貌產生連結。

伊本．赫勒敦表示，人類社會根據其所在不同的地理環境差異，會呈現出多元的風貌。概略來說，大致可以區分為以遊牧社會為基礎的文明和以城市社會為基礎的文明。因為在這兩個社會中謀求生計的方法不同，使得遊牧社會比城市社會容易形成一個具有強大約束力的社會集團，而集團內部的凝聚力（asabiyyah，日語漢字為「連帶意識」）則是讓歷史發生轉變的動因。過著遊牧生活的共同體（連帶集團）對統治權力的追求，最終會發展為征服以城市為根據地的國家，然後成立新的政權。然而，當成為生活在城市的集團後，隨著文明的發展會逐漸喪失凝聚力，最終被新的共同體征服。

伊本．赫勒敦用他提出的凝聚力為理論基礎，不只用它來觀察伊斯蘭圈的歷史發展，也嘗試將伊斯蘭以外的地區納入自己的視野中加以分析。特別是在提到宗教時他說道，在取得統治權需要配合宗教性因素的情況下，就算宗教對凝聚力能帶來正面的效果，卻並非獲得統治權的基本因素。缺乏凝聚力的話，宗教的宣傳是不可能獲得成功的。當然我們不能忘記，在伊本．赫勒敦的腦中，伊斯蘭所具有的存在感。

於此我雖然不再做更詳細的說明，但想要指出伊本．赫勒敦對伊斯蘭史中特有的哈里發制和君主制所展開的政治論述。這是由他自己推導出來關於國家發展的一般性理論，具有法則性的價值。然而，為了讓伊斯蘭世界能夠接受他的想法，其理論必須要能夠適用於伊斯蘭的歷史才行。也就是說，他必須證明，自己的新學問具有正當性才行。

伊本．赫勒敦政治理論的基本原理是「支配權力論」。雖然人類都需要維持社會性的連帶關係，但個人基於保護自己的本性，卻會和其他人相互鬥爭，侵害對方的權利，最後甚至有可能演變成無政府的危險狀態，走到這一步的話，文明就會遭到破壞。為了抑制這種情形發生，就需要有以凝聚力為後盾的王權才行。

王權除了有壓制人類進行鬥爭的功用，因為它本身具有強大的統治力量，所以也有朝向專制化發展的傾向。然而經過專制化的掌權者，會強化自己的意志，使其凌駕於人民的力量之上，如此一來，生活在這種統治者底下的人民，就會面臨自己的生活遭到毀壞的危機。到了這時，群眾將不再服從進行專制統治的執政者，當不服從的行為越來越顯而易見就會引發暴動，導致王權的崩壞。因此，為了抑制執政者的專制化，就需要制定大眾都認可且遵從的「政治規範」，也就是法律；而政治規範裡不只有知性，還包含了宗教在裡面。

伊本・赫勒敦經過多重的推敲後，導出了政治型態的分類，並得出就算是最理想的政治形態——哈里發制，在現實世界中，也不是一種絕對存在的結論。他宣稱哈里發制也和其他的歷史事項一樣會發生改變。從這層意義上來看，伊本・赫勒敦已經成功掌握了伊斯蘭的歷史中，從哈里發制到君主制的演變過程。

今後的宗教

◎如何活用歷史認識

我們每個人無不以自己的信仰和價值觀為榮，並在其中找到生命的意義。然而，有時也會發生人們無限放大自己的價值觀，變得毫不在意他人的感受，甚至產生出優越感的情形。此時如果發現了和自己的信仰及價值觀不同的元素，就會做出和正義背道而馳的驅逐行為。如果這樣的信仰和價值觀與權力及財富相互結合的話，將會形成力量豐沛又具有排他性的人類集團，並躍上歷史的舞台。人類的歷史其實也是一部戰爭史，先不論具體的內容為何，以不同的宗教信仰為理由而發動的戰爭，實在是多得不可勝數。

像上述的現象，當我們在回顧人類的歷史時隨處可見。不論個人所屬的民族、宗教、國家為何，目前生存在地球上的每一個人，都背負著不同的過去。雖然現代人可以將過去的歷史拿來做為自己的借鏡，但我們卻不是活在鏡子裡。當我們在談論歷史認識時，其實只是在紙上談兵而已，重點應該是如何去應用它。

在當今這個時代，整個世界以經濟活動為基礎進行著全球化。宗教和文化的藩籬漸失，一切都處於流動的狀態。話雖如此，這樣的現象其實仍未遍及到每一個地區。過去，岡倉天心[11]曾經提出「一個亞洲」的想法，但就算我們把全球縮小限定在亞洲的範圍內，亞洲各國中也包含著不同的人種、歷史、宗教和文化。每個國家在確立自我認同的時候，對於該以什麼樣的形象來呈現自己，無不卯足全勁。

◎亞洲共同體的可能性

雖然亞洲內部有些地區的政治環境仍處於不穩定的狀態中，但從當前各國所呈現出熱絡的經濟活動來看，不論是公司企業或非營利組織、政府機關或非政府組織，抑或隸屬於亞洲內部不同國家的團體等，都在相互謀求各自經濟利益的同時，以契約為依據，形成不同的次（sub）共同體。透過這些次共同體所形成的集合，有可能交織出猶如寬鬆的網眼所組成的共同體。我認為在每一紙個別的契約簽訂時，兩造之間的對話可以不只侷限在彼此的經濟利益上，還可以把宗教、文化、歷史拿來做為背景，有時甚至以雙方負責人的人格為擔保，進行更廣泛的對話與交流，如此一來就能產生在文化層面上的共同認識了。

亞洲這個地方孕育出儒教、道教、佛教、伊斯蘭等，具有普遍性的宗教和思想，在漫長的歷史發展中，這些宗教和思想廣泛地傳播至各地，而且還在不同地區，形成了多層次的文化基礎。然而個別的亞洲人卻極少意識到這件事，若要說這件事存在於無意識之中也不為過。然而文化基礎中的共同和差異，或可藉由對話的方式，將其提升到意識的層面。或者也可以透過如音樂這類訴諸感性的方法，帶出屬於亞洲人的連帶感情。

但以上這些嘗試，真的有可能成為形塑共同體的契機嗎？其實我並沒有這麼樂觀。因為一旦碰到爭奪資源這類圍繞著國家利益的事情時，國族主義就可能抬頭。另外，當信仰的內容發生衝突時，宗教共同體就得面對最直接的危機。這時網眼狀的共同體就會暴露出它的脆弱之處。為了讓對立能相對化或加以克服，還需要更高層次的理論才行。正如伊本・赫勒敦的分析，宗教雖然有助於獲得統治權，但若是缺乏基本的凝聚力（連帶意識），則難以形成共同體。

我認為就算還無法走到形成共同體這一步，我們還是需要舉出像全球化現象中的地球環境問題等，作為理論依據的根本。從另一個角度來做思考，人類所需要的，不就是在面對危機的狀態時，能夠凝聚出一種將其視為問題的共同認識嗎？當前我們遭遇到的許多困難，都源自於人類建立的現代文明，環境的破壞仍然日甚一日。想要解決問題，還需要人類彼此共享相同的價值觀才行。當我們去思索地球的未來，想著該如何珍惜它時，不妨試著把人類和地球上所有的有情眾生，都視作養育我們的母親，並將地球奉做「神明」。因為若不去提升宗教性的價值觀，就有可能招致不樂見的結果。從這裡也讓我們看見了，今後宗教發展的其中一個方向。

唯有這麼做，才有可能實現讓各個國家以維持政治的安定為目標，不再拘泥於個別國家的好處，而是率先考量共同的利益。從這層意義上來看，建構一個符合現代的普遍性世界觀和個人應有的人生觀，不正是我們現在該做的事情嗎？

1 亞歷山大港宗主教（Patriarch of Alexandria）：羅馬帝國時期埃及亞歷山大港教區的總領袖。在羅馬教宗稱教宗前，亞歷山大港主教曾有教宗頭銜。

2 四旬期（Lent）：是基督宗教的節期，依教會不同有各種名稱，歷如：大齋期、封齋期、預苦期等。四旬意即四十天。在中古前期，四旬期是為一般人成為基督徒及加入教會的預備期，後來才轉變成大家所熟悉的做補贖、悔改以預備迎接耶穌復活的功能。

3 「記紀」為《古事記》和《日本書紀》二書的簡稱。

4 七十七年：從明治元年一八六八年到一九四五年日本第二次世界大戰戰敗為止。

5 神主：神社裡的神職人員。

6 行基集團：行基為奈良時代的高僧，因為從事架橋、築堤等益於民生的土木工程，因此又被尊稱為「行基菩薩」，跟隨行基一起行動的團體被稱為「行基集團」。

7 長屋王：奈良時代的皇族政治人物，官至正二位佐大臣，後因被人密告謀反而以自殺告終。

8 正倉院文書：藏於奈良東大寺正倉院文獻資料的總稱。整理出來的數量為六六七卷，五冊，記一萬一千多件。內容除了建造東大斯的相關資料外，還包含戶籍和帳簿等。

9 恭仁京、紫香樂宮、難波京三地都曾經短暫做為聖武天皇在位時的首都，恭仁京位於今天的京都府，紫香樂宮位於今天的滋賀縣，難波京位於今天的大阪市。

10 陸奧：日本古代地域的地名稱，其面積相當於今天日本的東北地區。

11 岡倉天心：本名覺三，日本近代著名的美術評論家，並曾任東京美術學校校長。代表著作有《茶之書》和《東洋的理想》等。

第五章　「非洲」帶來的啟示

文／松田素二（京都大學教授）

曼德拉　南非著名的反種族隔離革命家、政治家和慈善家，亦被廣泛視作南非的國父。任內致力於廢除種族隔離制度、實現種族和解，以及消除貧困不公，推動「南非真相與和解委員會」，1993 年獲諾貝爾和平獎。

前言

◎「排除非洲」的視線

對現代世界而言，非洲到底代表著什麼意義呢？換個方式來問，在世界史中，非洲處在什麼樣的位置上呢？再進一步做追問，對於人類的未來，非洲可以扮演什麼樣的角色呢？

對日本人來說，非洲至今仍是一個遙遠的存在。因為不論是去非洲旅遊的觀光客，或是扎根當地、從事商業活動的生意人，在數量上皆遠遠不及歐美及亞洲。舉二〇〇五年的情況來作例子，當年從全世界到非洲觀光旅遊的總人數約少於三千七百萬人，以該年全球的國際觀光客總數達八億人來看，非洲對世界上其他國家來說，也還是一個相當陌生的地區，其中，到非洲旅行的日本觀光客人數只有六萬五千人（所占比率甚至不及到非洲觀光總人數的百分之〇點二）。從這個數字我們可以知道，非洲究竟距離日本有多「遙遠」了。

日常生活中，我們幾乎沒有什麼機會，接觸到關於非洲的資訊。就算媒體上偶然出現了非洲相關的報導，大概也有超過一半是有關戰爭、飢荒、愛滋病等「社會病理」或「社會問題」的內容。從這一點來看，非洲和日本社會之間可不只有地理上的距離而已，其中還存在

除」。只是視角幾乎完全改變，整個史觀也隨之不同。除外，一向鮮少在世界史上亮相，永遠處於邊緣角色的，如斯基泰、匈奴、迦太基、凱爾特、印加、蒙古及伊斯蘭等等，現在一一浮上檯面，而且獲得正視的眼光。由此可見，這套叢書不僅「解構」昔日的世界史，而且也大致完成「重構」的工作。難怪青柳在第一冊的「後記」中，非常清楚地指出叢書的宗旨。

我們的目標是超脫懷古主義，將過去的人類在古代遺址不斷上演的作為與現代人直接銜接起來。

重新改寫史書是史家永無止境的工作。這套叢書還擔負另一項重責：要把日本放在世界史中重新定位；或者說，有意從日本的立場重構世界史觀。

為了這個目的，在第六章中朝尾先生描述從鐮倉，經室町，一直到江戶時代（即十二世紀末至十九世紀中葉期間）東亞「世界秩序」中日本的地位。他強調，日本上層和底層社會分別存在兩種「世界觀」或「天下觀」。作者修訂一般人對人日本「鎖國」的成見，進而提出「華夷交替」與「華夷變態」孰是孰非的歷史事實。

有了第六章的歷史背景，接著第七章終於暢談「今後的世界與日本」。他們從九一一事件談論當今的伊斯蘭世界、比較歐洲和亞洲的「世界秩序」有什麼基本差異、檢討二十一世紀尖端科技與金融經濟的種種現象。最後，把「問題意識」聚焦於日本和東京。與談中，幾位日本教授感嘆都市化造成田園日漸消逝，來自美國的托比反而提出「里山」的概念。這種說法的取向，不免令人又想起「歷史後照鏡」，「反即返」，回到「原初」社會的思維方法。

然而，「反即返」即使找到「人類該往何處去」的點子，還得下一步「知即行」，實踐（praxis）的功夫。

整體而言，這本世界史的最後一冊的確以正向的眼光，重新幫日本社會大眾繪製一副「世界史地圖」，同時也幫日本的現在及未來加以定位。

讀後，我也想問：「人類該往何處去？」，「台灣的世界史觀應該怎樣建構？」◆

▼ 接續前頁閱讀

應該特別留意，文章中討論到這裡，松田顯然已經「返」回到歷史的原初社會，他找到了非洲文化的原點。非洲社會原本有接受「族群變更」的傳統，人們彼此容許「多重歸屬」或「多重認同」，這種心態及社會制度，屬於開放性的集團組成原理。

松田把「歷史後照鏡」中所呈現的這種「鏡像」（即：開放、多重與寬容）當作至寶，「那人正在燈火闌珊處」。於是他接著把話題轉向「未來」，開心地說：

> 非洲昭示給我們的另一項潛力是，如何在經歷分裂的社會中，發現修復秩序和療癒社會的智慧與實踐方式。

如果請教松田「人類該往何處去」這個大哉問，他的回覆不久早已直截了當，呈現在讀者眼前：

> 在面對人類未來，欲提出可能的替代框架時，非洲都可以為我們帶來許多啟示。對於生活在二十一世紀中的全體人類而言，這則「非洲給世界的建議」中，承載著我們的未來。

▸ 重新改寫世界史、不斷為日本定位

第六章和第七章可以合併為第三個單元。這個單元不僅是這本書的「最後的單元」，而且也可以當作這套叢書中「最後一冊的最後單元」。「最後」所以令人如此著迷，原因不外乎「最後」（一冊、一章或單元）總會大迴轉，與「最早」、「最前」連結。

第七章的座談會由青柳主持。一開始的話題，堂堂皇皇就是「重新審視『人類的歷史』」。這個標題看起來更像是第一冊吧？果然，青柳也是本叢書第一冊《人類文明的黎明與黃昏》的作者。他一人身兼頭尾兩大部分，絕非巧合。在此建議讀者特別參閱第一冊裡的「序章」（學習文明史的意義）以及「後記」（文明滅亡時刻）。從這些篇幅，不難理解整套書怎樣前後相互呼應的道理。

青柳、福井和杉山三位史家聯手主編《興亡的世界史》，一心一意重新改寫世界史。三十年前，世界史書經常出現的希臘、亞歷山大大帝、羅馬、近現代歐洲、英國及美國史等等，在這套叢書裡依然存在，沒有被「去

未來。

舉第五章「非洲帶來的啟示」為實例。作者松田素二的「問題意識」中，首先指出長期以來世界史的視線總是「排除非洲」，把這塊大陸當作停滯、落後而且黑暗的地方。近來，人們的心理似乎有一百八十度的轉變。有的大聲疾呼要「救濟」和「援助」非洲。這種立意固然可嘉，但是站在自由派或中間偏左的社會史觀來看，「施捨救援」的心態難免保守，有「從高處單方面來做評斷」之嫌。另外，有的國家或企業財團藉口協助開發，其實心懷鬼胎，垂涎非洲的自然資源和戰略價值而已。這些在在都是「問題」，十分棘手，讓有心人士進退兩難。

為了突破難關，松田除從歷史實證下功夫，最後有段話總結他怎樣「反即返」。他說：

本章的立場認為，在非洲內部不同的社會裡所創造、累積出來，應對各種變化（或困難）的處方箋並不會由理論中得出，而是從當地的視角推導出來；同時，處方箋的內容絕非鐵板一塊，而是不斷變動且沒有固定型態的智慧。如果能夠精準掌握這種充滿適用可能性的非洲智慧，一定能將其轉變為人類共同的財產。

為了闡明他的立場，松田全力抨擊起源自「部族對立圖式」的「非洲圖式」。這系列圖式之下的觀點，不外乎認為非洲社會有三個主要特徵：(1)封閉性與挑戰性；(2)對全體無條件的服從與效忠；(3)未開化和野蠻。然而，松田在消極性的批判(即「反」)之餘，還需要積極性的「返」，重塑新史觀，否則整個立場功虧一簣。松田在文章中首先指出：在西元十至十四世紀之間，非洲和其他地區相較起來，不但經濟繁榮，政治安定，而且還是世界文明的中心之一。他以十四世紀迎來盛世的馬利王國為代表。文章裡有張附圖，讀者可以一覽這個王國貿易路線中的盛況。

其次，松田又強調：在過去的非洲社會裡，既開放而又可變的「歸屬意識」，不僅被認可，同時也相當普及。他舉肯亞西部社會當作實例，說明「族群變更」(ethnic change)在過去的非洲社會中到處可見。換句話話，「部族對立圖式」或「非洲圖式」都不合乎歷史事實。這些圖式假象完全由殖民主義者一手打造出來(invented)。

請翻背面繼續閱讀▼

著讓我們只能「遠眺」非洲、強而有力的刻板印象在裡面。

當我們去思考非洲的社會和歷史，或正在發生的事情時，往往在不知不覺間，很容易就直接得出結論和結果；像是出現「非洲不就是這樣的地方，這也是沒有辦法的事」這種想法，就是受到了先入為主觀念所影響的。因此當我們在面對非洲時，將這種先入為主的觀念，從源頭上進行客觀化與相對化的檢討，是必要的程序。而這個程序是一道打破對非洲的既有認識，重新進行建構的知識工程。為了要能夠「從非洲看世界」，我們需要經過以下三個階段。第一階段是直接觀察非洲正在發生的事情，第二階段是將迄今為止關於非洲的日式觀點進行相對化，第三階段是在經歷了前兩個階段後，從新的非洲形象去思考，我們和世界能夠從中學到什麼。

在非洲的大學裡，當課堂裡談到非洲的歷史時，一定會把黑格爾著名的「排除非洲」言論拿出來討論一番。黑格爾這位著名的德國哲學家，曾經清楚說明，為什麼不能將非洲人視為和歐洲人一樣的人類來看。在出版於一八二〇年的《歷史哲學》一書中，他是這麼說的：「說到黑人的特徵，就要提到他們的意識沒有達到一種能夠直接感知到客觀性的強度……。非洲人處在能區分出個體的自己和普遍性本質之前那種樸素而封閉的統一之中。他們完全無法去理解和自己不同的、遠在個人之上的絕對存在。黑人是純粹自然的、野蠻而奔放的人種」（長谷川宏翻譯）。這段關於非洲（人）的敘述，在之後的時代裡，將以更委婉且精煉的方式，繼續影響著世界，並成為殖民地支配、非洲各國獨立後的新殖民主義（一九六〇～七〇年代）、國際組織對非洲社會進行的構造調整（一九八〇～九〇年代）、全球化時代（一九九〇～二〇〇〇年代）等，各個時代變遷背後的最大公約數。

黑格爾以非洲的停滯和落後做為依據，把非洲排除於世界史的範疇之外。他曾說過「把非洲屏除在歷史之外後，就能立刻看見現實中世界史的舞台」，這種將非洲隔離於世界史的命題，規範了往後非洲在世界史中所占的位置。

◎從援助的觀點所產生的問題

雖然時至今日，已經沒有哲學家和歷史學家會明目張膽地支持這種排除非洲的論述，但卻有人以停滯和落後當作理由，不斷大聲疾呼要「救濟」和「援助」非洲。和黑格爾要「排除」落後的事物不同，後者是基於對同為地球村的一分子，應該要伸出援手的善意言論。然而，這類關於非洲的認識（觀看的角度），其實和黑格爾的時代並沒有太大的差別。因為這不過是以自己所處的社會為標準，「單方面的」從「高處」來將孕育自非洲的固有事物做出評斷。像這樣不尊重的態度，使得這兩種觀點並沒有顯著的不同。正因為這兩種相同的「觀看方式」，讓非洲的真實狀況在好長一段時間內，遭到世人錯誤的理解。

舉例來說，每當非洲社會又發生衝突時，媒體們總是用「非洲固有的部落對立」這類「解釋」來做報導。而當戰爭中發生不幸的屠殺事件時，則以「這就是非洲仍不文明的證據」來「說服」自己，然後放送到全世界。上面舉出的例子，無不擴大並助長了「非洲就是這樣」的觀點。

因此，當非洲發生事情的時候，我們有必要對上述這些先入為主的觀念進行設身處地的反省才行。當然，今天非洲的確面臨著諸多嚴重，且情況看似令人感到絕望的問題。如果我們不去正視這些現象，而是用一種充滿浪漫情懷的語調來看待它們，這又會成為另一種錯誤的先入為主的觀念。我們需要認真觀察，卸下在無意識間習以為常的「固定解釋框架」，這是相當重要的步驟。然後針對這樣的「解釋框架」是在什麼樣的歷史進程中被創造出來的，以及它們肩負著什麼樣的角色，用追本溯源且具有批判性的視角來進行重建。如果能這麼做，勢必就會連結到對迄今為止支撐我們認識這個世界的想法和意識，並對之進行重新建構。這也是為了達到「從非洲看世界」的第一和第二階段所需要完成的事項。

單方面把非洲社會視為全球化社群中的「問題成員」，這種傳統的認識在進入二十一世紀後，逐漸發生了巨大的改變。二十世紀末時，非洲的確是一個充滿了貧困、疾病、內戰、飢荒等，人類社會中各種苦難的絕望大陸。對於深刻認識非洲的人們來說，要想逃脫出這樣的厄運幾乎是不可能的事，當時非洲悲觀主義（Afro-pessimism）被視為真理般的存在。這種想法和黑格爾之後的「非洲排除」產生共鳴，讓這種傳統的非洲觀點完成了「擴大」再生產。

◎人類的未來與非洲的潛力

然而在進入二十一世紀以後，非洲的經濟表現在統計數字上出現了驚人的復甦，這個現象不只出現在一些天然資源豐富的國家，高經濟成長率和人民實質收入的提升，普遍可見於其他非洲諸國。在二〇〇八年於橫濱舉行的「第四屆非洲開發會議」（TICAD IV）上，當時的福田首相就不斷強調「二十一世紀是非洲成長的世紀」，非洲對於世界的經濟成長來說，是一個強而有力的引擎（但於二〇〇八年爆發的全球經融危機，讓這個觀點亮起了黃燈）。

然而，非洲做為全球化經濟的推手和不斷發展的形象，並沒有和非洲悲觀主義產生連結。今日我們所見到的非洲，事實上並不是建立於上個世紀九〇年代，在解決了當時那些令人感到絕望的困難之後浴火重生的結果。非洲自身的問題（及其根本原因）被視而不見，在全球化世界結構的核心位置上，它被賦予提供新的礦物資源產地的任務。從這個意義上來說，非洲並沒有跳脫出五百年來於世界史中一直扮演的角色。若是從指標數字來認識非洲，我們只會看到一個高成長率的結果，但只要仔細分析其中的內容，就會發現許多值得深究的地方。不但如此，我們過去用來認識非洲的西方近代的先入觀念（對非洲不是「排除與蔑視」，就是「救濟和援助」的觀點），仍然原封不動的被人們所接受。

對於這種偏頗扭曲的看法，開始有人覺得需要提出另一種認識非洲的觀點。這個新的思維認為，非洲社會中固有的傳統智慧和制度，不只是解決非洲問題的良方，對現代世界和人類的未來而言，也是筆珍貴的知識遺產。總結來說，這是一種將非洲的潛能當作今後世界資源的觀點。非洲的潛力展現在異民族與文化的共生、困難處境中的互相扶持、修補被撕裂的社會關係，以及相對化人類對文字與理性在絕對信仰之下，所產生的對人的看法及歷史觀上。這種認識非洲的新觀點，對二十一世紀的人類在謀求「更美好的生活」面向上，提供了一個巨大的可能性。

本章的內容透過把重點放在非洲社會與外在世界折衝重組的過程中，如何以自身固有的智慧與實踐方式，為世界史和人類的未來提供豐富的啟示。而這也是為了達到「從非洲看世界」的最後一個階段。

接下來我將依著這三個階段來進行討論。

非洲的現況

◎絕望與希望的相剋

在急速全球化的世界中，今日的非洲正在取得屬於它的新位置。非洲社會因受到兩個相互對立向量的拉扯，正經歷著巨大的變動。一方面，和一九九〇年代相比，非洲目前因為高速的經濟成長，充斥著發展與成長的希望；另一方面，非洲仍然被低度開發、傳染病和戰爭等諸多問題給困擾著。

這兩個相異的向量，從非洲脫離殖民母國完成獨立之後，衝突仍然不斷上演。一九六〇年代時，非洲有許多國家紛紛獨立建國，那是個充滿了希望的時期。然而從一九七〇到一九八〇年間，非洲的發展卻陷入停滯；在美蘇東西冷戰的國際政治背景下，民族紛爭與軍事政變朝著區域紛爭的方向持續惡化。到了一九九〇年代，內戰、內亂、貧困、失業、愛滋病、環境破壞及旱災、飢荒等各方面問題在非洲各地蔓延，一發不可收拾——可以說整個一九九〇年代，非洲經歷了「崩潰的時代」。

可是進入到二十一世紀初期，狀況一時之間發生轉變。全球性的資源價格高漲，不只讓擁有原油和稀少資源的國家獲利，連其周邊的國家也雨露均霑。在外國的直接投資急速增長之下，非洲社會雖然仍有許多需待解決的問題，但每年仍以五到十百分比的經濟成長率，讓非洲大陸的形象轉變為「成長的大陸」。

到目前為止，當我們試圖想捕捉一個近現代非洲社會擺盪在希望和絕望兩端的全體圖像時，可供參考的研究大致可分為兩種觀點。其一，若想克服造成非洲的變動以及所遭遇的困難，主要的方法是尋求來自非洲外部的宏觀政治經濟結構；另一觀點認為，問題的解決方法不待外求，應該從非洲社會內部的動力（dynamism）著手。第一種看法認為，非洲社會到目前為止所經歷的希望和絕望、殖民統治、冷戰架構、構造調整等，都和全球化之下世界性的宏觀結構有關，並試圖在這樣的結構中為非洲定位。伊曼紐爾・沃勒斯坦（Immanuel Wallerstein）和沃爾特・羅德尼（Walter Anthony Rodney）等「世界體系理論」的學者支持

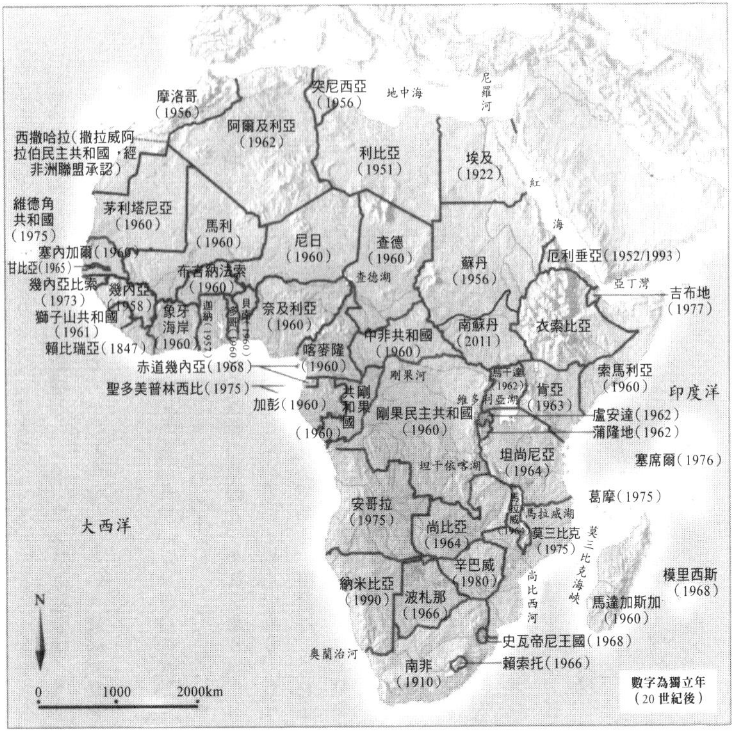

當代非洲國家　上圖以《新書非洲史》（講談社，1997 年）及《改訂新版・新書非洲史》（講談社，2018 年）的內容為基礎做成（武內進一製圖）。

這種觀點。

與之相反的觀點認為，非洲社會的發展和所面臨的困難，其主要的原因（以及解決的方法）應存在於非洲內部。例如研究非洲現代史和政治思想史的帕特里克·沙巴教授（Patrick Chabal）就宣稱，開發援助或構造調整等，這類試圖從外部對非洲進行改變的嘗試，基本上都難逃失敗的命運。究其原因，在於非洲社會和西方在開發和人權上存在著的「新父權制度」價值觀有著差異，這種政治文化存在根本上抗拒著來自外來的援助。非洲著名的政治學、非洲伊斯蘭思想學者阿里·馬茲魯伊（Ali Mazrui）強調，不論是資本主義或社會主義，都是「從外部強加給非洲的」制度和思想，因此應該在否定和批判這些外來的理論之上，以非洲傳統的文化遺產為基礎，發展出非洲自身的制度和思想。

阿里·馬茲魯伊　他強調以非洲傳統的文化遺產為基礎，發展出非洲自身的制度和思想。

◎非洲的處方箋

關於該如何解決非洲的問題，本章的立場是明確的。透過生活在當地的非洲學者長期而密集的田野調查，他們最能切身感受到非洲所面對的「困難」和「問題」。雖然這些都和殖民統治或全球化等外部結構條件有著密不可分的關係，但在非洲社會中也留存著非洲人自身的社會和文化資產，因而能當成上述問題的解決方法（處方箋）來加以運用。這種處方箋的實踐性及社會、文化上的意義，能夠翻轉「非洲是一個容易受到外部影響的大陸」——這種時至今日依然流行、卻充滿貶抑的觀點。

另一方面，像洽巴教授那樣，拒絕以外部勢力介入的方式來改變傳統制度的想法，容易將根植於非洲社會潛在的改變社會的力量，轉變為呆板、具有排他性且封閉的地方制度。實際上，所謂「非洲固有的智慧」，並非恆久不變的事物，與馬茲魯伊所讚揚、如理念意識形態般不變的實體更是相差甚遠。非洲的傳統知識和實踐，總是與從外部傳進非洲的知識及實踐體系——包括了西歐近代以及阿拉伯伊斯蘭，在非洲當地不斷進行折衝、對抗、融合、接合，之後再孕育出新的東西。非洲內部蘊含著這種應對外部世界的能力，就像內建了靈活的操作介面（interface）。本章的立場認為，在非洲內部不同的社會裡所創造、累積出來，應對各種變化（或困難）的處方箋並不會由理論中得出，而是從當地的視角推導出來；同時，處方箋的內容絕非鐵板一塊，而是不斷變動且沒有固定型態的智慧。如果能夠精準掌握這種充滿適用可能性的非洲智慧，一定能將其轉變為人類共同的財產。

◎成長的大陸

或許仍有人對「非洲是當今世界重要的經濟成長引擎」這種說法感到意外，這是因為非洲一直和飢荒、內戰、貧困等典型的地區形象脫離不了關係。然而這種狀況在進入二十一世紀之後，直到二〇〇八年年底爆發全球經融危機之前，產生了巨大的變化。

當筆者於二〇〇八年撰寫這篇文章時，已經有超過九億人生活在非洲大陸。[1]雖然從一九八〇年到二〇〇〇年的二十年間人口成長了一倍，但人均GDP卻從一千美元跌至五百美元——儘管這個數字看起來像是在證明非洲絕望的「事實」，然而在這個時期，經濟其實轉為正向成長；從非洲整體來看，實質成長率達到百分之五，人均GDP也以百分之三的弱成長持續回復中——當然，這些成長並不表示貧困和糧食不足的問題可獲得解決。和一九九〇年代時非洲悲觀主義所預測的「破產社會」相反，城市裡中產階級的自家用車和筆記型電腦的數量開始大量增加，手機在農村裡也開始普及；雖然存在著貧富的差距，但我們仍可以從社會的局部中看見「富庶」。

原本幾乎覆蓋了全體非洲大陸摧枯拉朽的內戰，也在進入二十一世紀不久後陸續締結了和平協議，讓世人看見一絲和平的曙光。賴比瑞亞在一九八九年時，包括總統在內的許多政治人物慘遭殺害，此後在好長一段時間裡，各方勢力進行了殘忍殺戮，直到二〇〇三年才簽訂和平協議，並於二〇〇五年時進行總統大選，選出賴國史上第一位女總統。另外，成為電影《血鑽石》（*Blood Diamond*）背景的獅子山共和國，也在進入二十一世紀後，結束了從

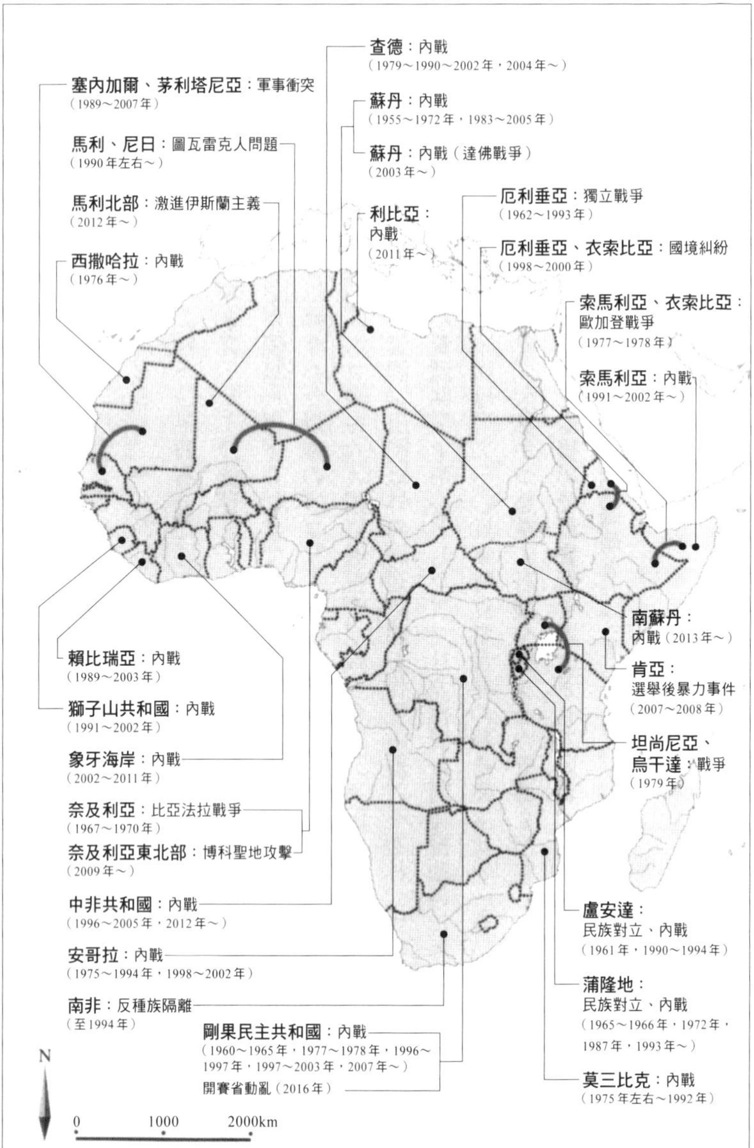
查德：內戰
（1979～1990～2002年，2004年～）
塞內加爾、茅利塔尼亞：軍事衝突
（1989～2007年）
蘇丹：內戰
（1955～1972年，1983～2005年）
馬利、尼日：圖瓦雷克人問題
（1990年左右～）
蘇丹：內戰（達佛戰爭）
（2003年～）
馬利北部：激進伊斯蘭主義
（2012年～）
厄利垂亞：獨立戰爭
（1962～1993年）
利比亞：
內戰
（2011年～）
西撒哈拉：內戰
（1976年～）
厄利垂亞、衣索比亞：國境糾紛
（1998～2000年）
索馬利亞、衣索比亞：
歐加登戰爭
（1977～1978年）
索馬利亞：內戰
（1991～2002年～）
南蘇丹：
內戰（2013年～）
肯亞：
選舉後暴力事件
（2007～2008年）
賴比瑞亞：內戰
（1989～2003年）
獅子山共和國：內戰
（1991～2002年）
坦尚尼亞、
烏干達：戰爭
（1979年）
象牙海岸：內戰
（2002～2011年）
奈及利亞：比亞法拉戰爭
（1967～1970年）
奈及利亞東北部：博科聖地攻擊
（2009年～）
中非共和國：內戰
（1996～2005年，2012年～）
盧安達：
民族對立、內戰
（1961年，1990～1994年）
安哥拉：內戰
（1975～1994年，1998～2002年）
蒲隆地：
民族對立、內戰
（1965～1966年，1972年，
1987年，1993年～）
南非：反種族隔離
（至1994年）
剛果民主共和國：內戰
（1960～1965年，1977～1978年，1996～
1997年，1997～2003年，2007年～）
開賽省動亂（2016年）
莫三比克：內戰
（1975年左右～1992年）
N
0 1000 2000km

非洲主要的武裝衝突　以武內進一製圖的《新書非洲史》及《改訂新版・新書非洲史》內容為基礎做成。

一九九一年開始由反叛軍發起的內戰，並在二〇〇二年舉行總統大選；到了二〇〇五年時，聯合國維和部隊也從該國撤出。至於從一九九五年以來就不斷內戰的蘇丹，位於南部的蘇丹人民解放軍（Sudan People's Liberation Army）和北部的中央政府之間，也在二〇〇四年簽訂了和平協議；南部除了獲得大幅度的自治權，蘇丹人民解放軍的司令官還被任命為中央政府的副總統，共享行政權力。非洲各國內戰形式上的終結，讓逃難到國外及國內其他地方的難民得以返家；以安定的經濟成長為背景，非洲諸國從政治動亂走向恢復社會秩序之路。

政治恢復安定的現象並不限於個別國家，為了謀求非洲整體的統合與安定所成立的「AU」非洲聯盟（African Union），在政治和社會經濟的整合上取得了令人刮目相看的成績。雖然於一九六三年時成立的「OAU」非洲統一組織（Organisation of African Unity），只是個由殘留著大量殖民統治遺毒的新興獨立國家所組成的鬆散組織，但到了二〇〇二年的非洲聯盟時，因為深受歐盟（EU）影響，打造出了具有強烈實現區域統合意識的制度。例如制度中不只明文保障非洲各國的安全和經濟利益，還包含敦促各國遵守、推行民主主義制度和善治（good governance），以及人權等國際通用的價值觀。

以上述理念為基礎，非洲聯盟為了解決區域內的武裝衝突，還組織派遣了自己的維和部隊前往發生軍事衝突的地區。二〇〇三年五月，非洲聯盟維和部隊的第一次任務被派往蒲隆地，此後也曾對索馬利亞和蘇丹等國派遣部隊。此外，非洲聯盟之下還設立了泛非洲議會（Pan-African Parliament）和統一的司法機構，嘗試讓聯盟中的五十二個國家[2]和一個區域（一個區域指的是實際有效統治西撒哈拉三分之一面積的撒拉威阿拉伯民主共和國）攜手共計非洲的安定與成長。

非洲在進入二十一世紀後之所以能有明顯的開發成長，其直接原因和世界資源價格的高漲有密切的關係。特別在二〇〇三年時，原油、鐵、銅等金屬礦石的價格同時提高，讓非洲各國的國民生產總值也隨之水漲船高。如果以二〇〇二年的價格為基準計算，二〇〇七年時的原油價格已漲了近四倍，金屬也漲了三倍左右。蘇丹、加彭、奈及利亞、剛果共和國、赤道幾內亞、查德等產油國家獲得了以歐美主要的石油公司，以及中國、印度、馬來西亞和南非等國大量的投資，因而帶動了國家的發展。到了二〇〇八年，中國國內使用的石油已有三成左右來自非洲，美國對非洲石油的依賴度也爬升至百分之十五的新高點。一九九〇年代時非洲的經濟發展主要仰賴北方已開發國家的「政府開發援助」（Official Development Assistance），然而時至今日（二〇〇八年），外部對非洲呈飛躍性成長的直接投資已經扮演起非洲經濟發展主要火車頭的角色。

以赤道幾內亞為例，該國從一九九〇年起就有美國的石油公司開始進行開發，並在接下來的十年裡達成令人瞠目結舌、每年成長百分之二十的經濟成長率。赤道幾內亞在一九八〇年代時，經濟的命脈全繫在可可和咖啡豆上，國民每人的GDP僅有三十美元而已，但這個數字已在今日攀升到一萬美元。即便赤道幾內亞只是個特例，但從二〇〇三年之後，在撒哈拉以南地區的非洲諸國中，GDP成負成長的國家在四十八個國家中只有六個而已，剩下的四十二個國家都呈現正成長的態勢。從這個

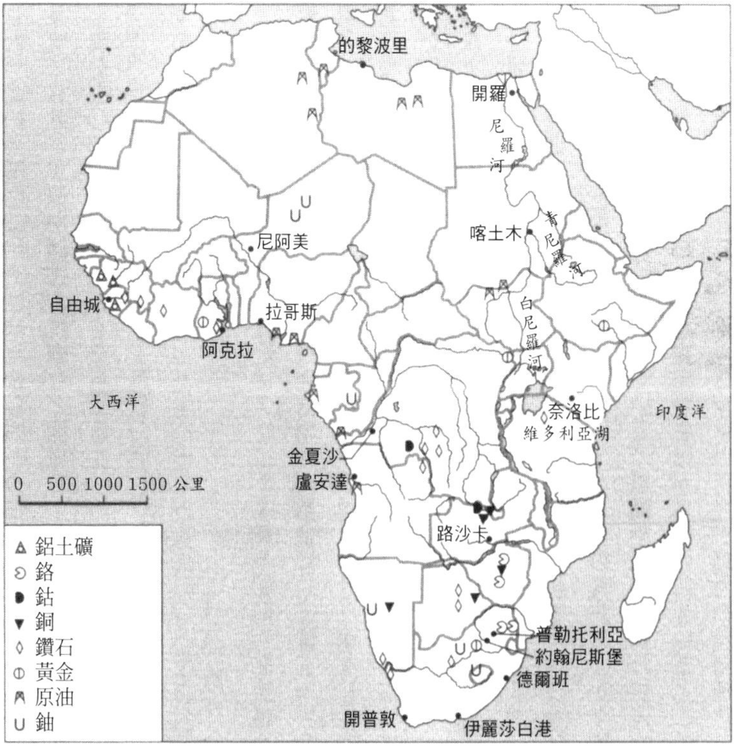

非洲的天然資源　主要的產地和都市。

現象來看，原油和鐵礦石等資源的產出國和非產出國之間，雖然在經濟成長上存在著差距，但兩者都步上了成長的一途，卻是不爭的事實。在以資源開發為主要項目的非洲投資和開發援助中，中國的巨大存在感令人難以忽視。到二〇〇五年時，中國已經占了世界製造業產出的百分之十五；而在生產的過程中，中國必須大量且快速地消費石油和鐵等資源，中國消費的石油量以每年百分之三十的速度成長。因此對中國來說，非洲所提供的資源相當重要，也導致中國以國家戰略的角度，加強對非洲的投資與援助。

◎非洲援助競賽的真相

為了和中國分庭抗禮，日本對非洲的態度也開始轉變。一九九五年時，日本曾經是世界上金援非洲的第二名，可是在財政緊縮預算被砍的情況下，目前的名次已降至第五名。此外，和歐美等提供援助的已開發國家相比，歐美國家的「政府開發援助」中有四分之一用在非洲上，而日本卻只占了總金額的一成而已。為了扭轉在非洲日益稀薄的存在感，以及為了在面對歐美、中國、印度、南非等國家時尚能確保資源優勢，對非洲進行不斷加碼的直接投資，日本政府於二〇〇八年五月舉行了第四屆非洲開發會議（TICAD Ⅳ）。這場會議中，非洲共有五十一個國家參加，其中四十一個國家由元首直接與會；此外再加上G8和其他亞洲國家的代表等開發夥伴，共有三十四個國家、七十四個國際組織和NGO的代表等，總計蒞臨該會的人數達到三千人之眾，是一場空前的國際會議。這場會議的基本口號為「活力非洲——希望與機會的大陸」，從當時的國際背景來看，非洲正經歷著前所未有的經濟成長（就算在二〇〇八年底爆發了全球性的金融危機，這個基本認識並沒有動搖）。

會期中，福田首相不斷強調「二十一世紀是非洲成長的世紀」，並且提出了支援道路等基礎建設四十億美元、非洲投資倍增支援基金二十五億美元，以及要在五年內將截至目前為止對非洲的援助，從每年十億美元的額度，提高至二十億美元等，開出令人目不暇給的華麗支票。福田首相的作為，很容易讓人聯想到二〇〇六年十一月時，於北京舉辦的「第三屆中非合作論壇」的北京宣言。在北京的非洲支援會議中，和中國有正式外交關係的四十八個非洲國家都派出了政府首腦與會，其中三十五個國家甚至是元首親自出席，藉由此舉展現出與中國的密切關係。會中國家主席胡錦濤宣布，到二〇〇九年為止中國對非洲的支援將會翻倍，包含融資和投資支援基金在內，總計將達到一百億美元。

日本和中國的行動若是放在全球化的驚滔駭浪中來看，可以發現其實這些都是國家為求生存與發展的戰略。為了確保原油和天然資源的穩定供應，非洲社會的成長與安定是不可或缺的條件。非洲做為支撐世界經濟而言十分重要的資源提供地，各國無不打出希望富裕國家能夠提供官民雙方的協助和開發支援。另外非洲諸國還在國際外交的重要舞台上一致對外，要求保護自身的權益和援助分配的競爭。

◎苦惱的大陸

資源價格的高漲的確成為非洲經濟的後盾，並且提高了人民的人均GDP。雖然如此，非洲也沒有就此成為一個充滿希望和機會的大陸。如果我們只看統計數字或首都繁華的辦公大樓地段，似乎看到了成長的「事實」；但若是把視線移到首都郊外廣大的貧民區和凋敝的農村，及半乾燥地區畜牧民族的生活空間，你會發現一九九〇年代遍及非洲全土的「病理」和「問題」，基本上根本沒有一項獲得解決。雖然從發展的數據上來看，非洲確實令人刮目相看，但與此同時，社會上還是存在著許多嚴重的問題，而且這種現象在「全球化低迷」時會更加顯而易見。

雖然非洲各國在追求安定的經濟成長時，也有同時注意政治的穩定和減少貧困、低開發等問題，然而就以二〇〇八年來看，內戰和市民遭到殺戮的悲劇還是時有所聞。例如聯合國和非洲聯盟雖然都已派出維和部隊介入蘇丹的達佛戰爭（War in Darfur），但還是無法找到解決紛爭的方法。索馬利亞的內戰則是在二〇〇二年時達成停戰協議，並於二〇〇五年時成立了臨時政府，可是衝突卻越顯激烈。

達佛戰爭雖然爆發於二〇〇二年，但爭端的起因則要追溯到一九七〇年代。這三十年間，因為反覆發生的旱災、人口過密和沙漠化等因素，造成以畜牧為主要收入來源的阿拉伯裔民族為了尋求水草而不斷南下，侵入了南方非洲裔農耕民族的土地。阿拉伯裔的畜牧民族組成了名為金戈威德（Janjaweed）的民兵組織，連同蘇丹的國軍，不斷和以札加瓦（Zaghawa）、富爾（Fur）等非洲裔農耕民族為主體的「蘇丹解放運動」（Sudan Liberation Movement）和「正義與公平運動」（Justice and Equality Movement）發生軍事衝突。根據聯合國的統計，這場戰事直到二〇〇六年時已造成四十萬人死亡，兩百五十萬人在國內流離失所，而且每年還有十萬人會死於持續的種族滅絕（genocide）中。二〇〇八年時，國際刑事法院（International Criminal Court）的檢察官以「危害人類」的罪名，起訴了蘇丹的奧馬爾・巴席爾總統，並提出逮捕令。

像這類反政府組織和政府軍之間發生的戰鬥，除了蘇丹以外也發生在剛果民主共和國、象牙海岸、索馬利亞、蒲隆地、西撒哈拉等地，而且就算在締結了和平協議後，爭端還是不見平息，所以才會出現這麼多難民。有時衝突並非以武裝對立的方式出現，而是頻繁地在總統選舉或物價上漲後，突然發生社會失序的狀態。甚至就算是獨立以後，一直處於政治安定度前段班的東非肯亞，也在二〇〇八年年初時，爆發了殺戮和武裝衝突。

◎肯亞——大選後爆發暴力事件

二〇〇七年十二月二十七日肯亞舉行的總統大選，是在歐美諸國的要求（壓力）下所舉行的，由多個政黨投入選戰的第四次大選，現任總統姆瓦伊·吉巴基（Mwai Kibaki）和最大在野黨的黨魁被預期是最受矚目的候選人。雖然選前的民調顯示，在野黨候選人較占優勢，而且在開票之初也反映出這個結果；然而到了深夜，開票報告卻突然中斷了。到了隔天，吉巴基宣布再次獲得連任，並在十二月三十日強行舉行就職儀式。但是當開票結果的報告

姆瓦伊·吉巴基　2002 年 12 月 28 日至 2013 年 4 月 9 日任肯亞總統。

出現延遲時，在野黨的支持群眾就已經開始在各地舉行大規模的示威行動，過程中抗議群眾和武裝警察發生了激烈的衝突，造成多人死亡。另外，支持在野黨人口較多的地區，和執政黨候選人屬於同一個種族的村莊和住宅區，以及經營的店鋪或工廠等都遭到攻擊，造成多人傷亡與巨大的財產損失。

其中最悲慘的事件是二〇〇八年一月一日，在裂谷省（Rift Valley Province）北部的大城市埃爾多雷特（Eldoret）近郊村落，發生了慘無人道的殺戮事件。埃爾多雷特從殖民時期開始，就是一個有著豐富農產品的集散地，各民族的商人和勞動者聚集於此，形成一個多元民族的城市。在選後衝突不斷擴大時，為了自身的安全，和總統身為同一民族的基庫尤族（Kikuyu）中，有一部分選擇將子女送到應該是最安全的基督教教會避難。然而這個教會在一月一日清晨時，不知道遭誰縱火，讓避難於此的人全都葬身惡火之中。

埃爾多雷特的慘劇傳出去之後，基庫尤族的年輕人決定展開報復，他們對支持在野黨候選人的盧歐族（Luo）和卡倫金族（Kalenjin）展開屠殺。這場復仇的連鎖效應，讓死亡人數迅速攀升至一千五百人，逃難的人口更是來到六十萬人之眾。這次的

肯亞總統大選後的暴動　圖為警察封鎖公園，禁止民眾集結抗議。

悲劇徹底動搖了自從獨立以後，將近半個世紀以來肯亞所享受的多民族共生和打造公民社會的成果。二〇〇八年一月發生的事件，幾乎將肯亞推到了內亂和社會秩序崩潰的邊緣。由肯亞的例子可以得知，就算搭上經濟成長的順風車，在逐步達到紛爭止息和政治安定化的地區或國家之中，還是存在著深層的問題構造（例如獨立後土地和權力的分配不公），這般現況距離「希望」還有一段不小的距離。

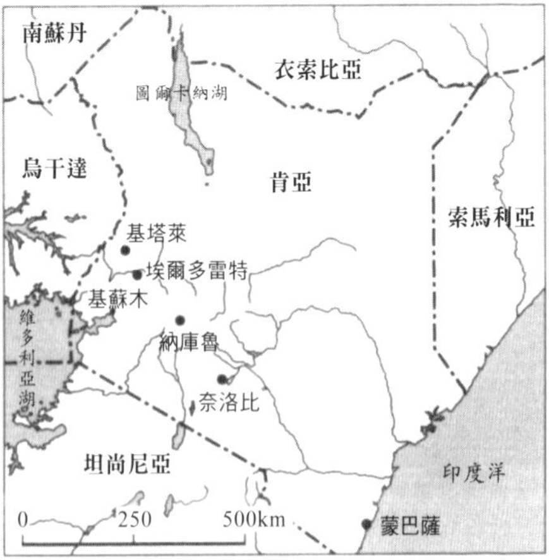

肯亞的主要都市

◎未改善的貧困與低度開發

經濟成長雖然讓非洲國家逐漸從負成長的困境中脫離出來，但還說不上為他們帶來了富饒的生活，而且主要的問題在於能夠享受經濟成長碩果的，只有住在城市中一部分的新興中產階級而已；對於生活在農村的絕大多數國民和逗留在城市裡的半失業人口來說，真實的狀況是從不易討生活轉變為難以存活。這種在現實世界裡難以維持生計的例子不需多做闡述，只要從經濟統計的數據就可以看出端倪。

首先讓我們來看看宏觀經濟動態背後，所謂「成長大陸」的真實情況。我們先以不同的國際組織所公開發表的各種統計數據為基礎，來預測二〇二〇年時非洲的貧困狀況。當我們試著從數字中推導出從二〇一〇到二〇二〇年國民經濟的成長預測時，可以發現東亞諸國的GDP成長率都超過了百分之百（例如韓國為百分之一百二十七、蒙古為百分之一百二十一、中國為百分之一百二十八）；也就是說在這十年間，東亞諸國的國民經濟規模成長了兩倍。與之相對，位於撒哈拉以南的非洲諸國，國民每個人的GDP成長率雖然是正向的，可是卻只有百分之一點六的低水平而已。而且在每人每天只能使用不到一美元的貧困層人數，從十億人減少到六億人的時期中，非洲的貧困人口數卻幾乎看不到減少的徵兆，這些處在貧困層的人們大部分都無法獲得充分的營養。根據聯合國糧食及農業組織（Food and Agriculture Organization of the United Nations）的試算，一九九七至九八年時，全球營養失調人口約有七點七億人之眾，可是到了二〇一五年時，這個數字將下降到六點一億；但如果只聚焦在撒哈拉以南的地區，則會發現營養失調的人口數則絲毫沒有減少的趨勢。

許多人指出，就算全球經濟「預期」會呈現一片榮景，但非洲仍會停留在生存困難的狀態之中；還有人指出，如果全球經濟的發展停滯不前的話，非洲就更有可能面臨崩潰的危機。

二十一世紀的非洲，的確和一九九〇年代時我們習以為常、認為充滿絕望與黑暗的大陸有所不同。非洲目前正大打高價的資源牌，在世界經濟中增加他們的存在感，試圖打造一個充滿成長與希望的大陸形象。然而另一方面，非洲社會在獨立之後，從當時遺留下來的「病灶」並沒有被仔細檢視過，更別提接受治療，因此這些問題才會殘留在非洲社會中，讓許多人不斷受苦受難。許多人面對這些在歷史演變過程中從外部強加到非洲的困難裡，努力嘗試用本土的智慧與實踐來剖析「病灶」並治癒它。

在下一節中，我將從歷史的角度來說明，從外部染入非洲社會中的「病灶」是什麼。

被扭曲的非洲圖式

◎非洲圖式

二十一世紀初期處在全球化中的非洲，讓我們看見了在非洲具有的希望預感和苦難根源背後，是一個複雜且快速變化的社會。然而對一般人來說，用來認識與理解非洲的方式，基本上和兩百年前相比並沒有太大的差別，內容充滿了教條和鐵板一塊的刻板印象。在認知心理學中，為了處理從外界而來的資訊，主體會使用既有的知識框架和活動框架，而「心向」（mental set）框架的總稱則是圖式（schema）。如何處理、解釋進而去理解關於非洲所有資訊的框架，可以稱之為「非洲圖式」。

今天我們需要將過去的非洲圖式攤在陽光下，解開它形成的歷史。通過這個步驟，我們才有可能認識與理解一個完全不同於過去的非洲形象。當陽光照進迄今為止遭到非洲圖式有計劃性遮隱、不讓世人輕易看見的部分後，我們才能獲得新的世界認識。

首先就來談最僵化的非洲圖式例子——「部落對立圖式」。部落對立圖式是一個可以用來解釋發生在非洲的所有政治對立、軍事衝突、社會仇恨等事情的萬能解釋框架。這裡就舉兩個例子來做說明，一個是發生於一九九四年的盧安達悲劇，另一個是二〇〇八年發生於肯亞的動亂。

關於盧安達的內戰，在進入二十一世紀之後，有許多相關的電影作品問世，並受到了各界的關注。其中最著名的首推《盧安達飯店》（*Hotel Rwanda*）和《殺戮禁區》（*Shooting Dogs*）。《盧安達飯店》的內容改編自真實人物，說的是一名經營飯店的經理，如何在盧安達現任總統死於一場莫名的事故後，於社會動盪不安時，利用自己的飯店收容了遭胡圖族民兵組織屠殺的圖西族市民，最後救下了一千多人性命的故事。飯店經理本人為胡圖族，而他的妻子則是圖西族。而《殺戮禁區》的故事說的是，在盧國首都基加利（Kigali）的基督教會學校任職的英國青年教師，他在屠殺事件發生時沒能保護自己的圖西族學生而自己避難去了，透過這段複雜的經歷，描繪出親身遭遇過屠殺事件的人們不同的人生百態。關於盧安達一九九四年時發生的屠殺事件，如下文所述。

盧安達直到第一次世界大戰爆發為止都是德國的殖民地，之後才轉為比利時統治。盧安達的部落人口構成中胡圖族占百分之八十五，圖西族占百分之十四，過著狩獵採集的原住民特瓦族（Twa，也就是所謂的俾格米人〔Pygmy〕）則占百分之一。十四世紀時，帶著埃及文明色彩，身材高大，使用含（Ham）語的畜牧集團從北方來到今天的盧安達，他們就是今天圖西族的祖先。這個族群憑藉著優秀的武器和高度的文明，征服了班圖（Bantu）語系的農耕土著民族，建立自己的王國（這就是撒哈拉以南的非洲社會中，只要和文明的「傳承」有關的一切，都要歸功於繼承自埃及文明的「含姆神話」[3]）。被征服的農耕民族為胡圖族，他們有對統治者圖西族繳稅和服勞役的義務。

一八九九年起，德國開始對盧安達進行殖民統治，殖民地政府選擇了圖西族的統治階層作為治理盧安達的代理人，此舉助長了圖西族對胡圖族的統治結構。然而在盧安達獨立後，透過一人一票的選舉制度所選出來的胡圖族政權，為了一吐數百年來被圖西族迫害的怨氣，開始進行可怕的屠殺。就在盧安達獨立後不久於一九六三年十二月時，有兩萬圖西人遭到胡圖人殺害。此後，兩方就開始進行永無止盡的相互攻擊。有一部分圖西族人擔心受到報復和迫害，開始逃難至周邊國家；特別是逃亡到烏干達的圖西族人組織起「盧安達愛國陣線」（Rwandan Patriotic Front），並於一九九〇年後開始進行持續的武裝反抗。

一九九四年時，乘載胡圖族出身的盧安達總統哈比亞利馬納（Habyarimana）的班機，從首都機場起飛不久後就墜毀，空難造成機組人

盧安達大屠殺　發生於 1994 年，因盧安達內戰而起，犧牲約 100 萬人。圖為盧安達雅瑪塔大屠殺紀念館。

員全部罹難。以胡圖族的民兵組織「聯攻隊」（Interahamwe，意為民族之槍）為中心的年輕人和士兵，開始對圖西族發動無差別的大屠殺。直到以圖西族為主體的「盧安達愛國陣線」拿下首都、建立政權為止，短短的三個月就導致八十到一百萬人犧牲，難民多達兩百萬人。

關於部落對立圖式，最普通的解釋認為它源自十五世紀，是在圖西族遷移到現在的盧安達以後，於數百年間由部落彼此對立和憎惡所衍生出的產物。相同的看法也可套用在於二〇〇八年發生在肯亞的動亂，雖然發生於肯亞的殺戮與暴動，起因於總統選舉的開票延遲，但一般對這個事件的認識仍肇因於對立——不外是現任總統的權力基礎、同時也是肯亞最大族群的基庫尤族，和自從獨立後即被排除在政權之外、最大在野黨總統

盧安達內戰關係圖

候選人的出身部落盧歐族，兩部落積年累月所形成的「部落對立」。

「部落對立圖式」就這樣成為「非洲圖式」中最具代表性的一種，獨占了世人對非洲的認知。

◎何謂「部落」

在理解非洲時，「部落對立圖式」常被視為萬靈丹，但近年來針對其扭曲的內容已有不少批判出現，並嘗試從圖式形成的歷史過程加以考察。最有爭議（問題）的地方為以下指出的這幾點。

其一是關於「部落」這個用語是否恰當。我們很容易在討論非洲人的團體或總統、首相時，把注意力都集中在部落上。這種反應無可否認正是「部落圖式」的產物，但為什麼在論及非洲時我們會使用「部落」一詞呢？盧安達殖民時期的宗主國比利時其實和盧安達一樣，國內也存在著兩個不同的社會集團，亦即眾所周知的在北部說佛拉芒荷蘭語的佛拉芒人（Vlamingen），以及南部以法語為母語的瓦隆人（Walons），這兩個族群也是彼此對立。佛拉芒人和瓦隆人不只語言和文化不同，連職業結構和支持的政黨也不一樣，可是我們卻不會稱這個現象為兩個族群之間的「部落對立」。在政治學的討論中，有部分人士主張以建國意識的有無，或人口規模的大小為基準，來區分使用「民族」和「部落」，但是非洲卻不在他們的討論範圍之內。然而，肯亞的基庫尤族人口相當於一個丹麥之多。而在發生於一九六〇年代的比亞法拉戰爭（Biafran War，或稱奈及利亞內戰）中，訴求獨立建國、位於奈及利亞東部的伊博族（Igbo），卻總是被放在「伊博族對豪薩人族（Hausa）」的框架中被討論。當我們選擇使用「部落」這個語彙時，實際上已經接受「部落對立圖式」的觀點，而這個觀點正是和「非洲＝未開化」的觀念與知識纏繞在一起。

我們不禁要問，究竟什麼是「部落」呢？在所有社會中，全體社會和做為個體的個人之間，存在著許多不同類型的人類集團，這些集團以「自然」的方式來實現個體之間的連帶及合作關係。家庭和親族團體就是一例，民族或部落也屬於這類中間的社會集團。這些集團形成的原理，就如同家庭組成的原理（家庭的型態）一樣，會隨著不同的社會而有所不同，且社會裡原本就具備了適合中間社會集團組成的智慧與制度。

關於獨特的集團組成原理，我會在下面的內容中加以解釋，但我希望讀者能有以下這樣的認識，不論是盧安達、肯亞或放眼整個非洲大陸，存在著和西歐及日本相異的、不同（民族）集團組成的智慧。因此肯亞內部的集團形成和在比利時所看見的，基本上應該使用不同的思維方式來探討。然而在現實中，我們可以清楚看到，「民族」一詞被用於文明世界，而「部落」則用於未開化的地區，因為這種先入為主的觀念所產生的刻板印象，讓這兩個詞彙在使用時，並沒有經過詳細地檢視不同地區集團形成的特性。

讓我們再來看看，能用部落對立圖式來解釋的部落有哪些特色。這類部落有三個主要的特徵。一、封閉性與排他性，二、對全體無條件的服從與效忠，三、於前面的內容中所提及的未開化與野蠻。具備這三個特徵的集團形象，在部落對立圖式中，它們就表現得像「部落」，而在人們去理解非洲的認知過程中，這些形象被流傳並確立下來。具體來說，像下文這樣的集團就會被視作「部落集團」。

在封閉性和排他性的作用下，每個人一生下來就註定是某個特定部落的成員，這個部落共同體的關係恆常不變，而且還會延續到後代的子子孫孫。這是一種自動將圈外人以及和自己群體不同的人挑出來，加以排斥的做法。生活在這種封閉的部落共同體中的成員，只會對共同體奉獻與效忠，並藉此獲得個體生命的充實感。對部落共同體而言，個體成員的個性和嗜好等都不重要，只有對全體無條件的服從才是重點。部落共同體和近代強調的個人自律完全相反，被視為未開化且不文明的集團。這樣的集團在徹底排除和自己相異的他者時，會使用有如動物本能般凶狠又野蠻的暴力手段，輕易犯下許多危害人類的罪行，而這些事情又會進一步做實部落集團未開化的事實。這就是由部落對立圖式所產生的部落形象。

◎殖民地統治與部落對立

「部落性」意味著部落對立圖式中的封閉性、排他性、對共同體的忠誠與服從以及野蠻。然而上述這一切其實都源自於殖民時期，由歐洲的統治階級所思考出來，移植到非洲社會加以普及的。「部落性」其實和許多孕育自非洲社會的集團智慧相去甚遠，關於這一點我之後會再詳述。非洲社會中有著開放且具有高度的移動性，共同體之間的「界線」總是「越境」或是「無效」的，完全不存在絕對且單一的歸屬意識，雙重歸屬或歸屬改變更是自由自在，社會集團的架構圓滑且具有彈性。

然而這樣具有可塑性的集團，對統治者而言卻是一個不樂見的情況。統治人民的基礎，是把每個人定型化之後進行登錄，然後用一覽表的方式呈現出來。如果能夠完成這項作業，就可以進行徵稅和徵調勞動力，而且要維持治安也變得比較容易。然而，真實的非洲社會中具有極高的流動性和彈性，且組織總是在不斷變化中。社會中每個人都以小規模的父系集團為單位，頻繁地進行往來移動，單位裡的構成人員可以自由替換。為了進行有效率的殖民地統治，殖民政府強制凍結了這樣的流動性，認為需要創造出一個從上而下的新單位才行。當時殖民地政府想出來的方案是，把已經在西非社會中施行的首長制直接拿過來使用，硬生生地套用在「無頭的」（沒有統治階級分化的）東非社會。這麼做就是對社會進行人為的階層化。

就拿英國對東非的殖民統治來做例子，當時他們採取的治理原則是盧吉爵士（Frederick Lugard）在擔任奈及利亞總督時期所制定出來的間接統治模式。為了讓極少數的英國人行政官員能夠有效率地統治占人口絕對多數的非洲人，殖民政府需要從非洲人當中找出代理人，然後藉由代理人來進行統治。對英國人來說，最現成的代理人就是像國王或首長等傳統政治上的統治者；而對英國殖民政府來說，「部落」是最理想的人民單位，因為它充滿了封閉性，個體不會提出個人主張，而且還是對全體無條件服從，未開化的社會集團。若能夠善用這種集團，只需要少數的行政官員發布命令，透過代理人傳達下去，就能一個不漏通知到每一個人。因為命令帶著權威性，所以接收到的人不會有任何的質疑和反抗。基於這種想法，英國人開始在東非社會中尋找國王和首長，他們嘗試藉著傳統的政治操作手段，來統治臣民和領地。

然而英國在東非的熱帶莽原氣候區，幾乎找不到像西非或大湖地區（African Great

Lakes Region）所能見到，具有國王或首長的官僚組織國家。於是英國人依地形差異擅自畫出「部落界線」，並將生活在界線以內的人們視作同一個部落的人民固定並登記下來。每個人都會拿到一張由殖民政府發行，上面記錄著自己的名字、出身村落和歸屬部落的身分證書。界線之內的領地稱作部落家園（tribal homeland）或居留地（reserve）。若當地居民要離開居留地到城市或白人的農園工作時，身分證明上必須有獲得雇主承諾的簽名和獲准滯留的時間，自由行動是不被允許的。比利時也在盧安達如法炮製了這項制度，將人民在身分證明書上分成胡圖族、圖西族、特瓦族。

◎被製造對立的胡圖與圖西

就這樣，盧安達的圖西族和胡圖族被固定且切割開了。然而到了今日，圖西 vs. 胡圖的部落對立圖式，已經受到「歪曲歷史」的嚴厲批判。受人批判的第一點是「畜牧民族＝外來統治者」、「農耕民族＝被統治的土著民族」這種先入為主的錯誤觀念。今天從語言學和考古學的資料上來看，並沒有發現在十三至十五世紀時，有庫施（Kush）系等非班圖系語言的集團入侵當地的證據。也就是說，無論是圖西或胡圖族，都是說班圖語（盧安達語）的族群。

另外，在畜牧民族和農耕民族的關係上，直到十九世界中葉為止，基本上處於平等的關係，彼此間相互提供服務維持著共生的關係，當地人都說著相同語言，從外表上實在分不出差別。然而情況在十九世紀後半，魯瓦卜基力王（音譯，Kigeli IV Rwabugiri）掌權時（一八六〇～一八九五年）開始發生改變。當時王國的版圖已擴張到和現今的盧安達面積相差無幾，畜牧民和農耕民之間首次形成了鬆散的上下關係，所謂圖西族在上、胡圖族在下的「傳統社會構造」，其實是一個缺乏歷史深度又易變的「傳統」。

遭到批判的第二點是，圖西和胡圖的種族框架。在一般人的認識裡，「圖西人是個頭高大、皮膚呈褐色的畜牧民族」，而「胡圖人是個頭矮小、膚色較黑的農耕民族」，這種刻板印象深入人心。然而正如第一點批判裡提到的，研究者實在找不到關於

魯瓦卜基力王　於 19 世紀末，開拓了盧安達王國版圖的「征服王」

兩者是不同民族的證據。而且直到十九世紀末為止，兩個群體之間的分界也十分模糊。在十五世紀時，盧安達地區的住民開始逐漸二分為農耕和畜牧兩支，兩者之間的內部則繼續分化出專門的階層。農民們居住在丘陵地的頂端，牧民們則在山腰和峽谷間移動。到了十九世紀魯瓦卜基力王在位時期，富裕的畜牧民開始聚集在國王身邊，成為王的臣子。與此同時，他們將「圖西」視為自己的社會階級認同；另一方面，被要求繳稅和服勞役的農民，則逐漸形成了「胡圖」的族群認同。

這樣的情形到了十九世紀末，就出現了圖西和胡圖兩個族群的雛形。而將這兩個集團固定化，切斷原本可以相互流動可能的，是德國和比利時的殖民統治。德、比政府將居住在盧安達境內所有的非洲人劃分為圖西、胡圖、特瓦三個「部落」並登錄下來。今天我們所看到的民族固定化之濫觴，起源於這樣的「發明」。

圖西和胡圖這兩個不斷向對方發動大屠殺的「部落」，其實彼此之間根本就沒有「數百年來所累積下來的仇恨」，他們其實是同一個民族。將同族的人們加以區分，讓彼此將對方視為異族而產生對立，其實是在這百年間產生的殖民地統治和國民國家的權力作用下所造成的結果。當人民都被限制在部落界線內，身分被劃為特定部落的成員之後，在他們之中選出親白人的人選，然後任命這些人為管理眾人的領導。歐洲人就是以他們想像出來的非洲圖式，人為地打造出首長制的社會。這些被挑選出來的首長們以人民的登錄名冊為基礎，負責執行徵稅、服勞役等，殖民地壓榨體系下的底層業務。在這個體系下，被行政首長統治的人們就成為「部落民」，而殖民政府的代理人則在傳統、文化的粉飾下，晉升為大酋長（Paramount Chief）。

在上述的族群編製過程中，越境移動（也就是變更所屬部落，或脫離部落共同體）是被禁止的，部落這個單位被牢牢固定。今天被認為是非洲問題元凶的「部落」，就是這樣被發明出來的。非洲的部落組成看似是不文明的前近代產物、或者說類似原始自然的人類集團，但其實是在近代化的過程中，由人為製造出來的社會集團。

那麼在殖民統治下創造出來的部落，從國家獨立至今，又經歷過那些變革呢？

◎國民國家與部落意識

第二次世界大戰結束後，非洲社會裡的民族主義（nationalism）和泛非主義（Pan-Africanism）風起雲湧，許多地方都希望能從歐洲的殖民宗主國獨立出來。推動獨立進程的有兩種人，其一是曾在巴黎或倫敦等地留學，相當熟悉西歐近代型市民社會的規範和價值觀的新菁英階層。這類人曾在歐洲第一流的學府求學，和來自非洲各地，擁有相同背景的年輕人有過交流，並以泛非主義為基礎，在各地推動政治和文化運動。像塞內加爾的首任總統桑戈爾（Senghor）和肯亞的首任總統甘耶達（Kenyatta），都曾是興新的非洲年輕菁英。另一股勢力則是曾被動員參加第二次世界大戰的退役軍人。這些人在部隊和白人一起作戰的過程中，學會了理性思考和組織動員的方法；而且在除役之後還獲得了一筆為數不少的金錢和許多特權，因此在回到國內後成為新興中產階級的一分子，並致力於鼓吹民族主義。這兩種新興的菁英階層，在殖民政府的部落框架中具有相對的自由度，他們主張國家（nation）和全體非洲人的利益，偶而會和一直擔任白人代理人的既有精英階層發生齟齬。

桑戈爾　塞內加爾首任總統（1960年至1980年）。對內採行非洲社會主義政策，對外親西方、親法。

甘耶達　肯亞首任總統，對非洲各國的獨立運動做出貢獻。基庫尤族出身。

然而，特別在英國統治下的地區，把非洲人部落化的政策執行得更加徹底。英國統治階層將非洲人的世界二分為「城市以及在白人經營的大農園裡從事體力活的市場經濟（近代世界」，和「傳統上從事自給自足農牧業的部落（傳統）世界」，並切斷兩邊的交流。殖民統治者希望在依靠近代市民社會的規範和規則（個人的自由與自律、市場經濟、民主主義等）成立的世界之外，營造非洲人的家園。藉由讓非洲人在那裡過著「千年如一日」、毫無進步可言的傳統部落生活，來消彌希望獨立的社會和政治運動。

從肯亞的例子來看，在第二次世界大戰結束後，因為受到民族主義影響，要求獨立的工人、農民和知識分子的行動甚囂塵上。到了一九五〇年代，這些人組成土地自由軍，開始武裝攻擊白人移民、殖民地政府的設施以及幫忙殖民政府的非洲人鄉紳等，這就是著名的「茅茅起義」（Mau Mau Revolt）。一九五二年十月，英國殖民政府見事態不對，立刻宣布肯亞進入「緊急狀態」，並從南非找來精於游擊戰的專家，甚至還出動戰鬥機和戰車想要徹底消滅從事和支援游擊戰的非洲農民。此一時期非洲人的政治活動和政治結社一律遭到禁止，然而到了一九五五年鎮壓出現效果的時候，除了戰事仍時有所聞的中部省分之外，禁令卻解除了。不過殖民政府並沒有因此鬆懈下來，在和部落集團邊界相交的縣境（district）之外，政治結社仍然不被允許。因此以部落為單位的政治結社，如基西（Kisii）人協會、泰塔

（Taita）非洲人協會、盧希亞（Luhya）人民協會等，就在這個時期如雨後春筍般誕生，並掀起了部落的共同意識。這類部落結社一方面高唱非洲民族主義的理想，但同時也排斥其他部落，強調對自我部落的忠誠。英國打的如意算盤是，讓僵化的部落集團之間反目成仇，對他們來說在進行和獨立相關的交涉時比較有籌碼。

但擁有海外留學經驗的人和經過大戰洗禮的士兵們，打著民族主義的旗號，越過了部落的邊界，努力朝組織國民政黨的方向傾注全力。而最初的政治組織，就誕生在奈洛比這個聚集了多元民族的城市中。這個政黨是由為茅茅戰士們辯護的印度裔律師厄文所領軍的肯亞非洲人民族會議（Kenya African National Congress）。肯亞非洲人民族會議以「為了非洲人的非洲」為口號，要求立刻獨立。雖然殖民政府為了防堵非洲人形成統一的民族主義，嚴格禁止成立超越部落界線的政黨，但仍然擋不住跨越固定的部落邊界所孕育出來的國民政黨。到了一九五九年七、八月，終於分別產生了肯亞國民黨和肯亞獨立運動這兩個國民政黨。前者以裂谷省、西部省和濱海省的少數民族政治家為中心，他們對立刻獨立採取保守的看法，提出為了尊重居住在地方上少數民族的意識，所以強烈主張分權制度；後者以尼揚扎省和中部省的新興菁英們為核心，主張立刻完全獨立。在一九六三年獨立前夕的選舉中，前者以肯亞非洲民主聯合（Kenya African Democratic Union）之名，後者以肯亞非洲民族聯盟（Kenya

African National Union）之名參加選戰。選戰的結果，肯亞非洲民族聯盟獲得了議會絕大多數的席位。

在一九五〇年代高揚的民族主義之下，突破殖民政府所設下僵化的部落限制，肯亞建國的行動終於化為現實。這個行動突破了部落的界線，讓民族的意識萌芽。然而與此同時，就像是否定這項行動的成果，由殖民政府所發明的「部落」這個政治單位，如同一個能被活用的「炸彈」，從一開始就預埋在行動中了。這個「炸彈」正是在兩大集團領導下，把民族的形成給部落化了。

推動肯亞獨立的肯亞非洲民族聯盟，在兩大民族集團出身者的帶領下運作——所謂的兩大民族集團是人數最多的基庫尤族，以及當時占人口第二多的盧歐族。獨立後，總統由基庫尤族的甘耶達出任，副總統由盧歐族的奧丁加出任，彼此共享權力。然而，兩人的政治立場不同，一人親美、一人親蘇，於是路線之爭隨即爆發。為了在意識形態的對抗中獲勝，雙方都利用了支持群眾，在基庫尤和盧歐兩個民族間，動員發起排他性的族群歸屬意識和對自我族群的忠誠心，結果造成兩個集團間充滿了對彼此的敵意和憎惡。

據此，我們可以看到，這些新興政治菁英沒有將易變的意識形態或思想當作自己的政治資源，而是把殖民政府發明並固定下來，具有排他和服從性，容易喚起自然本源情感的「部落」，拿來當成強而有力的武器使用。這種傾向在日後仍時常可見於肯亞的政治劇中，並持續擴張。

從上面的例子我們可以看到，發生於現代非洲的紛爭和對立，是在數百年的時間跨幅中，形成於兩個不同的部落集團間。並非自然而然就會產生憎惡其他族群的敵意，我們現在所見的，其實是相當晚近的政治發展過程。然而世人所認知的是兩個部落彼此充滿排他意識並發生衝突，進而引發對立的表象。在這些現象的底層正是「非洲圖式」，它誕生於殖民地統治中並發揮著實質的作用，其中「部落對立圖式」直到今日，仍主宰著我們去理解非洲的框架並流行於世。

兩百年的負債，五百年的弊害

◎反對種族主義世界會議

「非洲圖式」經常和單向理解非洲的知識綑綁在一起，目前仍被當做用來呈現非洲現況的工具。由殖民政府創造出來強行套用在非洲社會中的部落化，讓許多人誤以為是自然而傳統的實體，尤其是「部落圖式」，至今仍為一種廣受支持，用來解釋發生在（或發生過）非洲內部多數紛爭、內戰和政治對立的萬能框架。

在前一節中我已經談過，於殖民統治的一百年間，排他、封閉、未開化的部落（社會集團）是由殖民者所構想出來，而在實際統治人民時具有效果的手段。當我們在想像「部落」時，最顯著的特色是「未開化」。部落給我們的形象就是和文明沾不上邊的未開化社會。那麼時至今日，依然和非洲的形象糾纏在一起的未開化和野蠻，究竟是在什麼樣的架構下形成並流通的呢？如果想要追本溯源，時間就必須上溯到十九世紀殖民地統治時期之前。

回顧這段歷史時讓我直接想到的是二〇〇一年八月，在紐約爆發九一一恐怖攻擊事件之前，聯合國在南非德爾班（Durban）舉行的「反對種族主義世界會議」（World Conference against Racism）。這場會議有來自全球一百五十個國家，八千名政府代表和NGO相關人士參加。其中有七十四個國家甚至是元首直接與會。這場世界級的會議旨在討論十五至十九世紀，歐洲對非洲進行的奴隸貿易，以及十九至二十世紀歐洲在非洲進行的殖民統治，西方國家該如何正式的道歉並做出補償。

雖然非洲國家和人權NGO團體口徑一致，要求西方國家要道歉和賠款，但歐美政府仍然維持一貫的態度拒絕了這些要求。從非洲的立場來看，奴隸貿易不但讓非洲人的尊嚴遭到嚴重踐踏，還讓非洲的發展受到阻礙，而且這些事情日後更造成非洲社會裡發展出歧視和排斥的原型，因此西方國家理所當然有責任承認上述罪行，並對非洲國家進行補償。另一方面，從西方國家的角度來看，他們首先質疑被害者與加害者做陳述的資格（這裡所指的，並不是奴隸的直系子孫對殘酷對待並壓榨奴工的農園主人，以及擔任運送和航海的負責人所做的控訴），並廣泛進行遊說活動，希望阻止該問題進入議程。在會期過程，具有爭議的問題討論到最後，歐美諸國承認奴隸貿易確實是「危害人類罪」並為此道歉，但對補償問題卻不做任何回應。末了，雙方在這條底線上達成妥協並發表共同宣言。

共同宣言中確認了奴隸買賣的規模、組織程度和否定受害者人格尊嚴等這些事項上，同意這的確是人類歷史上的一大慘劇，更是侵害人權的罪行。其結果讓非洲人民在數個世紀中成為遭到種族歧視，人權受到否定的受害者，直到今日在世界上許多地區仍然受到偏見和歧視的對待。在前述的共同認知上，宣言中關於被害者的救濟、名譽回復和補償這樣說到，「奴隸制度和殖民地統治帶給千萬人類苦難，我們為此深感遺憾。並呼籲世界各國共同譴責這樣的暴行」，並進一步表示「為結束這段歷史，尋求和解及療癒，我們注意到有些國家已做出道歉。我們呼籲包含尚未幫受害者恢復尊嚴的所有國家，都應該找出適切的執行方式」。

想當然爾，宣言中沒有指出哪些國家是加害者，只表明了對侵害人類罪行的遺憾，這些舉動顯然並無法彌補五百年來非洲所受到的迫害和否定。正是奴隸貿易和殖民地統治，造成今日非洲在世界史和全球體系中的位置，但直到這次會議為止，世界各國從來沒有以正面的態度對這些事情進行討論，並在共同認識下指出有問題的地方在哪裡。說得更精確一點，做為殖民統治當事者的西班牙、葡萄牙、英國、法國、德國、比利時、義大利、荷蘭等西歐諸國，以及利用黑奴當作勞動力獲得財富的北美強國等，過去從來沒有承認過對奴隸買賣、強制勞動，以至於殖民地的統治和榨取，還有針對非洲裔人民的種族歧視及所犯下的危害人類罪。

處於現代世界系統核心位置的國家們，過去曾經以有組織制度的方式來貶抑非洲，到了今天終於能夠以正面的態度面對受害者——非洲，來談論這些過往的歷史了。可以說現在正是扭轉「非洲圖式」最好的機會。

接下來我將說明，白人國家在這五百年之間，在正當化奴役非洲人、執行殖民統治以及參與救濟援助行動背後的思考方式為何。

◎蔑視的產生

當代在討論非洲的社會和文化時，「平等」和「對等」已經變成人們既定的使用語彙。且看在第四屆非洲開發會議上，日本政府打出的口號即是「主事權與夥伴關係」（Ownership & Partnership）。可是單靠這些漂亮的字詞並無法彌合五百多年來所造成的傷痕。十八世紀誕生於西歐的近代市民社會，將非洲貶抑為世界史之外的「黑暗大陸」。本章在開篇時引用黑格爾的話就是最典型的例子，當時其他著名的哲學家和思想家對非洲的看法，也不外將其視為「沒有歷史的大陸」。這種形像普遍影響了那時的西方社會對非洲的看法。

然而這種歧視性的看法並非自古以來的認知，特別在十至十四世紀之間，非洲和其他地區相較起來，不但經濟繁榮，政治安定，還是世界文明的中心之一。其中國土面積最遼闊的，是在十四世紀迎來盛世的馬利王國；現在的塞內加爾、甘比亞、幾內亞、馬利、茅利塔尼亞和布吉納法索都在馬利王國的統治之下。馬利王國的起源可以追溯至大約西元一〇〇〇年時，於現在的幾內亞共和國北部萬加拉（Wangara）一帶發現了金礦山，於是曼德系（Mande）民族開始從事金的交易，並在尼日河的最上游建立了一個小國。那個時期已經接受了伊斯蘭的西非統治者，藉由參與穿越撒哈拉沙漠的長距離貿易，一口氣擴大了馬利王

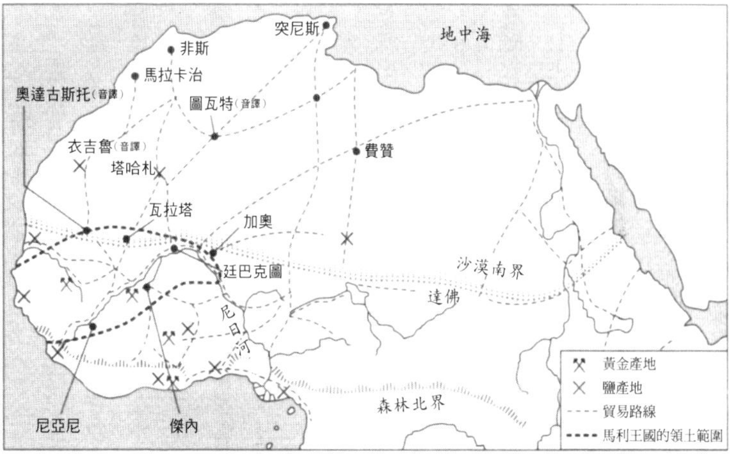

14 至 15 世紀馬利王國的撒哈拉貿易路線　以《新書非洲史》、嶋田義仁的圖為依據加以修整。

國的版圖。

馬利王國的統治者在打造社會制度上也投入很大的心力。例如在撒哈拉南緣的貿易城市廷巴克圖（Timbuktu），藉由從麥加請來的工匠之手，建立起禮拜堂和清真寺，並開設大學。在治理民眾方面，則透過文官們來執行正式的行政制度。另有專職的祕書和政府官員將國王下達的口頭命令，以合乎文法的文章記錄下來。

從十四到十五世紀前葉，在撒哈拉以南也就是俗稱的「黑非洲」（Black Africa）各地，經歷了市場的繁華和文化的蓬勃發展，堪稱非洲文明的黃金時代。當時從歐洲和伊斯蘭世界造訪當地的旅人們，無不對非洲的文明讚譽有加。直到那個時代為止，我們從現今留存下來關於非洲社會的紀錄中，幾乎找不到今天世界對非洲社會的歧視和視非洲人為野蠻人的觀點。非洲不但在世界史之內，還是一個文明的中心地區。

然而非洲的光榮史，在十六世紀時卻突然戛然中止了。之後富裕的非洲社會為何會被放逐到世界史之外，又是如何變成「黑暗大陸」的呢？其中最主要的原因和進入十五至十六世紀後，歐洲開始向世界各地展開它的征服霸業。以及接下來於十七至十九世紀誕生的市民社會脫離不了關係。

從十六至十九世紀後半葉為止，非洲人被當作奴隸，從非洲大陸的西海岸、南海岸、東海岸，被賣到南北美大陸、歐洲和中東地區。其中裝載了大量黑奴的歐洲船，駛往美洲大陸的這條航道，堪稱人類歷史中規模最大，也是最令人髮指的人口買賣通路。

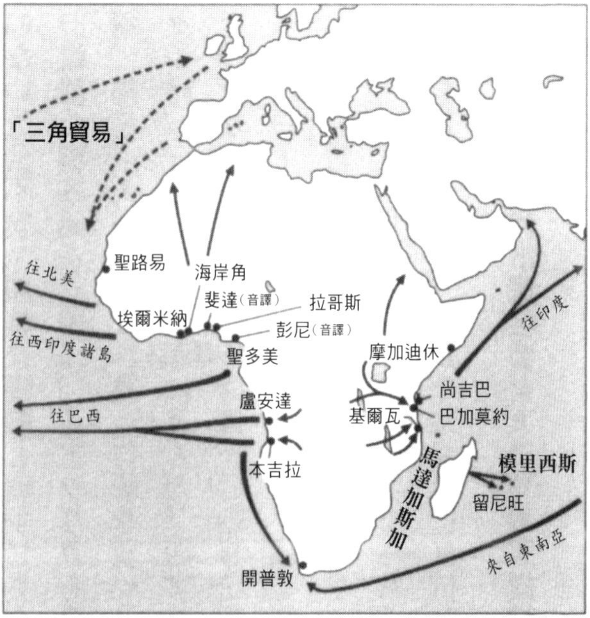

奴隸輸出路徑　本圖出自《新書非洲史》，宮本正興繪製。

到了二十世紀中葉以後，五百多年來由歐洲主導的奴隸買賣和殖民地支配，為世界帶來了許多變化；其中包括了從封建社會到市民社會的發展、從商業資本主義到工業資本主義的轉型、從神學的心性蛻變為科學的思維等。這一連串的變化，或許可以單純的將其視為近代市民社會所達到的人類進步的高度。自由和民主主義的政治形態，以市場架構為核心的經濟體制，今天被我們的社會接受的理念和制度，都誕生於這個世界體系形成的過程之中。而在這個體系形成的過程中，來自非洲的奴隸成為一種不可或缺的存在。換句話說，市民社會的發展（世界史的進步）和非洲的奴隸化（全盤否定非洲人和非洲歷史），成為構成同一部世界史的表（光）、裡（影）兩面。

◎奴隸貿易的真實情況

直到今天我們仍然不清楚，從非洲被送往新大陸等地的黑奴人數究竟有多少。某位學者表示，就算是低估，十六世紀時應該有九十萬人，十七世紀時為二百七十五萬人，十八世紀為七百萬人，而十九世紀則有四百萬人，合計為一千五百萬人之眾——然而這個數字並無法涵蓋非洲整體所遭受到迫害的全部人數。這個數字不過是被當作「商品」，「輸出」到海外的奴隸數量而已。實際上在獵捕奴隸和戰爭中死亡的人口，以及被送到港口之前就已經死在路途上的人，以及在奴隸船中死亡的更是大有人在。還有其他學者推測出，在每一位抵達美州的奴隸背後，應該有五人在非洲或海上時死亡。如果事實真如這位學者所言，那麼在航向新大陸的奴隸貿易過程中，就有高達七到八千萬處於勞動適齡的人口犧牲了。

奴隸貿易在十六世紀中葉以後，被納入稱作三角貿易的商業航海中的一環。這種貿易方式首先從歐洲（尤其是英國）出發，將裝滿步槍、酒精飲料、棉布等廉價商品的船航向西非沿岸，然後在靠岸後用船上的貨物交換奴隸。歐洲並不會直接參與西非獵捕奴隸的行動，因為直接向非洲人收購奴隸絕對是既經濟又安全的作法。結果非洲社會為了迎合歐洲人對奴隸的需求，造成自己的家園動盪不安，連年戰事頻仍。

裝滿奴隸的船隻隨後從西非的港口出發，向新大陸航去。到了美洲後，等奴隸都賣掉了，商人們再用拿到的錢大肆收購砂糖、棉花、菸草等可以賺進大把鈔票的商品，然後返回西歐的母港。這個航海貿易循環的時間約在一年半到兩年之間，從西非到新大陸的航行時間雖然在四十至七十天，但如果惡劣的天氣持續不斷，還是有航行超過一百天的時候。奴隸船的噸位約在一百到兩百噸之間，黑奴們被剃光了頭髮腳上套著枷鎖，身上還烙印著所有者的標記。他們赤身裸體被塞進壅擠的船艙中，因此許多奴隸們染上疾病，而生病的人被活生生地扔進海中是常見的事。有些奴隸不甘受到這種待遇，甚至出現反抗船長和船員，企圖逃亡的例子。

◎歐洲近代市民社會與黑奴

從非洲被賣到美洲的黑奴，會被送到大規模生產蔗糖的農園，進行殘酷的勞動。而從這些農園生產出來的砂糖會被銷往歐洲，和當時正在崛起的新社會階層所喜愛的飲料一起被消費。

在那個時代（十八世紀），擁有土地的小作農和勞役農奴的封建領主們，被從事製造和販賣商品、經過養精蓄銳後的新階級給取代了，而且這個新的階級還想伺機奪取政治權力。資本家和市民成為社會要角的時代來臨了。

咖啡和紅茶是象徵社會上新主角的飲料，但不論是哪一種都不產於歐洲。咖啡的原產地在阿拉伯半島，原本是穆斯林的飲料；茶的原生地在中國，是亞洲的飲料。咖啡和茶起初都被當做珍貴的藥用飲品，直到十八至十九世紀，開始能夠從亞洲和中東地區大量輸入歐洲後，才正式成為市民、資本家以及知識分子的寵兒。

當市民階級掌握了社會的實權後，歐陸對咖啡和紅茶的需求立刻飆升，為了滿足這個龐大的需求，還需要從新大陸進口搭配這兩種飲料的砂糖，而為了生產砂糖，就需要投入更多來自非洲的奴隸，這就是當時世界經濟的基本構造。當歐洲誕生市民階級，推動市民革命時，非洲大量的黑奴正在被迫從事體力勞動。近代市民的誕生和非洲奴隸制度的維持，就像一個銅板的正反兩面。

◎歐洲市民社會與非洲社會的奴隸化

進入大航海時代後，世界逐漸形成了單一的經濟體系。透過把黑奴當作主要商品的三角貿易，歐洲累積了巨大的財富，成為世界系統的統治者。在擁有了財富和力量之後，歐洲不只在政治、經濟上，還在文化和學術的領域中進行了快速的社會革新。經過市民革命和工業革命的洗禮，現代世界的雛形在西歐社會中萌芽。而自由、平等、博愛等，正是新生的近代市民社會的理念。十八世紀末的法國大革命就是為了實踐這些理念所引發的社會革命。

然而歐洲近代社會的誕生和非洲黑暗大陸的產生，歸根究柢是同一個精神下的產物，這麼說是不是讓讀者覺得很難接受呢？因為做為近代市民社會基本原理的自由、平等、博愛精神，不是和把人類當奴隸來買賣的行為背道而馳嗎？但是從十八到十九世紀，歐洲人一方面追求屬於人類天性中的自由和民主主義，另一方面卻也在推進奴隸制。究竟歐洲人是如何在這兩種完全相反的慾望中取得平衡的呢？

答案其實簡單到任何人都想得出來——只要不把非洲人視為和自己相同的人類就可以了。透過把非洲人當作動物來看，就能把歐洲人的行為合理化。而人權或民主主義等，只適用於人類身上。回顧歷史可以看到，歐洲在近代市民成立的過程中，出現了大量借用生物學的理論、哲學和思想，來證明非洲人不是「人」。世界博覽會上的「人種展示」，也是在這樣的想法下產生的。

在一本出版於一八五五年的書裡，法國人類學家兼當時著名知識分子的阿蒂爾・德・戈比諾（Arthur de Gobineau），毫不避諱地闡述他有關人種不平等的理論《人種不平等論》（*An Essay on the Inequality of the Human Races*）：「黑色人種是最低等的，位於人種序列的最下

巴黎世界博覽會上的非洲人和現場的觀眾
博覽會中展示非洲人的「生活」，供遊人觀看。
（*1889: la Tour Eiffel et l'Exposition Universelle*）

層……從受孕的那一刻開始，就註定了要被烙印上具有動物特徵的『Negro』標記。他們的智能受限在狹窄的範圍內且無法超脫。」

從上面引用的文章內容可以看出，歐洲人過去對非洲文明的讚賞和對其財富的嚮往，早已一去不復返了。非我族類的人種不被歐洲人當做人看，如此一來剛好可以正當化利用壓榨和強迫非洲人的方法，做為累積歐洲社會財富的手段。上述觀點和當時興起的工業資本主義產生商業搭配（tie up），在進行奴隸貿易時，也繼承了非洲殖民統治的思考和實踐方式。

非洲圖式就是在這樣充滿歧視，將非洲視為未開化、野蠻的知識框架產生和擴張的過程中誕生的。

非洲社會的潛力

◎部落圖式與非洲的潛力

打造「非洲圖式」花了歐洲數百年的時間，直到今天依然有效。就算當今非洲社會看起來經濟快速發展，還是有很多人認為，那裡是民智未開，受到獨特部落意識控制的「後進」社會。

然而經過本章對非洲圖式進行歷史性的追本溯源之後，讀者們應該可以清楚知道，該圖式乃人為的、系統性的排他行為。但就在非洲社會和外在世界談判、交涉和發生衝突的過程中，他們也在實踐之中，自己摸索出面對和解決問題的潛在智慧。在本節中，我將舉出兩個關於非洲潛在力量的案例來做說明。

首先我想舉的例子是「部落」，這個「萬靈丹」曾被廣泛用來解釋所有發生在非洲的紛爭和政治對立。我在前面說過，殖民政府為了統治非洲人，發明出「部落」這個技術，並將其導入且扎根於非洲社會。「部落」具有排他／封閉性、對全體無條件的服從、未開化／野蠻這三項特徵。殖民政府嘗試將不同區域中所具備的多樣性和特殊性的集團組成方式，靠權力由上而下將其置換為單一又單薄的集團組成方式（民智未開的部落集團）。然而從非洲社會孕育出來獨特的集團組成方式，雖然在殖民政府的強制部落化之下，仍然保留在非洲的社會之中，源遠流長。並且還能在今日非洲面對諸多疑難雜症時，發揮出對症下藥的重要貢獻。這就是集團組成中的潛在力量，也是解構部落圖式的原動力。

殖民地政府創造出來的部落，透過固定化的單一認同歸屬，在不同集團之間劃定出明確的界線。但是在過去的非洲社會裡，開放、可變的集團歸屬意識，是被認可且普及化的。就拿肯亞來說，肯亞西部社會中的「ABANYA系統」就是一個適合用來做說明的好例子。「ABANYA」在當地語言中有「流動者」和「寄食者」的意思，是以數人或數個家族為單位，自由遷徙的一群人。他們在尋求新的居住地點的移動過程中，會停留在某個地方一段時間，接受當地人的照顧。有時這群人在休養生息，獲得接下來旅途的資訊之後，就會立刻離開停留的地方。但有些時候，他們也可能在當地一待就是好幾年。在這種情況下，有些人會和當地氏族（clan）的女性結婚，創造出新的族群，成為新興「部落」的始祖。

對這些人來說，自己屬於什麼族一點都不重要。在他們的環境裡，完全看不到排除非我族類的封閉性和暴力。從外地來到當地的陌生人大部分都會學習地方上的語言，接受當地的風俗習慣。這些過去熟悉不同文化、習慣，說著相異語言的人們，在移居地接受了新的語言和文化，並在成為當地新成員的同時也產生了歸屬感。這種歸屬意識絕非鐵板一塊，而是開放又寬鬆的。

在集團組成的方法中，容許脫離自己歸屬的集團（殖民地政府固定且部落化的集團），成為其他集團成員的制度，被稱作「民族變更」（ethnic change）。在過去的非洲社會中，這種民族變更在各地都可見到，然而殖民地政府卻是欲將其去之而後快。理由不難理解，因為這種做法會從根本上動搖殖民地政府對非洲人所做的管理。反過來說，如果「民族變更」是社會裡司空見慣的事情，那麼兩個族群之間，就絕對不會發生全面的衝突對立。這是因為本應爆發全面對立的兩個族群中，由於經過了民族變更的過程，彼此內部都有相同血脈的親人存在，而殺害自己的親人在彼此的文化中都是不被允許的行為。

◎開放性的集團組成原理

殖民地政府創造出來的部落制度，將單一的族群歸屬意識強加在每一位成員之上，然而在非洲社會中存在著一套和其完全相異的集團組成原理。除了「民族變更」之外，最常見的當屬「雙重歸屬」或「多重歸屬」制度。一個人能歸屬於不同的民族團體，是種特殊的集團組成原理，透過它能避免經過立場絕對化之後，兩個集團之間可能產生的極端暴力行為。

在肯亞社會中，至今仍有活用「雙重歸屬」和「多重歸屬」制度的集團。例如生活在肯亞北部乾燥地帶的畜牧民族阿里爾族（Ariaal）就是其中一例。阿里爾族夾在說庫施語、以畜養駱駝維生的若第利族（Rendille），和說尼羅特（Nilotes）語、以養牛維生的桑布魯族（Samburu，此族在英國殖民統治下遭到部落化）之間，是一個人口稀少的群族。阿里爾族人基本上都能嫻熟使用系統完全不同的兩種語言（庫施語和尼羅特語）；此外，阿里爾族也沒有在東非畜牧民族社會中，扮演重要功能的年齡和分支世系（lineage）體系。他們會依情況需要，採用阿里爾族或若第利族的社會體系。雖然阿里爾族有時會被殖民地政府當作阿里爾族，有時則被認作若第利族，但他們本身卻拒絕歸屬於其中任何一方，維持著寬鬆的雙重歸屬意識。

在肯亞北部的畜牧社會中，若第利族或桑布魯族等相異的部落集團雖然遭到限制和隔離，但藉由民族（這裡指的是殖民地政府想明確界定的「部落」）的越界，卻也創造出了民族集團間「連帶」、「連合」的橫向連結。具體來說，就是在不同的民族中，藉由模擬血緣關係的部落聯盟，於多元民族共同生活的區域裡，建立起彼此「民族不同」但「部落相同」的複雜同盟關係。透過在相鄰的民族集

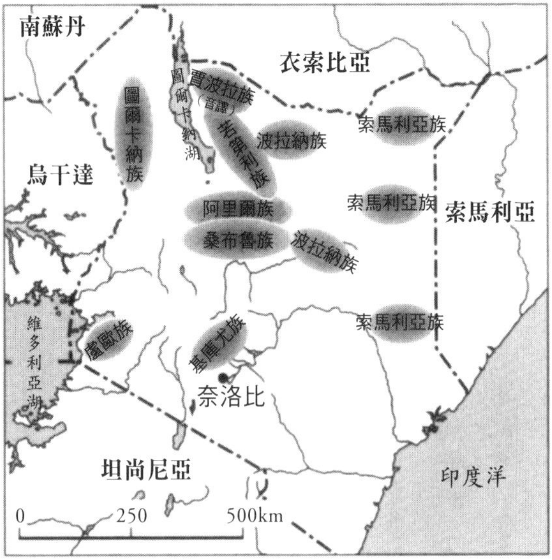

肯亞北部的民族分布

團之間，建立橫向的同盟關係，就可以避免全面性的民族對立。這和經過部落化之後，集團之間因排斥外人和對內效忠所衍生出無止盡的連鎖暴力相比，部落聯盟不但可以化解彼此之間的爭執和對立，還可以避免雙方撕破臉的情形發生。

這種具有可塑性、多元又開放的集團組成原理，能夠極為有效地打造出讓擁有不同文化和價值觀的民族集團和平生活在一起的環境，並能夠從社會中創造寬鬆的連帶關係。非洲式的民族集團組成原理，和歐洲帶進來的部落化原理（單一且固定的認同，對集團無條件的順從），有著本質上的不同，可以說非洲的做法非常適合這個多元文化共生的時代。當個人的意識被部落化的觀念控制以後，就會產生需要對集團（共同體）絕對忠誠的想法，而且還會被期待做出為集團（共同體）犧牲也無所畏懼的行動。當兩個擁有這種意識型態的集團（共同體）發生衝突時，很容易就發生全面且難以協調的對立，進而惡化為互相殘殺的惡性迴圈，讓原本根本沒見過面，彼此之間也沒有深仇大恨的人們彼此攻擊。

若要說二十世紀全球主要的特徵，可以舉出世界大戰等，不同國家之間的戰爭，以及宗教戰爭民族紛爭等不同集團之間的殺戮行為。究其原因可以歸咎為社會縱容了狹隘的集團組成所導致的惡果。然而從非洲社會孕育出來的集團組成原理和上述的情況大相逕庭。在貫徹非洲原理的社會中，局部的（同一個社會中的組成分子之間的）紛爭和衝突，是不會進一步惡化到使雙方統治階層決定發動全面戰爭的狀態。透過隸屬不同宗教、民族、語言和地區的集團彼此互動，開放又靈活的阿里爾集團組成方式，對於衝突對立層出不窮的現代世界來說，在解決許多問題上都是能夠對症下藥的良方。

◎修復社會秩序的潛力

非洲昭示給我們的另一項潛力是，如何在經歷分裂的社會中，發現修復秩序和療癒社會的智慧與實踐方式。最近在日本，不用上法院就能解決問題的方法受到各界的關注。「替代爭議解決方式」（Alternative Dispute Resolution）做為一種解決問題的方式，在省去上法院的時間和體力，以及相關人士的高滿意度上，都受到廣泛的好評。「替代爭議解決方式」除了可以處理小型的民事案件，還可廣泛應用在經歷戰爭或內戰後，因為難以和解所帶來的社會與人群之間的對立上，具有相當的功效。非洲大陸因內戰和內亂，造成社會上產生許多無辜的犧牲者，並留下了難以治癒的傷口。近來關於非洲社會內部的治療與和解，已經展開了實驗性的實踐。

非洲社會經歷過獨裁政權施加的拷問和殺戮，以及由內戰內亂帶來的性暴力和屠殺等等重大的侵害人權事件。事件中除了被害者和加害者，共同體內部以及共同體之間，也留下了許多難以癒合的傷口。特別是當加害行為是在「獨占合法使用暴力」的國家名義下執行的情況時，修復傷口就會更加困難。這是因為當暴力在以非對稱的巨大權力背景下被徹底執行時，超越個人惡意的國家權力在合法使用時具有「免責」的特性。

那麼在國家權力暴力下人權遭到侵犯的受害者，到底該怎麼做才能恢復遭到侵害的人權呢？當今在世界各地被廣泛採用的方法大致可分為兩類，其一是在國際法庭（或國內的法院）上處罰加害者。另一種則不經過法院裁決，而是在公眾面前，讓公布事實真相的加害者和受害者之間直接達成和解的方式。

前者的做法可見於盧安達的戰犯法庭。而使用和解方式的，則有南非等國家所採行的「真相與和解委員會」（Truth and Reconciliation Commission）。被警察和維安單位透過國家暴力，造成人權遭到明顯侵犯的受害者們，選擇不透過法庭，而是在大眾面前公開被害和加害者之間的事實，然後以赦免加害者達成國民和解的做法，也在南非以外的許多國家中，進行過實驗性的嘗試。

◎非洲式裁決的實驗

長期的種族隔離（apartheid）制度層層隔絕了南非社會的組成團體，使得彼此之間產生了非和解的對立關係。其中又以《通行證法》（*Pass Law*）和《背德法》（*The Immorality Act*）最具代表性，這兩項法律不但造成白人和黑人之間絕對的對立，同時在《班圖自治法》（*Promotion of Bantu Self-Government Act*）的推波助瀾下，黑人之間也因所屬的「部落」不同，而遭到隔離並產生對非我族類憎惡的心理。可以說南非的例子就是以國家權力之名，徹底執行迫害和暴力的行為。當然，面對這樣的壓迫讓許多人採取恐怖攻擊等實質性的對抗手段。就這樣，南非社會以國家暴力為發端，在深陷族群相互攻擊的無限迴圈中，衍生出憎惡和復仇的漩渦。

如此分裂的社會之下，到底該如何才能建立一個新生的南非呢？面對這個難題，納爾遜．曼德拉（Nelson Mandela）總統提出的回答是，不採用復仇和處罰的方法，而是以和解與寬恕為基礎來塑造國民，於是真相與和解委員會就這樣誕生了。過去曼德拉總統因反對種族隔離制度，於一九六二年時遭到逮捕，並因「反叛國家」被判「有罪」，直到一九九〇年為止都身陷囹圄之中。出獄後，曼德拉成為非洲民族議會（African National Congress）的副議長，並在一九九四年南非首次舉行全人種的選舉中，成為南非新生之後的第一任總統。

至於針對一九九四年於盧安達爆發造成數十萬犧牲者的大屠殺，本來盧國採取以國際法庭和國內法庭的方式，對加害者進行審判。但從二〇〇五年三月開始，除了上述兩種方法外，另外還正式導入名為「蓋卡卡」（Gacaca）[4]這種透過共同體來裁判的方法。除了計劃煽動屠殺的主謀者之外，這種方式讓民眾聚集在一起，透過對話的方式來進行判決和寬恕。

真相與和解委員會的做法，在採納不同土地中共同體關於正義的規範和解決紛爭技巧的同時，也在嘗試走出一條不同於用一般法律來解決問題的方式。南非的真相與和解委員會成立於一九九五年，它與其他地區的真相與和解委員會最大的差別，以及它相異於透過法院來實現正義的方式在於，南非著重在被害者和加害者的證詞，並採取全面肯定的態度。一般來說在法庭上最重要的，是能夠提出證明事實的物證，被害者主觀的想法和感情的抒發不但無法受到重視，還是會被排斥的對象。

然而南非的真相與和解委員會採用的是非洲社會中傳統的方式，其作法為徹底把重點放在說話者口述的內容上。這種作法以文字的方式，簡潔的呈現在最終報告書第一部第五章「概念和理念」裡「個人口述的事實」一文中。在過去的法庭上，一般公民從自己主觀的經驗來建構關於過去的事實是不被認可的，所以往往是「沒有聲音」的一群人。這麼一群人透過真相與和解委員會，「藉由主觀經驗的陳述，創造真實的過程」，來達成社會的和解。這意味著，「陳述」正有效地發揮出潛在的療癒效果。

一般認為，真相與和解委員會呈現兩種真相。其一是顯微鏡式的真相，其二是對話式的真相。前者基於客觀而且可以被檢證的事實，能夠以文字資料的方式加以證明，以事實推導出真相。後者產生於社會中，透過個體之間經由互動、對話和討論所形成的經驗來導出真相。前者可見於由上而下的行政體系中，其往往只重視做為結果呈現在當下的事實；然而以後者為中心的世界所看重的，是真相被推導出來，以及如何讓大眾認知的過程。因為正是這個過程，具有治癒共同體並帶來和解的效果。

上述這兩種真相在應對大範圍且嚴重的國家暴力所造成的人權侵害時，展現出截然不同的兩種面向。前者的對應基礎是以處罰始作俑者來恢復正義的法律和法庭審理，這種作法根植於西歐型近代市民社會中，成立於顯微鏡式的真相上。與之相對，真相與和解委員會用來治癒與和解的嘗試，則唯有以非洲社會固有的對話式真實為基礎才有可能實現。

看到這裡讀者們應該都已清楚知道，非洲社會中固有的智慧，以及根植於智慧沃土中的制度與系統，對於近代市民社會所欲「推進」和「承認」的內容來說是相當異質性的存在。因此西方社會才會將其視為「前近代」，「文明未開」時代的「遺物」，極欲排除、蔑視，甚至完全無視它的存在。就算在偶爾被西方社會提及時，也是以「這是我們人類曾經擁有，但已失落的美德」的形象出現，變成過度羅曼蒂克化的幻想。但無論西方對非洲是褒是貶，對切斷非洲與現代世界的聯繫，以及把非洲置於世界史之外的十九世紀史觀，兩者其實是系出同源。

本章內容想強調的是，世人應該把成長、發展、變化於非洲社會中的智慧與制度和當今的世界做緊密對接，如此一來就可以改善我們面對到現在和未來社會遭遇到諸多困難時的處理方式。更重要的是，還能將非洲的智慧統整到人類共同的資源中。

◎結語——非洲給世界的建議

從十五世紀到今日二十一世紀的數百年間，在全球中心位置改變，世界秩序系統不斷建立的過程中，非洲社會一貫處在最邊緣的角落。有些時候非洲是受到強權暴力壓榨和統治的「目標」，有時它又是接受外國援助與救援，成為善意和責任的「對象」。

前者我們可以看到橫跨數百年的奴隸買賣和繼之而來的殖民地統治，後者則是近幾十年來現代史中所呈現樣的樣貌。奴隸貿易和殖民地統治，確實看起來和當今的開發援助完全不一樣。奴隸貿易和殖民地統治完全是為了白人的利益，而否定了非洲人生存的價值；而開發援助則是為了幫助非洲脫貧，對非洲人伸出友誼之手。然而諷刺的是，看似天秤兩端的做為其實共享了古典的非洲圖式，站在相同的立場上。所謂相同的立場是指，兩者總是把非洲社會和非洲人做為介入的對象進行「客體」化，而不是以幫助（有時則為統治）自己社會那般，做為「主體」來對待。

今天當我們閱讀十九世紀末，被派遣到肯亞西部的英國行政官員的日記和私人信件時，一定會驚訝於他們是如何充滿熱情，想要去幫助這群未開發的「原住民」們過上文明的生活。這種奉獻的心情和現在參加援助活動的志工所擁有的「一定要做點什麼，來改善當地生活」的想法並無二致。不論是行政官員或志工，都想介入非洲社會和非洲人之間，為改變落後的狀態殫精竭慮。然而我們並沒有看到，這些人願意去認識非洲社會和非洲當地居民所面對的真實狀況，也沒有採取謙虛的態度，來思考該如何利用當地固有的智慧來解決眼前的困難。至於該如何把非洲所擁有的潛在能力，拿來應用在改善自己所屬的社會和生活，或是說非洲能提供什麼貢獻的可能性等，則根本不曾出現在這些人的想法之中。

若是一味將非洲當做「客體」來看待，就無法想像非洲做為「主體」所能展現出來的影響力。這種扭曲的非洲觀，今日仍可見於「成長的非洲」這種認識之中。差別只是將一九九〇年代時貧困、飢荒、內戰、愛滋病等需要救濟的「對象」，改為能夠穩定提供原油、鐵礦石、稀土的「對象」罷了。至於從非洲社會中孕育出來，有關社會、文化和自然的潛在可能性，往往是被忽視的對象，更別提願意向非洲取經學習了。

二十一世紀的非洲，對全球來說的確是一塊深具意義的大陸。然而它的重要性並不只在能夠穩定提供貴重的礦物資源，或深具魅力的經濟市場。當我們去檢視過去數百年間世界的政治和經濟局勢，以及支配我們在知識和認識層面上的「世界標準」系統或價值觀，以至於在面對人類未來，欲提出可能的替代框架時，非洲都可以為我們帶來許多啟示。對於生活在二十一世紀中的全體人類而言，這則「非洲給世界的建議」中，承載著我們的未來。

◎學術文庫版附記

本書出版於二〇〇九年四月，而我寫作本章的時間則是在二〇〇八年的夏天。從定稿後到今天已經過了十多個寒暑，在這段期間內，非洲經歷了幾次大型的變化。但本章論述的核心主要在指出，於過去五百年的世界歷史中，非洲遭到排除和邊緣化的「觀看方式」。並在批判這種觀看方式起源的過程中，思考理解非洲的新方法。從糾正「兩百年的負債，五百年的弊害」這種觀點來看，到今天為止，本文的論點沒有需要修正或增磚添瓦的必要。理由當然是因為，我們所深信不疑的非洲認識框架，是花了很長的時間，才在世界史中完成常識化的。這裡要請讀者們注意的地方是，本章內容中有關人口和經濟動向的論述，仍維持在二〇〇八年當時的資料和認識基礎。

然而從執筆時到今天既已時隔十年以上，交代一下非洲社會在這段時間內的變化，也能盡到促進讀者對於非洲的理解。以下我就針對這十年間非洲所發生的變化做一個略述以為附記。

※※※

提到非洲這十年來的變化，最明顯的地方可見於政治和經濟的領域。首先來看看政治上發生的大事。在這十年間，非洲誕生了新的國家——南蘇丹。

二〇一一年七月九日這一天，南蘇丹共和國（以下簡稱南蘇丹）脫離蘇丹共和國完成獨立。南蘇丹的獨立標誌著從第一次蘇丹內戰爆發以來，斷斷續續長達半個世紀以上的內戰終於宣告結束。蘇丹人民解放運動（Sudan People's Liberation Movement）成立了新的政權。

二〇〇八年時，在非洲各國中有不少政治領袖都是在獨立戰爭、革命或政變後取得政權，並以老練且獨裁的政治手腕長期把持著政權。但在接下來的十年裡，衣索比亞的梅萊斯·澤納維總理（Meles Zenawi）、甘比亞的葉海亞·賈梅總統（Yahya Jammeh）、安哥拉的多斯·桑托斯總統（dos Santos），然後是辛巴威的羅伯·穆加比總統（Robert Mugabe），不是釋出手中的權力就是被放逐到國外。然而另一方面，烏干達的約韋里·穆塞維尼總統（Yoweri Museveni）、喀麥隆的保羅·比亞總統（Paul Biya）和赤道幾內亞的奧比昂·恩圭馬總統（Obiang Nguema）等人雖然都已高齡，但仍然繼續把持國政長達三、四十年之久。

在這十年間，非洲內部雖然產生了新的衝突事件，但也達成了不少政治上的和解。在終結長達半個世紀的內戰後，南蘇丹雖然贏得了獨立，可是就在獨立不久後，蘇丹人民解放軍內部在獨立過程中發生的矛盾就開始浮出檯面，接著在二〇一三年之後，南蘇丹國內再度爆發內戰，產生許多犧牲者和難民。雖然在二〇一八年時對立方之間達成了和平協議，可是該國未來的局勢仍不明朗。另外在二〇〇八年時，厄利垂亞和衣索比亞之間仍處於戰爭狀態，軍事衝突時有所聞。但就在二〇一八年衣索比亞新的總理阿比·艾哈邁德（Abiy Ahmed）上台後，他立刻就前往厄利垂亞訪問伊薩亞斯·阿費沃爾基（Isaias Afewerki）總統。兩人隨後發表了終戰和恢復外交關係的共同宣言。

以二十世紀末發生於肯亞和坦尚尼亞的美國大使館爆炸案為代表，伊斯蘭基本教義派勢力所採取的抗爭方式也發生了改變。在這十年間，發生在非洲的伊斯蘭主義集團的行動逐漸走到台前。例如二〇一三年，青年黨（al-Shabaab）在肯亞奈洛比的購物商場和加里薩（Garissa）的大學校園發動了襲擊事件，造成許多民眾和學生的傷亡。在奈及利亞，博科聖地（Boko Haram）攻擊了一所女校，綁架了兩百多名女學生。另外，伊斯蘭馬格里布蓋達組織（Al-Qaeda in the Islamic Maghreb）和圖瓦雷克（Tuareg）叛亂勢力共同行動，曾經一度將馬利北部的領土納為己有。上述這些團體和支援非洲及聯合國維和部隊的西方國家軍隊之間發生了激烈而持久的戰鬥。

※※※

在經濟領域，本章執筆時（二〇〇八年）爆發的「雷曼兄弟破產事件」（Bankruptcy of Lehman Brothers），對世界經濟帶來了沉重的打擊，就連步上成長軌道、做為世界經濟發展火車頭之一的非洲也深受影響。進入二十一世紀之後，撒哈拉以南非洲（Sub-Saharan Africa）諸國雖然受到自然資源價格高漲的影響，享受到每年GDP平均成長率超過百分之五的紅利，可是在雷曼事件發生後的二〇〇九年，即立刻倒退至百分之三前後。儘管如此，撒哈拉以南非洲仍然展現出預期以上的恢復力，此後的經濟表現仍然維持成長。奈及利亞和南非做為支撐撒哈拉以南非洲經濟主要的兩個火車頭，雖然表現時好時壞，但其他大部分的國家都順利回到成長的路途上。

在非洲國家經濟高度成長的背後，中國巨大的影響力顯得格外突出。二〇〇八年時，日本和中國在撒哈拉以南非洲諸國的開發援助上彼此競爭。當時中國開出的支票是，民間的投資加上政府的融資和支援，在三年內要達到一百億美元。當時這個數字看起來，就像是為了和日本政府提出的開發援助資金加碼二十億美元打對台。然而在那之後，日中兩國對非洲的投入程度開始出現巨大的落差。中國在許多非洲國家鋪設高速鐵路、建設高速公路、整理港灣、開闢機場，除了一肩承擔起多項基礎建設項目，還把許多中國勞動人口和技術人員送進非洲大陸。中國不只是建設項目的承包商，零售業、物流業、飲食、娛樂、觀光業的業者們也大舉進軍非洲，做起中國人和非洲人的生意，大幅改變了非洲大城市和地方城市的城市地景。

二〇一六年時，第六屆非洲開發會議（TICAD VI）在肯亞的首都奈洛比登場，安倍首相在會議中答應，日本會以官民一體的方式，在接下來的三年內，提供非洲總額達三百億美元的支援。相對於此，在二〇一八年於北京召開的第七屆中非合作論壇（Forum on China — Africa Cooperation）上，中共國家主席習近平表示將在三年內提供非洲六百億美元的支援。然而就在新一輪的競爭下，這十年間非洲內部又產生了新的問題。

過去對於非洲的救援，通常將重點放在「救濟弱者」的緊急援助上，但在進入二十一世紀後，支援的方式發生了改變。今天對非洲的支援，呈現出高度的市場化和政治化。從一些案例中可以看到，有些國家無力償還超過其經濟規模的融資債務。而政府高層獨占開發支援帶來的利益或貪汙等事情更是層出不窮。此外，來自國外的資本還會打壓好不容易才培養起來的民族資本，罔顧勞動者的權益和低薪問題也仍待解決。另外我們還可以從許多案例中看到，像開採石油或稀少資源等行為，會大規模破壞生態系及自然景觀，對當地的生活基礎造成衝擊。

經濟的高度成長，讓非洲社會產生出大量的「中產階級」。這些中產階級受過高等教育，擁有美宅和私家車，在享受西方消費文化的同時，也是茁壯中的自由主義社會改革的一股政治力量。然而從另一方面來看，中產階級和部分特權階級一起獨占了社會的財富，這也是造成他們和城市及農村的底層民眾之間存在著巨大落差的原因之一，並成為二〇一〇年代非洲顯著的社會現象。

我們在二十一世紀的非洲看到了高度的經濟成長、穩定的中產階級和豐富的人力資源（二〇一八年時非洲的總人口為十三億人，到了二〇五〇年時，人口預計達到二十五億人）。然而在光鮮亮麗的背後，仍然可見非洲社會中的斷裂與對立、內戰、明顯的社會經濟差距、巨額債務、環境破壞等不穩定的因素。但或許就是在這樣憂喜參半的情況下，當人們為了突破困境而構想出多樣的實踐行動中，潛藏著足以撼動並改寫過去五百多年，人類用來認識非洲的扭曲圖式的力量也未可知。

1 文庫版註：此後非洲的人口仍不斷增加，到了二〇一八年時，人口已逼近十三億。
2 文庫版註：至二〇一八年增為五十四國。
3 含姆（Ham）又譯做含，為古蘭經與聖經創世紀中的人物，挪亞的二子。
4 蓋卡卡（Gacaca），是當地歷史已久的仲裁機制，由各家族推出德高望眾的耆老作為代表，來解決地方上的紛爭。盧安達藉此傳統來解決單由國家及法院體系所難以解決並撫平的為數眾多大屠殺紛爭及傷痕，並達成和解。

第六章 中、近世移行期的中華世界與日本——世界史中的日本

文／朝尾直弘（京都大學名譽教授）

倭寇圖卷　這幅畫描繪的是16世紀時，活動於中國本土沿岸「後期倭寇」少數的傳世之作。畫中可以看到右側船上手持日本刀的人們在和士兵作戰。

中國在東亞的壓倒性地位

◎中世歷史中，日本的形成過程

出版社希望我寫一篇從世界史角度的主題，來介紹日本從中世到近世移行期的歷史。當我接到這個題目時，只覺得腦中一片茫然，因為該如何掌握文章的內容並不容易。

在日本史的常識中，中世時期為鎌倉和室町時代，近世為江戶時代，明治維新以後則為近代。在進入鎌倉時代前，發生了源、平二氏之間的戰爭，此後原本由公家和百姓所組成的社會裡，出現了新的武士階層。室町時代之前雖然出現過南北朝的內亂，但隨之而來的是工商業的發展。戰國時代經過織田信長、豐臣秀吉掃蕩群雄統一天下後，進入江戶時代。日本的戰國時代，除了各諸侯為了擴張領地彼此征戰不已（例如武田信玄和上杉謙信、毛利氏和尼子氏、島津氏和大友氏之間的戰爭）之外，也有像一向宗[1]或基督教等，因共同的信仰而結合在一起的群眾組織，抵抗大名[2]聯合軍壓制的戰爭，「一向一揆」[3]和「島原之亂」[4]就是最著名的事例。

雖然上述這些動亂，都有源自國家內部社會經濟和文化構造的深層連帶，但事件中彼此對立的陣營，都是生活在日本列島上的人民。與之相較，鎌倉時代末期的蒙古入侵，以及戰國時代進入日本（沒有發生武裝衝突）的歐洲人（基督教傳教士）等，則是令列島居民感到緊張且稀罕的經驗。雖然歐洲人在日本並沒有密謀發動戰爭，但在日本以外亞洲海域的其他國家中，隨處可見歐洲人以暴力的方式入侵他國，並對其他國家進行殖民統治，因此當時將外國人的到來看作是某種危機，這種想法也是能夠理解的。與之相反的是，當時豐臣秀吉曾對朝鮮出兵，反倒是日本站到了加害者的一方。無論如何，當我們回顧這段內外都充滿危機，從中世到近世漫長的時期，只能用波瀾壯闊一詞來加以概括。

日本的中世有時也被稱作「自力救濟社會」，因為當時個人的權力只能靠自力（個人或者集團的實力）的方式來維護，法律的力量在那個時代仍尚未確立。而到了近世之後，法律之上存在著天皇和將軍，其下則有生活在村町中的百姓和城市居民，這樣的想法已經滲透到日本社會之中。

在交代了時代的大致走向之後，本文將以「交通」的概念為核心來思考從中世到近世的移行過程。本文中使用的「交通」一詞，採用的是廣義的定義。「交通」從個人層面來看，是人與人的相遇、爭執、對話、相互理解和一起共事。當然我們也可將其擴大到農村和城市、家族和國家等形形色色、不同集團之間發生的衝突和結盟等，複雜而多元的關係。還請各位讀者在閱讀時稍加留意。

若是把進入中世的時間從十二世紀開始算起的話，包含整個中世到近世移行期，共有五百年的時間。但如果從室町時代到中世解體過程這一段時間來計算，則移行的時間約為三百年前後。倘若要鉅細靡遺的交代這三百年之間發生了什麼，是非常困難的一件事。因此本章內容除了包含一部分日本古代史在內，會將重點放在通往近世（歷史的新頁）過程中，在這三百年間發生的歷史動向上。至於包含日本在內的全球視角，則限定在東亞一帶。

◎「東亞世界」與「中華世界」

將日本社會和國家包圍住的外在世界，近年來在歷史學界中被稱作「東亞」。位於大陸沿岸細長呈弧型狀的列島上，居民們生活在相同的自然和人文環境之下，逐漸形成一個統一的文化圈。原本「亞洲」一詞所指涉的，是位於歐洲東方未知而廣大的世界，其範圍包含了今天的中東，是一個難以界定出明確範圍、充滿多樣性的空間，而日本就位在這個空間的東端。以前我在波士頓生活的時候，有一次在住處附近的酒吧和一位大叔閒聊時提到自己來自日本，那位大叔聽了我的話之後說「那裡可是極東之地啊，離我們實在太遠了，誰是日本人、中國人，根本分辨不出來」。我還記得當時這位大叔為了表達出「遙遠」的感覺，還特意拉長了「far east」中 far 的發音，讓我覺得不太舒服。

日本在外觀上是一串圍繞在大陸周邊的列島，而列島和對面的大陸共構出來的區域則為一清晰可見的世界，自古以來兩邊透過舟楫之便，越過海洋進行了深刻的交流——這個清晰可辨的世界就是我們所熟知的東亞世界。

東亞世界在進入歷史時代後，人類的行動開始旺盛起來。除了形成城市和國家等組織之外，法律和刑罰制度也漸趨完備，顯露出自身的力量。而在東亞世界之中，中國文明的先進性及其高度，具有壓倒性的存在感。從人文的角度來看，中國在政治制度中發展出律令制，朝鮮、日本和越南都是在吸收了從中國傳入的律令制後，才形成自己的國家。

東亞世界的國家進行貿易時所依止的制度也是由中國所定下來的，將中國創建的遊戲規則奉為圭臬來執行。而其他不同國家之間的互動，則以個別行之有年的做法來進行。日本和朝鮮同為對中朝貢的國家，因此以「交鄰體制」往來，然而這個體制卻不適用於日本和中國的關係上，因為中日兩國並不以交鄰體制來進行貿易，而是採行「勘合貿易」[5]制度。當然，這個制度仍是由中國所制定的。

從上述的說明中讀者們應該已經明白，中國在東亞這個區域中的地位和分量，本章的內容將從東亞世界進一步聚焦在「中華世界」的目的也在於此。

◎何謂擁有共同的「古典」

日本的古代歷史不但記錄在中國的史書中，日本的政治規範也幾乎全部出自中國的古典著作。就算是政治制度最日本化的江戶時代，德川幕府為天皇、公家所制定出來，必須遵守的行為準則「禁中并公家諸法度」中也寫到，天皇須勤勉向學，其中還特別收入了《貞觀政要》和《群書治要》二書。《貞觀政要》的內容是由唐太宗和仕臣們議論政治的內容所集結而成的；《群書治要》也成書於唐代，內容摘錄了許多典籍中關於政治的名言錦句，可以說是種文摘類的書籍。這兩本書皆為中國古代帝王必讀的作品。在日本，這兩本書同時也肩負著天皇、公家參與政治時的基礎教養文獻。另外像日本所使用的「年號」（日文漢字為「元号」）也取自中國的古典籍。例如「平成」出自《史記》和《書經》，「明治」和「大正」皆出自《易經》，「昭和」由《書經》的文章而來。上述這些產生年號的典籍，無不是中國古典中的代表作。

中日之間的這種關係，有點像歐洲國家的人民之於希臘、羅馬的古典一樣。雖然德國、義大利和英國都是獨立的近代國家，但它們無不把希臘、羅馬的文化遺產當作自己文化的泉源而引以為傲。同樣的，日本人也共享著漢族的古典文化遺產，下面就拿孔子《論語》中的一段來做個例子。

子曰：「吾十有五而志于學，三十而立，四十而不惑，五十而知天命，六十而耳順，七十而從心所欲，不踰矩。」

上面這段內容，是孔子在回顧自己的一生時所說的話。相信只要是日本人都曾經在哪裡聽過才是。

「我在十五歲的時候決定要走做學問這條路。三十歲時成為一位能夠獨立自主的人。四十歲時我對自己所選擇的人生道路已經沒有任何疑問，到了五十歲我已知悉上天加諸在我身上的使命，到了六十歲時我能傾聽任何人的意見。到了七十歲，我已經能順從自己的心意採取行動，卻不會違背規矩。」志學、而立、不惑、知命、耳順、從心等用來表示年齡的詞彙，就這樣在社會上普及開來。今天我們還是會聽到有人說「（自己的年齡）都要超過不惑之年的歲數了」。

《論語》中還有其他著名的句子，例如「有朋自遠方來，不亦樂乎」、「巧言令色，鮮矣仁」、「過猶不及」等。這些收錄在《論語》中的名言錦句在人們成長的過程中，都發揮過一定的影響力，就算成書至今已經超過了兩千年的時間，依然能對現代人有所啟示。

上面列舉出來的都是日本人耳熟能詳的一些內容，其中有些人可能還會誤以為這些句子是出自哪位日本作家的手筆。《論語》中的內容就這樣融入日本的日常生活中，對人們的行動和思想發生作用。正是像這種「我們的古典」和「我們的思考方式」，在很多地方形塑了大眾的文化倫理和行動規範。因此對許多日本人來說，中國或中華文化享有古典的地位，同時這些古典也代表了中華文化的精隨和產出。

◎《愚管抄》的歷史意識

那麼所謂的「共享古典」又是怎麼一回事呢？是指當人們在遇到事情時，會採取某種共同的行動和思考方式嗎？還是彼此願意去深入理解對方，有自覺地把對方視為自己身體的一部分，加強彼此合作、協力的意識呢？

這裡讓我們簡單回顧一下鎌倉時代日本貴族的歷史意識。首先要提到《愚管抄》這部史書，該書將日本的歷史劃分為三個時期，並主張「道理」的發展才是推動歷史進程的原動力。《愚管抄》的作者名叫慈円[6]，是當時日本首屈一指的知識分子；他的哥哥則是源平之戰時，手中握有大權的公卿九條兼實。慈円將「漢家年代」置於這部書的開頭部分（以下引文出自岩波文庫《日本文學大系86》），而把日本的年代置於中華文明的年代之後。

歷史的發端從「盤古、三皇、五帝、三王……」開始。「盤古」是擁有龐大軀體的「人祖」，出現在十二、十三世紀的文獻中，雖然當時距離《愚管抄》成書的時代並不遠，但已被描述為「天地人定後之首君也」，被視為歷史上最初的君主。三皇和五帝皆為中國古代傳說中的天子。關於三皇有兩種說法，一為天皇子、地皇子、人皇子，另一說為伏羲、神農、黃帝，但無論哪種說法，他們都是中國古代的聖君。五帝為少昊、顓頊、嚳、堯、舜，三王指的是夏、商、周，之後經歷了十二諸侯來到漢朝。在進入歷史時代後，《愚管抄》於上面的內容後接上神武、綏靖、安寧、懿德、孝昭以下日本歷代天皇的名字。慈円在古代中華文明的延長線上，意識到日本和自己的存在，這同時也是鎌倉時代公家們共有的心境。

從上述內容中，想必讀者已經理解日本屬於中華世界的理由了，但居住在弧狀列島上的居民們卻在思考如何脫離它。

古代日本列島居民的矜持

◎倭人的自我表述

當我回過頭來看日本列島居民們的歷史時，往往會被這些人對自己感到自豪、有一顆獨立的心，以及打從心底散發出來的自信給深深感動。

當「日本人」這個稱呼還沒有出現之前，對中國進行朝貢的倭人帶到大陸的貢品是「生口」（《後漢書》），「生口」指的就是奴隸。除了瘦骨如柴的奴隸之外，沒有什麼好拿得出手的倭人，他們來到土地遼闊物、產豐富的大陸，究竟是想用奴隸換取什麼呢？當倭人們收到豪華的頒賜物（從皇帝那兒得到的回禮）後，是否會在返家的途中，對回贈這些量多質精物品的皇帝感激不已呢？中國的皇帝為了展現自己的權威和權勢，依照慣例會回贈價值遠高於貢物的下賜品，這麼做的目的是為了不讓來朝貢者敗興而歸的應對方式。

雖然列島和大陸之間存在著明顯的落差，可是日本的使節們並沒有因此心生膽怯，反而勇於提出自己的主張。就拿「國號」來看，《宋史》中有如下記錄：「日本國者，本倭奴國也。自以其國近日所出，故以日本為名；或云惡其舊名改之也。」（倭人不喜歡倭國這個稱號，因屬意日升之處的美好寓意，而好以「日本」為國號）。堅持「日本」這個擁有美好意象國號的原因，可能有出自對太陽原始信仰的理由，而同時也是一種日本人在崇敬的太陽底下，過著無有愧色生活的自我宣言，這種解釋也和我前面提過的自信相互關連。面對太陽立下誓言的信仰之心，和堅持國號的精神構造，具有等量的意義，而這樣的精神構造會朝向追求更高層次的原理和倫理規範也是能被理解的。

除此之外，日本人的心中還潛藏著「太陽將要升起」這種朝向未來的期待感。雖然目前太陽還未升至中天，但在不久的將來一定會達到的。日本人相信自己擁有超越其他民族的力量。

不知道是不是倭人們的努力發生了效果，日本在中國正史中的地位獲得了提升。直到《宋史》為止，日本在列傳中都收錄在「東夷、蠻夷」部中，但在《宋史》之後則改在「外國傳」裡。《宋史》成書於蒙古帝國時代（元朝），或許這也反映出元朝擁有的廣大領土和

「世界性」有關。就在這樣的情況下，「倭」成為「日本」，東夷也順理成章被分類到外國裡。但不可否定的是，日本人的自我主張也在這個改變中起到了一定的作用。要想在國際上改變一個國家的形象談何容易，僅靠一國之力難以成事，關鍵還在於提高和其他國家之間的「交通」密度。

◎兩個天下——大陸和日本列島

日本人的民族自信在五世紀時倭五王的時代已可見端倪。《宋書》中記載著倭五王（讚、珍、濟、興、武）對中國的帝王上奏表文，入朝進貢的事蹟。目前學界關於珍、讚的身分雖然還沒有定論，但濟、興、武可對應到允恭、安康、雄略天皇則幾乎已成為定論，這五位君王都獲得了「安東將軍倭國王」的稱號。從字面上不難理解，「安東將軍」就是被任命安定東部地區治安的將軍，在這個稱號中我們也能解讀出中國希望倭五王所能起到的作用。有意思的是，與此稱號相關的鐵劍在日本出土了——位於埼玉縣埼玉古墳群稻荷山古墳中挖掘出一把鐵劍，刻在劍上的銘文內容為一位叫「乎獲居臣」（ヲワケノオミ，發音：Owakenoomi）的軍隊長官率領其部眾，協助「獲加多支鹵大王」（ワカタケル，發音：

稻荷山古墳出土的鐵劍 左側為鐵劍的反面，上面的圖片為局部放大影像。讀者可以看到「左治天下」的文字。劍身全長 73.5 公分。

Wakatakeru）完成統一的事業。

自古以來，中國的帝王都被認為是秉承天命而統治天下。但如果當君王的行為背於天命時，他就喪失了治理天下的資格，各地的革命也會隨之而起。所謂的「天下」是無限延伸於地上的平面，也是皇帝權力支配的對象。

在上述這種思考下，做為皇帝統治對象的天下只能有一個而已。因此當東亞其他國家對宗主國——中國——進行朝貢時，使用的也是中國的年號（時間的共有），這麼做的目的是生活在天下中的子民，對皇權統治的效忠。

然而我們看到出土於日本列島中央的鐵劍上卻銘刻著，「乎獲居臣」（ヲワケノオミ）幫助「獲加多支鹵大王」（ワカタケル）平定天下的文字內容：「名乎獲居臣。世世為杖刀人首，奉事來至。今獲加多支鹵大王寺在斯鬼宮時，吾左治天下。」「獲加多支鹵大王」就是「雄略天皇」，這幾乎已經成為學界公認的史實了。這柄鐵劍上的銘文也是日本明確關於「天下」的最古的用例。從這則文章的脈絡來看，此處的「天下」指的是獲加多支鹵大王的天下，而非中國大陸的天下。當時中國大陸的華北地區正在北方民族統治下，可以說「天下」原來可不只一個，雄略天皇所統治的「天下」，從任何意義上來看，所指的都是日本列島。這件出土史料界定出列島社會於政治統一和統治的範圍。

承上所述，對日本來說，在五世紀時平行於中國皇帝統治的天下之外，還存在一個由雄略天皇所支配的列島之內的天下。如果說「天下」原本就是想像出來的話，那麼日本人就是用想像力打造出一個有別於中國的另一個天下了。這件事放在國家的獨立、孕育和深化本土文化上，具有重要的意義。反過來說，「天」雖然只有一個，但「天下」有兩個卻也是成立的。這樣的詮釋讓日本人在之後的行動上彷彿掙脫了桎梏更加靈活。

與明代交好的理念與狀態

◎中華和四夷

前近代時期，中國的禮部是負責和外國進行交涉，從事外交活動的機構。禮部依據「禮」來規定和各國、各民族之間的互動方式並付諸執行，而「禮」的基本內容則源自於華夷思想。說得極端一點，只有被認可為「華」的一分子，中國才會和這些國家、民族進行外交活動；但如果被中國認為是「夷」的話，則會遭到忽視，就像不存在一樣。這種區別（或可說是歧視），在西元前五世紀之前就可見於中華大地上。

當時中國大陸的中央地區稱為「中原」，那裡的土壤肥沃生產力高，文明也較發達，和周邊的區域相比，當地居民過著富足的生活。文明程度較高，意味著較其他地區掌握了更好的控制自然力量的能力，因此能立於社會經濟的優勢地位，並獲得周邊區域的認同。就這樣中原地區產生了「華」、「夷」這種二元對立的世界觀，成為文化的基準。「禮」做為文明程度的表徵，追本溯源是源自於居住在中原地區「漢族」的風俗習慣。

禮的相反是夷，「夷」可以理解為是一群文明程度較低，不知道人類社會禮節的野蠻人所組成的集團，有時這個字還有「禽獸」之意。過去，漢族的風俗習慣在和肥沃的土地相互結合後，創造出了高度的文明，「華」的內容和價值也隨之水漲船高。「中華」四周被「東夷、西戎、北狄、南蠻」這「四夷」所圍繞，中國人從「華」中展現出民族的自信與榮耀。直到現在，中華人民共和國這個國號仍沿用中華一詞。

◎基於「禮」的互通友好

一三六八年，朱元璋的大軍進入南京城後建立了明帝國。朱元璋被稱為洪武帝，關於他的政治評價相當具有爭議，因為我不是這方面的專家，在這部分就不多置喙，但這裡我想提的還是關於「禮」的事。話說「禮」對日本人所帶來的影響也不容小覷，既然到了今天許多日本人對禮的內容也是似懂非懂，乾脆我們對禮來做一番認識吧。

禮的反意詞是「刑」，當禮無法執行的時候就該刑上場了。「冊封」在禮中是一件重要的事情，我們暫時先不討論其中的理論性，現實中是否要執行「刑」，時常就有因時制宜的情況發生。會發生這種情況，是因為中國是所處的區域世界中的唯一標準，處於權力集中於一極構造的中心，因此很多事情往往都要配合中華的情況而做決定。

翻開《廣辭苑》第五版，書中寫道，「（禮是）**為了維持社會秩序的生活規範的總稱**。包含儀式、作法、制度、文物在內，禮是儒教中最重要的道德觀念，有關禮的內容可見於《禮記》。」這段文字敘述就算只看筆者加上的重點記號，其概念還是相當空泛。值得注意的是「生活規範」這四個字。

接著我們來看諸橋徹次在《大漢和辭典》中關於禮的分項解說，其中第一項的內容如下。

> 應該遵循的規矩。一個人修身、與人交往、行走於社會或侍奉鬼神時要遵守的道理，生涯都應奉行的儀法。（中略）注重儀容、端正內心為其特色。

時代再往下走來到江戶時代後半的十八世紀末，當時訪日的俄羅斯使節亞當・拉克斯曼（Adam Laxman）希望能到江戶去。對此老中[7]松平定信的回覆是「外交事務在長崎辦理，您的要求無法照辦」。與此同時，俄羅斯關於蝦夷地（以今日北海道為中心）想和日本交涉一事，也因相同的理由被拒絕。松平定信的對應方式可以說正是基於「禮與法」而來的（藤田寬，二〇〇〇年）。

數年之後進入十九世紀初，俄羅斯派遣列扎諾夫（Nikolai Rezanov）訪日，他按照松平定信所言，在長崎上岸。然而當時幕府內部已經下達了「異國船打退令」，只要發現外國船隻都可以逕行攻擊，支持以這種方式來宣揚日本「武威」的聲音甚囂塵上。但針對列扎諾夫訪日這件事，松平定信表示「對方以禮而來，沒有理由使用武力相待」。

只要按照松平定信的話來做，外國人到日本政府規定的對應窗口進行外交活動，就被認為是有「禮」的行為。這種觀念幾乎從日本進入歷史時代以來，延續到十九世紀為止。而上述所謂的「法」或「國法」，亦即禁止人民和外國進行貿易一事乃德川家的「祖法」（其實根本就不存在「祖法」這種東西，這是松平定信為了應付幕末時外國船隻不斷來日的事態，所創造出來的一種方便說法），在這個架構底下，日本的鎖國政策當然也必須基於「禮」才行，只是這點並沒有明確的論述而已。

俄羅斯使節列扎諾夫來航繪卷　文化元年（1804年），列扎諾夫一行訪日，圖中為使節團往長崎奉行所移動時的情景。

讓我們用另一個觀點來看這件事，今天依據某個人的說法，若有一艘日本船隻航行到中國指定的港口上岸，中國方見狀會立刻殷勤地招待來訪的客人（當然這是在確定該船為正式的使節船之後的事），這就是「禮」的具體展現。

然而執行禮的方式，會因為時代的不同而有改變，沒有一個明確的原則可循。儘管如此，禮仍然以某種形式存續下來。接著讓我們從貿易的實際情況來一窺究竟。

◎朝貢船的真實情況

遣明船在政治上是以朝貢／賞賜的關係互相連結，另外在經濟層面上，則維持著對朝貢國家的進貢物，返贈以頒賜物的貿易關係（佐久間重男，一九九二年）。對入貢者來說，除了可以用朝貢的名義，拿自己國家的貢品來換取中國豐富的物資之外，還會在船艙內囤積大量的「附搭貨物」（貢品之外的隨附物件）。直到明朝中期為止，這種形式的貿易活動做為正常的朝貢貿易，是政府公開認可的。而朝貢形態以外的貿易關係，則全部被視為走私貿易，受到嚴格禁止。這麼做的目的是為了解決自元朝末年以來由於倭寇等衍生出來的問題，所以才會禁止商人私下進行海外貿易，嚴格執行海禁政策。

但實際上的情況又是如何呢？我們就拿天文八年（一五三九年）的一號船來做個例子。搭乘該船的人數共有一百八十五人，其中屬私人性質的從商者有一百二十二人，外交使節十五人、水手五十八人，商人的數量顯得特別突出。另外進貢國對明朝皇帝所呈上的表文內容中還寫到，「希望能得到武器、樂器和樂人」等，具體羅列出想獲得的品項名稱。「表文」是進貢國的國王上呈給中國皇帝的文書，據說足利義滿[8]曾三度重寫表文。當時日本曾經一度不能入明，因為那時日本是明朝倭寇對策所針對的國家之一，但是當日本發覺在明洪武帝之後，這樣的對策有朝向形式主義的方向轉變後，對策就僅維持著形式外表，在枝微末節上做文章。當我們在表文這樣最重要的文件中看到所欲品項的名稱時，似乎可以清楚地看到文字背後的人們，他們的慾望和局勢轉變的情形。

這裡我想沿著在朝貢船研究上具有先驅貢獻的小葉田淳，以及前面提過的佐久間重男這兩人的研究，來一探貿易的具體情況。有意思的地方是，小葉田的專業是日本史，佐久間則為中國史。

小葉田指出，日明互通友好的主體從幕府、禁裏（皇宮）、寺社（佛寺、神社）、大名（莊園領主）等經營集團，轉移到堺和博多等地的商人集團手中。一艘遣明船在每次朝貢過程中，可以賺取數千貫文的利益。到了後期，商人開始明確的以一千貫文為單位來承攬貿易項目。關於這點可做為象徵性事例舉出來的，是擔任幕府將軍足利義滿「入貢」時，負責介紹、嚮導的博多商人肥富。此外，肥富還負責日本國內莊園年貢的運送工作。

以肥富為代表的日本這一邊（輸出方），主要由商人所組成，在他們身後負責管理職責的是五山等級的寺院[9]。而在中國這一邊負責接待的是自古以來就很發達的官司組織，也就是官方組織。特殊且數量龐大的進貢物、蘇木、胡椒和硫磺等，被送至當時明朝首都南京的禮部，珍奇異獸和鳥類等則被送至內府和御馬監。

另外明政府對進貢物的回禮（給賜物），則是對進貢國的國王、王妃，以及貢使一行人的「恩惠」。從實務層面來看，這是對進貢物品的代償，說穿了就是一種交易行為。給賜物的內容有金銀、銅錢、絹織物、陶瓷器等，種類繁多。到了應仁之亂[10]後，刀劍則占了輸出品的大宗。另外，明朝在北京和南京還設有工房，日、明雙方在這裡進行稱不上經濟等價交換的器皿、茶碗買賣。

在進貢物之外，附搭貨物則由中國官方用鈔票（紙幣）購買，貨物中有部分會被上繳，有些則被買下。不論何者都是在政府的專買制度下執行，全部進入官方手中。此外，附搭貨物雖然會被課關稅（抽分），但對於遠道而來的團體，明政府往往是採取優待的方式而予以免除。關稅最高時，甚至會課到百分之五十之多。

明帝國的遺產

◎維護日、明的往來通道

明朝第一代皇帝洪武帝即位後，立刻就對其他國家的國王發出敕令，其內容大意為希望各國各民族今後都能積極前來中土，而明朝也期待各國各民族的造訪。乍看之下，這則敕令的內容和過去的中國大異其趣，是充滿著明亮且開放的政策。然而這樣的內容可以盡信嗎？明朝和其他國家之間的關係，不論從哪一方面來看都是由明朝掌握著主導權和決定權，因此這樣的詔令內容實難取信於其他國家。

在足利義滿被冊封為日本國王一事上，相較於地位被承認，更像是明帝國為配合自身的局勢而放寬了認定國王的基準。這裡我們看到的大明皇帝就像一位觀光導遊，高喊著「歡迎各位來到中國」，並提供來訪者多樣的服務，完全沒有一位奉天承運的天子應有的樣子。如果要說明這個狀況，相較於冊封體制或華夷觀念（思想），我認為稱其為「官營貿易」（佐久間重男，一九九二年）更為貼切。

當日明互通友好在商業機能部分被擴大之後，這條往來要道就需要經常性地加以維護。

在自力救濟的社會裡，所有的事情都得靠自己的力量來完成。中世日本，幕府和有力大名（諸侯）動員自己的公、私力量來維護這條國際性的幹線交通道路。在島津家留存至今的文書中，我們可以發現好幾封類似下文的內容。【編按：以下內容為白話文翻譯，原文為中世日文古文】

關於護衛渡唐船（遣明船）一事，就算在過程中遇到緊急的情況，也要沉著應付勿出紕漏。尤勞費心，實應嘉勉，贈與太刀和刀各一副慰之。關於其他大小詳細事項，由大內義與口頭傳達（請直接去問大內義與）。

十月十日

至嶋津陸奥守（《鹿兒島縣史料》舊記雜錄前編）

從上面這封信的內容可以知道，此乃室町幕府的將軍家御內書，經過武將大內義興後轉到島津氏那裡。

「渡唐船」是從日本派出到中國（明朝）的船隻，在使用上具有比「遣明船」更廣泛的意義。前面信件中的內容命令島津家擔負起護衛船隻的任務，而且就算遇到突發的狀況時，也要不辱使命，把事情處理得漂亮。若能順利完成任務，實乃值得嘉勉之事。為此幕府先送上太刀和刀各一副作為表揚。有關執行的細節，則要島津家直接諮詢距離領地較近的武將大內義興。渡唐船的安全就是由將軍—有力守護—守護所形成的連線來維持維護的。至於幕府將軍會這麼做，是否為出於其他人（例如明朝的皇帝）的指示則不得而知。

幕府對遣明船（渡唐船）的保護，從當時人的角度來看屬於公務性質。幕府負責保護由天皇、寺院、神社、大名所經營的船隻，是在公共的理解範圍之內。接著我們來看，在手中握有「勘合」的遣明船以外，私人性質的渡唐船呈現出的是什麼樣貌。

◎倭寇與大名的攻防

有時候透過一個小事件就能夠洞悉整個社會的運作方式。永正十三年（一五一六年）由備中國連島（後改為備前國，今倉敷市）的三宅國秀率領的十二艘船進入薩摩（今鹿兒島縣）的坊津，三宅計劃以這幾艘船的武力征服琉球國。三宅的行動或許並不能以「小事件」稱之，畢竟當時琉球國是貿易重鎮，國勢正隆。那一年四月二十日，琉球的紋船（使節船）正停靠在薩摩。

上述備中國的連島在日後被編入備前的領地，這座島嶼將高梁川的河口分為東西兩側，位於河口的中央。直到近世初期玉島港完工為止，都是備中最重要的港口。根據「兵庫北關入船納帳」的記載，文安二年（一四四五年）連島船籍的船隻於兵庫北關入港，船隻數量雖少於備前、備中的牛窗，但多過下津井。因為京都和博多之間的瀨戶內海為遣明船的官方航路，所以連島很有可能是日本國內流通和海上貿易的一個中繼站。除此之外，連島還是當時的實權者細川氏在兒島郡內的七個領地之一。或許細川氏所打的算盤，就是要掌控這個位於可稱之為日本幹線的瀨戶內流通路線上的要衝之地。

當時透過南海貿易積聚的許多物產都集中在琉球一地。日本列島上有不少人都對琉球這座「寶庫」垂涎不已。類似三宅的案例，還有在豐臣秀吉麾下、日後成為因幡國大名的龜井茲矩。龜井曾主動向豐臣秀吉提出希望擔任琉球守一職，顯示出他想成為琉球王的企圖心（《岡山縣史編年史料》）。

薩摩的坊津是航向琉球的渡口，自古以來從本州前往琉球的人們幾乎都從這裡出海。話題再回到三宅國秀身上，目前關於他的出生地和經歷仍不清楚。但我們可以從宇喜多直家（備前國武將）自稱是三宅的後裔這件事推知，三宅國秀在地方上應該是一位英雄式的人物。當然，以上也只是沒有根據的推測而已。

不過從率領十二艘船隻數的規模來看，三宅應該是倭寇。雖然那個時候倭寇活動已逐漸平息下來，仍然有不少日本列島上的領主靠著出海當海盜來賺錢，其中有些領主從瀨戶內海西側派出海賊。三宅國秀的出生地推估應該是在瀨戶內海的中部地區，那個區域裡有不少靠當海盜維生的人。率領十二艘軍船出海很難讓人和自衛行為聯想在一起，想必其中還藏著征服的野心。

這裡希望讀者留意的地方是，三宅國秀也有可能是為了商業活動的目的，而參加了一場盛大的海盜（倭寇）活動。

但在如此重要的交通據點上，派出十二艘經過編制的軍船，確實難以等閒視之，讓人感受到他想征服琉球的企圖。然而島津氏（當時的領主是島津忠國）將三宅一黨人的行動向幕府報告，並在接到指示後對他們發動攻擊，且在斬殺了三宅國秀後，將他的項上人頭送到京都。

關於島津氏對這件事情的處理方式，歷來有不同的解釋。當時幕府將軍足立義教和他的弟弟義昭正處於對立的狀態，本來支持義昭的島津氏後來選擇歸順義教，像這類統治階層之間的鬥爭，都和細川氏的動向相互關連。

而整起事件剛好能清楚勾勒出十六世紀初期日本國內的狀態，讓人們看到列島整體被自力救濟風潮淹沒前的真實情形。

首先，三宅國秀個人在社會上的地位應該是在「國人」[11]的層級之下，他以企圖征服琉球的備中國武士之姿離開故鄉，前往「領外國」。只要他如願以償，就能成為琉球王。然而薩摩早在很久以前就和琉球互有往來，島津氏還負責琉球近海的守備一職。三宅黨人的行動其實一直受到島津氏的監視，且在緊要時刻收到幕府的命令並加以執行，徹底消滅了三宅的野心。其實對島津氏來說，他們也面臨著是要維持琉球的現狀、從中獲取利益，還是將琉球納入自己的行政支配下的兩難選擇：

（1）在法律之下，維持傳統體制

（2）以島津氏的影響力，創造一個新的支配體制

結果島津氏選擇了（1）。或許島津氏做出這個決定，也反映出人民已疲於連年戰亂，期望和平的生活有關。

三宅國秀想靠自己的力量闖出一片天，結果以失敗作終。至於三宅麾下的這群武士有時是體制內的武力，有時也會賭上一把，參加（2）的行動。

◎自力救濟的倭寇

接著我們來看是誰負責渡唐船往來的航路安全。當幕府派出渡唐船時，就會發出前面看到的文件，要求相關的守護大名負擔船隻的安全。

當時因為沒有類似於近代的「領海」規定，負責船隻安全的人員在碰到「海盜」時會出示他們手上的文件，然後進行驅離。之前出現在文件裡的大內義興，應該是當地負責該項任務的最高負責人。

在近代國境的概念成立以前，遣明船是持有「勘合符」，進行日明之間正式商業活動的貿易船。這條航線上的警備工作，是經由幕府將軍——大內左京大夫的指示，傳達到薩摩守護島津陸奧守那裡。遣明船的官方航路在日本國內為京都—博多之間（這條航路經過瀨戶內海，除此之外還有經過土佐的南海航路），一般認為警備範圍也在這個區域內。客觀上來看，日明貿易航路上的安全，是在幕府的指示下，由日本各地的守護來執行，守護再將命令傳達給給地方上的海民。今天日本各地留存下來的小型軍船「小早」就是這一段歷史的見證。有些地方也稱小早為「警固船」。有些底層的海民雖然也靠當海盜過生活，但只要收到守護的命令，就會把「海盜船」改為「警固船」來配合行動。

從上面的內容我們可以推知，這些「小早」上的警固眾和出海當倭寇的海民，應該是屬於同一個階層的人。雖然室町幕府和之後的江戶幕府都同樣喜歡打著「朝廷」的大旗，然而在室町幕府「官方」統治下，有些地方仍需要依照自力救濟的原理，保有一批能夠執行政令的非體制分子。

◎官營貿易的遺緒

在明帝國經營下，官營貿易方式可以說是日趨成熟，成為日後中華世界裡往來貿易的固定型態。皇帝為了慰勞不遠千里而來希望和明朝交通的「朝貢船」，會由官方以強制的方式收購船上所有的商品，之後再將每件商品定價，流通於外部市場。這種做法並非基於自由貿易，而是在嚴格的海禁政策下，採取「一括購入」，亦即買賣都由專門收購的部門來負責，用以慰勞從遠方將商品運到中國的船隻，所採取的收購船上全部商品的做法。對於從東南亞來到日本的西班牙和葡萄牙船隻，日本政府所採取的是被稱作「Pancada」（整批交易法）的交易方式。「Pancada」的日語以漢字譯為「一括購入」，學術界曾對「Pancada」的內容提出許多質疑，但其實兩者的確十分相似。

之後，這種貿易方式由豐臣秀吉繼承下來。天正十六年（一五八八年）七月八日，豐臣秀吉發布了「刀狩令」[12]和「海賊取締令」。該年八月「黑船」[13]停靠在九州的片瀨浦，為此秀吉對島津義弘下達了處理的方法。前面文章中所稱的黑船，不用說當然是指葡萄牙的大型船隻。這種大船為當時最大的三千噸位級武裝船，船上的最高指揮官稱為「甲必丹末」（Capitão-mór，英文為 Captain-major），甲必丹末握有從葡萄牙國王那裡授權之處理政治、軍事、外交等所有事務的權力。相較於日明貿易，豐臣秀吉在處理對外貿易一事可說是往前踏出了一步。葡萄牙人到日本的目的是為了介入從十六世紀三〇年代之後，由日本出產的銀和中國生產的生絲所形成的貿易體系。

在豐臣秀吉統一全國的兩年前，許多制度仍未建置完成。因此在面對上述情形時所採取的方式，和與明朝之間的官方貿易，以及日後德川幕府在「鎖國」體制下進行的「系割符」貿易完全相同。

（1）讓奉行（石田三成）帶著銀兩萬枚到現場。
（2）完成定價後進行收購。
（3）如果絲還有剩，則讓經手絲買賣以外的商人買下。

（4）（由日本政府傳達給外國船隻）如果沒有買方，（但若是船上還有絲的情況）但每年來航五次乃至十次，也要在每年渡海過來的村落附近，尋找容易靠岸的地方停泊。

（5）就算發生「寄船」（船隻遭受海難，漂流至岸邊。習慣上在這種狀況下，靠岸當地的居民可以拿取船上的貨物），只要該船停靠在日本的岸邊，則不允許地方居民對該船有任何非分之想。

（6）（由日本政府傳達給外國船隻）沒收船上的絲非為買賣，乃是為了讓船停靠在日本岸邊的方法。關於這點要有清楚的認識。

（7）在奉行抵達該地之前先做等待，並停止一切絲的交易。

上述的做法可不只是仿照官營貿易的交易方式，在德川幕府「鎖國」下所實行的「系割符」貿易，也如出一轍。在形式上承襲了明代的官營貿易，邁向寬永的「鎖國」時代。

或許我們可以視日本採取的這類型貿易方式，都是承襲自中國皇帝對於入貢者所施予的恩惠和頒賜而來。我認為因為中國對東亞的影響力是如此之大，因此中國和其他國家進行貿易的形式，也就如滲透般成為地區整體的慣行作法。

構成日本「鎖國」的許多要素，皆從中世延續到近世持續存在。豐臣秀吉一手掌控了絲的交易，做為貿易活動的主要目的在許多制度的細節上，都和前後出現的不同制度之間產生關連性。

◎幕藩體制成立時的海外局勢

十七世紀初，以滿洲為據點的遊牧民族女真人勢力崛起，並對明帝國發動攻擊。女真人先成立了後金政權，其後改國號為清。雖然女真崛起的過程和豐臣秀吉統一日本成為「天下人」之間約有三十年的時間差，但雙方的行動基本上是平行進行的。其後「天下人」開始覬覦列島以外廣袤的土地，計劃征服明朝以掌握真正的天下，於是派兵侵略朝鮮。十六世紀中期時來自歐洲「切支丹國家」（基督教、天主教諸國）的人民，以及代表實力的步槍和大砲，讓秀吉充滿信心發動戰爭。歐洲國家的人民在新式武器的加持下，將港口城市網絡中的要地改造為軍事據點，用來壓制周邊的海域，並推進其殖民地化。

日本列島內以豐臣秀吉為首，實際握有實權的武家（大名）勢力，透過和宗教一揆的作戰，認識到具有基本教義性質的一揆所產生的弊害，因此對於天主教國家擴張領土的舉動很早就相當警覺。深諳軍事的大名們熟知西洋武器的威力，對其充滿敬畏。據說織田信長曾對憂心忡忡的大名們解釋，連接歐亞之間的兵站線距離過長，因此沒有必要杞人憂天。由此我們可以瞭解到當時軍事力量的界限。帆船時代的戰略均衡狀態，直到培里來航為止都沒有改變的理由也在此。

當時的日本在看歐洲時，對西方以新技術為基礎，所展現出來的軍事能力，混合著既欣羨又不安的態度。可以說「脫亞入歐」[14]的可能性，在中近世移行期的過程中已經萌芽了。

另外，「切支丹國家」的傳教士和他們世俗的保護者們，做出了僅靠自己的力量是不可能完全占有遼闊的中華大地上豐富物產的結論。西方國家看上了來自國土貧瘠、但做為傭兵卻能經常在東南亞發揮極強戰鬥力的日本士兵（下級武士）。西方國家曾企圖讓東南亞地區的當地人士率領日本武士對大陸進行殖民化的嘗試，換句話說，就是讓他們充當類似牧羊犬的任務。部分西方傳教士曾經認為上述計劃的可行性，相當具有討論的價值。當我們回顧從日清（甲午戰爭）、日俄戰爭開始，到第一次世界大戰為止的歷史時，可以發現其中有好幾個事件，反映出上述計劃曾經存在過的蛛絲馬跡，觀察範圍甚至能涵蓋到進入近代為止。

在這段期間，努爾哈赤率領的小部眾以迅雷不及掩耳的方式橫掃了中國北方的草原地帶，建立了清朝。努爾哈赤之子皇太極於一六三八年征服了朝鮮，將其納入勢力範圍內（丙子胡亂）。到了十七世紀中期，巨大的清帝國於焉形成，發生了「華」、「夷」交替。同一時期，對東方充滿野心的俄羅斯也開始展開行動。

「幕藩體制」這個在日本用來統合大名的權力，就是在上述這樣對外關係的大環境下形成的。在皇太極入侵朝鮮半島時，幕府命令諸大名參與江戶城防禦體系的建設工程，並制定了箱根關所相關的法律制度，除此之外還鑄造了寬永通寶[15]。幕府採取的行動是否和朝鮮及清朝發生的事情有所關連，要從史料上進行論證有一定的難度，因為資料實在是付之闕如。

◎再探「鎖國」

「鎖國」一詞出自坎普弗爾（Engelbert Kaempfer）[16]的文章，十九世紀初葉經由時任長崎通詞（外交通事）的志筑忠雄所翻譯、創造出來。近年出現不少關於「四口」（四つの口）的討論，我們已經知道近世這段期間，長崎、對馬、松前、薩摩四地的港口分別應對荷蘭、朝鮮、蝦夷、琉球。從這個事實可以知道「鎖國」並不存在，但幕府的貿易獨占和禁止人民海外出航的「海禁」政策是確實存在的。不論是持哪一種論點的人，都將重點放在經濟政策的討論上。

然而十七世紀初期，以女真人的崛起為導火線的東亞大動亂絕非一件能等閒視之的事。當時擔任幕府學問所頭取的林春勝（鵞峯）和其他幕閣成員，無不努力地收集時刻都在變化的大陸情報，他們對整個事態的認知是「北狄女真人壓制了中華的漢族」，並以「華夷變態」稱之。「華夷變態」意味著「華」和「夷」的交替，漢文化當時面對的困境對自古以來親近漢文化的日本人帶來了極大的衝擊。林春勝在心裡深處哀嘆這樣變局的同時，還留下了或許是因為過於震驚而隱含著「隔岸觀火」態度的文字紀錄。雖然我們不能否認，以身為當時日本最高水準知識分子的人物來說，林春勝留下來的文字紀錄裡可以見到些許輕薄的言論，但若是能從數千年來，一直被當作「東夷」來對待的儒者的心情來同理，就不難理解了。做為學者的林春勝知道，和「華夷變態」相比，「華夷交替」才是歷史的現實。

然而這件事對之後的「脫亞入歐」，帶來了認知上的偏誤，結果造成日本走上了錯誤的道路。這對處在東西文明接觸時期的日本人來說，是一件不幸的事情。「鎖國」一詞中隱藏著對現實狀況的批判，同時蘊含了「開國」這個走向未來的路線。

從上述的觀點來看，德川幕府底下成立的「鎖國」體制，以及該體制對近代造成的影響，還需要學者們進一步從政治、思想和文化的角度，進行深度的研究。

1 一向宗：為日本淨土真宗的別稱。
2 大名：日本的諸侯。
3 一揆意指出現於室町幕府中期以後，因不滿地方政府苛政而揭竿起義的農民或一向宗信徒的叛亂。一向宗信徒的一揆又稱為「一向一揆」。
4 島原之亂：從一六三七至一六三八年間，因高壓管理與重稅，島原和天草兩地爆發了農民起義。
5 勘合貿易：中國明代和朝貢國之間行使貿易的制度，亦稱「貢船貿易」。明朝僅允許朝貢國在規定的地點時間之下與明朝進行貿易，「勘合」即為認證朝貢國身分的證件。
6 慈円：鎌倉時代初期著名的天台宗僧侶，父親為關白藤原忠通。
7 老中：江戶幕府的官職名，職位大致和鎌倉幕府的「連署」、室町幕府的「管領」相當。在「大老」設置前，為幕府的最高官職。
8 足利義滿：室町幕府第三代將軍，於一四〇一年開始對明朝貢，進行勘合貿易。
9 五山：為中世時臨濟宗裡寺格最高的寺院，寺院的排名順位依時代略有不同，直到足利義滿時才做出定案。其中又分為京都五山和鎌倉五山。
10 應仁之亂：日本從應仁元年（一四六七年）開始持續了十一年的內亂。混亂的局勢從京都擴張至地方，並於亂後進入戰國時代。應仁之亂直接導致了幕府權力的旁落。
11 國人：日本中世後期在地領主和地方武士的稱呼。
12 刀狩令：豐臣秀吉統一天下後頒布，主要在解除農民的武裝，往兵農分離制推進。
13 黑船：為室町時代之後，從歐美航行至日本的帆船總稱，因船體的塗裝為黑色而得名。在之後的時代，黑船成為包含大型蒸氣船在內的外國船隻的俗稱。
14 脱亞入歐：這個概念是甲午戰爭前後，日本持有的亞洲觀之一。其中又以福澤諭吉的「脱亞論」最為人所知。
15 寬永通寶：江戶時代的貨幣，有銅錢和鐵錢兩種，鑄造年分從一六三六年起到一八六二年為止。
16 恩格爾貝特．坎普弗爾（Engelbert Kaempfer）：出身於德意志北部的醫生和博物學家。他的著作《日本記》是歐洲第一部有系統地介紹日本的書籍。

第七章

向繁榮與衰退的歷史學習——今後的世界與日本

文／青柳正規（東京大學名譽教授）、
陣內秀信（法政大學教授）、
隆納・托比（伊利諾大學名譽教授）

（這場三人的對談於二〇〇八年六月三日，
在東京都內舉行）

朝鮮通信使來朝圖　畫面中人聲雜沓的隊伍充滿了臨場感。羽川藤永作。

重新審視「人類的歷史」

◎歷史性事件與「人們的觀感」

·青柳／

在這套「興亡的世界史」叢書裡，不同文化、文明其「興亡的歷史」已在各冊做過論述了。透過重新審視「人類的歷史」，在思考人類今後該往何處去時，我們可以從過去得到什麼樣的提示和教訓呢？接下來將以這個設問為主題，由擔任這套叢書編輯委員的我（以下簡稱青柳）和陣內先生（以下簡稱陣內），以及研究近世日本外交史的隆納·托比（以下簡稱托比），針對這個議題進行一場對談。我們會聚焦在日本過去的歷史和現在，而「世界中的日本」該如何存續，也是這場對談想討論的內容。

一開始我想從羅馬的歷史談起。四世紀中葉以後，日耳曼民族的大遷徙造成羅馬衰頹。在這段衰退期中，羅馬人留下了「過去太陽是如此易見，為何近來卻不見日升」這段文字。但在調查了歐洲當時的氣候之後，並沒有發現如小冰河期或異常氣候的跡象，因此太陽應該還是一如往常從東方升起、西方落下才是；然而在國家和社會的勢頭處於衰弱時，人民的心情也會變得消極，這種心情亦反映在留下來的史料裡。

・托比／

換作是日本的話，則會在像是《方丈記》[1]這類著作中，寫下鎌倉時代發生的飢荒和天災，書中除了記錄當時的情況，也充滿了世事無常的負面情緒。只不過文中倒是沒有提到太陽未升起的事情。

・青柳／

《平家物語》悲嘆曾經權傾一時的平家，在走向衰亡的過程中，進行故事的鋪陳。談到歷史性事件和「民眾的觀感」，就要提及發生於一五二七年的「羅馬之劫」。因教宗克勉七世和法國的法蘭索瓦一世暗通款曲，導致神聖羅馬帝國皇帝查理五世的軍隊攻占羅馬，並在城中大肆燒殺擄掠。這個事件可以稱為「文藝復興時代的九一一事件」，而且對歐洲的藝術家在精神層面帶來相當大的影響。在羅馬蒙塵之後，虔敬的宗教繪畫大量增加；特別是西班牙，因為反宗教改革的影響，出現不少相當陰鬱的作品。

某個重大的歷史事件發生後，相當程度地改變了當時的文化、藝術及民眾的觀感，這種事在人類歷史中並不少見。如果從上述的觀點來看，發生於二〇〇一年的九一一事件儘管是一件令世人感到震驚的憾事，若是拿它和歷史上發生過的一些戰役相比，其實只是小巫見大巫而已。在九一一發生過後，從很多面向來看，世界確實發生了改變，不知道兩位的看法如何？

・托比／

沒錯，美國社會在九一一之後是有些愁雲慘霧。然而我想表達的是，該如何定調這次恐怖攻擊的性質，其實主要還是取決於小布希政府所採取的應對方式。例如從一九六〇年代起，愛爾蘭共和軍（Irish Republican Army）就經常發動恐怖攻擊活動，對此，英國政府雖然出兵與之對抗，但僅將愛爾蘭共和軍的恐攻當作犯罪行為來處理，沒有將其升級到戰爭的地步。

作為對照組的是，九一一這場奪走了三千多條人命的慘事，小布希政府不只視其為恐怖攻擊，甚至還將它拉高到和二戰時期的珍珠港事件相同級別的「開戰」宣言。對小布希來說，希望藉由這個事件，讓美國民眾體會這個關係到國家存亡的危機感，因為這麼做，能讓他的政權更加穩如泰山。雖然說來諷刺，但小布希的確對九一一進行了政治上的算計。

・陣內／

九一一的確是個撼動人心的事件，正因為發生了這件事，才讓日本國內開始高度關心伊斯蘭世界。然而希望大家要知道，伊斯蘭原來就是一個兼容並蓄的文明。正因其內部具有的寬容性，才讓這個文明能在融入不同地區的氣候風土和民情慣習時，採取具有彈性的統治方式，最終呈現出今日我們所見、幅員如此遼闊的伊斯蘭社會。從清真寺的建築樣式來看，區域性的差異顯而易見，和基督教的教會建築相比，造型更是多元豐富。

・青柳／

如果要說這種寬容性指的是什麼的話，簡單來說就是對伊斯蘭的統治區域所展現出的優越性——亦即當國家強盛時，對他者所展現出的寬容態度。拿黎巴嫩來說，直到上個世紀七〇年代中期爆發內戰為止，政治上長期以來維持著少數人口的基督教徒當總統、穆斯林擔任首相的制度。可是在埃及和以色列的戰爭中，阿拉伯諸國不得不承認，在軍事力量上已遠遜於以色列的事實，在那之後，寬容性就開始逐漸消失了。到了波斯灣戰爭時，在見識了懸殊的軍事實力後，伊斯蘭世界全體開始急遽黯淡。就在群體的無力感被攤在世人面前時，「伊斯蘭基本教義派」趁勢崛起。我認為讓伊斯蘭世界失去了寬容性的原因，和西方先進國家對他們的窮追猛打有關。

・托比／

雖然我並不想替伊拉克的海珊政權做辯護，但他的政府的確是在執政上和宗教保持相當距離的世俗主義政權，因此蓋達組織其實是敵視他們的。做為世俗主義的海珊政權相當有自信，就算輸掉了波斯灣戰爭，也沒往基本教義靠攏，看不出他們有政教合一的端倪。可以說海珊引以自豪的，是一個世俗的伊斯蘭政權。

・青柳／

而且從伊朗崛起的時候開始，美國就不斷奧援伊拉克。

・托比／

是的。正因為如此，伊拉克不論在宗教或文化上，才會一直維持比較寬容的立場。

◎對伊斯蘭社會的看法

・陣內／

關於寬容性，可以試著從歐洲如何看待伊斯蘭來做思考。例如西班牙的安達魯西亞，原本是屬於伊斯蘭文化圈的地區，這也是當地的一種自我認同。像在高第的建築中，就可以發現伊斯蘭的元素在裡頭。所以我們可以知道，西班牙自古以來就接受伊斯蘭社會的存在了。

接著來談談義大利，該國在歷史上也深受伊斯蘭文化的影響。二〇〇七年的夏天時，威尼斯曾舉辦了一場名為「威尼斯與伊斯蘭」的展覽會。看了該展覽後才知道，原來威尼斯從十二到十四世紀這段期間，從阿拉伯地區引進了大量的工藝品、地毯及伊斯蘭文化；其後，相較於威尼斯，阿拉伯地區相對衰退，結果威尼斯反過來將過去從阿拉伯學到的技術加以提升，製作出高度成熟的玻璃工藝品和紡織品，並將這些東西逆向輸出到阿拉伯。

從這個展覽的內容可以認識到，在義大利和伊斯蘭之間相互交流的歷史中，沒有任何一方是單方面受到對方影響的。歐洲和伊斯蘭就算在兵戎相向之時，雙方仍是不斷地彼此影響。從地理上來看，像義大利這種面地中海的國家和伊斯蘭世界相當接近，人與人之間的交流也多；就算不喜歡對方，還是要學著接納彼此。與之相較，美國在空間上和阿拉伯世界則相當疏離，我認為這剛好可以說明，美國和歐洲在面對伊斯蘭社會時，兩者所展現出來的應對方式為何會如此殊異了。

・托比／

美國國內，尤其在像密西根州等地，穆斯林還蠻集中的，特別在城市裡可以看到許多清真寺。然而直到九一一事件爆發為止，一般的美國公民幾乎沒有意識到伊斯蘭社會的存在。雖然過去曾發生過歐陸背景的國會議員皈依伊斯蘭的事情，還成為當時眾所矚目的焦點，但在美國國會五百三十五人之中，也只有一位穆斯林而已。因為比例是如此懸殊，美國國內對伊斯蘭社會存在現況的忽視也就不足為奇了。

但是這個情況在九一一事件後，發生了巨大的改變。目前在美國國內，甚至出現了排斥伊斯蘭，或將伊斯蘭信仰視作反國家的愚蠢言論，這真是一個令人相當難過的現象。

・陣內／

《伊拉克吃什麼？》[2]是一本很有意思的作品，該書出自中東問題的專家，同時也經常在電視節目中擔任評論人的酒井啟子教授之手。目前伊拉克雖然仍處在抗爭活動頻仍的狀態之中，但人民的日子還是得繼續過下去。酒井教授除了介紹伊拉克人餐桌上的食物，還記錄下居民生活的片段。值得注意的是，文中寫到雖然去國離鄉的伊拉克人會在移居地推廣故國的文化，但從伊拉克周邊的小國來看，這些不斷增加的伊拉克移民，卻被視為奪走本地工作機會的元兇，進而衍生出對立關係。《伊拉克吃什麼？》這本書中點出了這個新的問題，在一連串伊拉克問題的背後，都可以看到美國政策失敗的影子。

美國想將自以為是的「正義」和「美式民主」移植到伊拉克，然而卻遭到重大挫敗。從結果來看，美國想在和自己完全不同的社會、風土和心靈世界裡，描繪不切實際的幻想，當然只能以失敗告終。儘管如此，美國政府卻也沒想過要反省自己。雖然無奈，但我想這正好暴露出，美國在根本上缺乏對其他文化進行理解的態度。

・托比／

雖然從美國整體來說並不一定準確，但我確信，至少小布希政府的確沒有把美國文化

「相對化」的想法——亦即對小布希來說，真正的民主僅此一家別無分號。在他認為，只要將美式民主帶進伊拉克，當地的人民一定會歡欣鼓舞地接受。先不論小布希想要移植到伊拉克的美式民主主義是否為「真正的」民主主義，伊拉克會不會重視這個天上掉下來的「禮物」，就是一件相當令人懷疑的事。簡單來說，小布希政府的想法就是，「我們已經把自由交到你們的手中了，但如果不接受民主主義的話，就沒有明天」。

世界中的日本

◎國際社會的相對化

・青柳／

這裡我想針對日本，表達一下自己的想法。從結果來看，美國想要自己達成相對化並不容易。一種普遍的看法是，因為英語為世界的共通語，所以美國人才無心去學習英語以外的其他語言，實現國際化當然就只能淪為空談而已。若以全球化的視野來看，日本在世界上的存在感遠低於美國，因此身處國際社會之中，更需要做到相對化。

然而日本這個島國的特殊性就在於，人民深信民族與國境之間不變的一致性，因此要想推進相對化的概念也不容易。我擔心若是長此以往，在今後的國際社會中，將會引起許多爭端；想得再悲觀一點，若無相對化可依，國家只要稍微不小心，就有走向歧路的可能。如果不希望看到悲劇發生，我認為對日本來說，最重要的應該是能在國際社會中，確實做到相對化才是。

・陣內／

拿歐洲來說，歐洲一體化在過去進行得很順利，或許歐元升值反映出的正是這個結果。在歐盟圈裡，學生們可以前往自己心儀的大學求學，那些想認真學習的學生，會利用半年或一年的時間去其他國家留學，待習慣了當地的語言和風土民情之後再返國。還有多樣的廉價航空可供選擇，也有助於人們移動。

在歐洲一體化的過程中，有些地方值得我們注意。像是過去一些曾被時代遺忘的區域，也搭上了這班順風車，重新找回昔日的風光。不論是南義或西班牙南部的安達魯西亞，兩地雖然都擁有悠久的歷史，卻沒有跟上近代化的腳步，成為落後的區域。但是在歐洲統合之下，這些地方獲得了戰略性的投資，藉由保護文化遺產，達成區域再生的目標。託這些計劃的福，近年來南義等地顯得朝氣蓬勃；今後東歐也會成為投資標的，如此一來，歐盟全體一定會羽翼更豐的。

・**青柳**／

原來如此。以歐洲來說，擁有共同的文化和歷史，的確是一個容易整合的基礎。

・**陣內**／

沒錯，基督宗教和古羅馬文化是歐洲的共同基礎。那麼亞洲的情況又是如何呢？亞洲在宗教上除了有佛教這個共同點之外，從歷史上來看，自古就有頻繁的交流活動。以日本為例，過去曾經從中國和朝鮮半島學習多樣文化的歷史。日本雖然也經歷過一段侵略亞洲，以及把自己的想法強加在其他國家的時期，但自古以來卻一直保持著相互交流。

◎歐洲與亞洲的決定性差異

・**托比**／

然而，在民族性、宗教和意識型態之前，亞洲和歐洲存在著一個決定性的差異。如果拿動物園來做比喻的話，歐洲的情形就像是園裡有一群狗，卻沒有大象；而東亞卻存在著一頭名為中國的巨象，在牠身邊圍繞著好幾隻貓（笑）。

以人口數量來看，中國是日本的十倍、韓國的二十倍。目前日本的ＧＤＰ（國內生產總值）雖然高於中國，但是在將來，只要一個中國公民分配到的ＧＤＰ達到日本人的三分之一，單就數字上來看，中國的ＧＤＰ就會成為日本的三倍之多。歐洲由中規模的國家所組成，但亞洲卻是大象與貓。我認為這就是歐亞之間決定性的差異。[3]

・青柳／

而且日本和中國，以及日本和朝鮮半島之間，也存在著歷史的芥蒂。

・托比／

四百年前豐臣秀吉侵略朝鮮，日本也在十九世紀後半開始走向軍國主義之路，把朝鮮半島和台灣當作殖民地，並和中國發生戰爭。因為這些事，讓中韓兩國今天依然存在著強烈的反日情感。

其實，英國和法國、德國和法國，或奧地利和義大利，這些歐陸國家之間在過去也經常兵戎相向；但因為腳下的土地連接在一起，各民族之間也相當程度彼此融合，在歷史上國與國更是經常舉行政治聯姻。上述這些都是歐陸和日本的相異之處。近代日本曾經將朝鮮半島納為殖民地，但在這段期間裡，也沒有發生過將朝鮮半島的女性選做天皇妃子，迎入宮中的事例。

如果我們從日本的國家體制成立迄今一千五百年的歷史來看，殖民朝鮮半島的時間不過只有三十六年而已，放在漫長的日本史中，時間相當短暫。但在中韓兩國人民的心中，這三十六年間的怨恨現在仍難以忘懷。

・陣內／

讓我們將時間倒回江戶時代，托比教授長期研究的朝鮮通信使[4]，確實扮演了日本和朝鮮半島雙方的交流渠道。

・托比／

是的，當時日本處於鎖國之下，但除了迎接來自朝鮮的使節，交換文物之外，和中國也維持著貿易的往來。儘管曾有這些交流的過往經驗，但韓國和中國依然對帝國主義時期的日本耿耿於懷。不消除這些心中的陰影，東亞想要組成一個像歐盟的共同體，是非常困難的。

・青柳／

近來「大中華」（Big China）一詞時有耳聞，我認為今後中國和台灣、香港、新加坡等地，一定會有更緊密的連結。對日本來說，如果想與之抗衡，就必須和韓國、台灣，或是印尼和菲律賓等國家攜手，保持東亞的勢力均衡相當重要。

・托比／

青柳教授所言甚是。但在為了對抗大象而組成的貓兒聯盟中，日本也無法成為凝聚向心力的盟主，因為這還是關係到日本過去在亞洲的所作所為；就算日本真的找韓國和台灣組成一個聯盟，中國也不可能坐視不管的。

・陣內／

近年來這頭亞洲巨象的力量似乎越來越強大了。最近載著中國觀光客的巴士，在銀座隨處可見，來日本旅遊的中國人著實增加不少。到底該怎麼做，才能順著這股潮流借力使力，把日中關係推往好的方向呢？

・托比／

我只能說，日中之間最好從一開始，就不要存有建立類似歐盟這種共同體的幻想比較好。話雖如此，日本如果不和中國及韓國打好關係的話，未來也是堪慮。外交是國與國之間重要的舞台，我認為雙方應該在瞭解到彼此想法不同的前提下，找出一致的利害關係，這樣才能友好地交往下去。日本江戶時代的朝鮮通信使就是一個很好的例子。通信使並非只是肩負親善友好目的的使節團，在其背後還透過對馬藩[5]進行日朝貿易；日朝貿易對當時德川幕府的對外貿易上，占有舉足輕重的分量。

・青柳／

談到日朝貿易，就不能不提到江戶時代中期的雨森芳洲[6]，當時他扮演了相當重要的角色。像他這樣的人，如果以現在的眼光來看，是不是能將其視為一名外交官呢？

・托比／

雨森芳洲原本和新井白石[7]同為木下順庵[8]的門生。在對馬藩裡他擔任顧問，讓藩的對朝外交活動能順利進行；與其說他是日本國的外交官，不如說他是對馬藩的外交官比較貼切。一七一一年（正德元年）在迎接通信使的時候，他站在新井白石的對立面，極力反對新井提出要簡化接待方式的作法。雨森這麼做的目的，並不是站在朝方的立場來反對這件事，而是以對馬藩的立場來想事情。如果幕府真的簡化了接待的儀禮，做為對馬藩生命線的朝鮮貿易就有可能生變，因此雨森才必須反對到底。

雨森芳洲不但精通朝鮮語，還曾親自到釜山和當地的官員有過密切交流，這些都是為了守住對馬藩的利益。

・青柳／

這麼說來，過去日本和朝鮮之間的外交其

雨森芳洲　江戶時代中期的儒學家。長期負責對馬藩的朝鮮外交活動。

實進行得還挺不錯的，但朝鮮半島那邊似乎總只聚焦在日本侵略的那段歷史上。

・托比／

本來國與國之間的關係，就不可能只是風平浪靜。如同美國，也不時會和法國、英國、墨西哥、加拿大等國家發生摩擦。二〇〇三年伊拉克戰爭時，美國在伊拉克政策上和法國相左，當時美國國內就曾經掀起反法的風潮，先是不買法國紅酒，後來甚至連菜單上的法式炸薯條（french fries）都想改為自由薯條（freedomfries）呢（笑）。這種話說出來還真丟人。

◎歷史景觀面臨的危機

・陣內／

對了，提到了朝鮮通信使，做為該使節團的中繼港口、位於瀨戶內海的鞆浦（廣島縣福山市），目前似乎正在進行一個計劃，要將部分水域填海造陸，興建一座架橋。

・托比／

唉呀！為什麼要這麼做呢？

・陣內／

說到鞆浦，自古以來就以瀨戶內海著名的「潮待港」走向繁榮，從《萬葉集》成書的年代開始，周邊美麗的風景幾乎就沒有改變過；建於江戶時代的港口設施，也幾乎全部被完整保留下來，像「雁木」這種階梯狀的碼頭、夜燈和船埠，以及稱做「焚場」、做為修補船隻的船塢等。能夠完整保留這四樣從江戶時代至今的港口非常珍貴，放眼日本也就只剩下這裡了。

如果在這裡搭起一座橋的話，鞆浦的風景將不復存在。目前這個計劃已經惹來不少爭議，做為反對運動的一環，倡議將此地送進世界文化遺產名錄的運動也已經啟動。這座港口過去曾迎接朝鮮通信使，歷史價值自不待言，如果要將它推進世界文化遺產之林，想必韓國方面也會全力支持的。目前地方上的人士正透過努

鞆浦　以「潮待港」知名，保留了近世建築群，雁木和夜燈依然留存至今。

力學習朝鮮通信使的這段歷史，努力朝登錄世界文化遺產的方向推進[9]。

・托比／

原來如此。為了保存鞆浦的景觀，將過去朝鮮通信使的歷史，做為一種抗爭手段加以使用，是一種很好的方式。在鞆浦以外的中途港，是不是已經看不到過去的景象了呢？

・陣內／

牛窗（岡山縣瀨戶內市）那裡，真的就只剩下一小部分可供憑弔了。日本人實在過分，把這些地方都給破壞了。

・托比／

這是因為從江戶時代開始就不斷填海造陸的原因。當我們攤開古地圖來看時，那些星羅棋布的島嶼到了江戶後期已經和陸地連在一起了。話說回來，在鞆浦蓋一座橋有什麼好處嗎？

・陣內／

好像是因為城市裡蜿蜒的狹窄巷道容易造成塞車，在安全上也有疑慮，所以政府才有這個計劃。

・托比／

蜿蜒狹窄的巷道有什麼不好，車慢慢開不是才有情調嗎？這也正是複雜的街道和蜿蜒空間的優點，我認為這樣的地方反而能讓人類在精神層面上多些從容。

與其把道路拓寬便於汽車行駛，我反而喜歡車流沒那麼順暢的道路，讓更多人選擇搭乘巴士或地鐵。日本的都市和美國一樣，都是以汽車為優先考量，行人的需求往往遭到忽視；但神可不是為了汽車才創造人類的——東京到處都是天橋，這是我最受不了的地方。

・青柳／

我聽說東京的天橋可以追溯到一九六〇年，當時的東京都知事去義大利參加奧運，他在羅馬看到了天橋，覺得這個設計實在是太棒了，所以才趕在東京奧運（一九六四年）舉辦之前，在東京興建了許多天橋。然而東京知事或許不知道，等奧運一過，羅馬就把這些天橋都拆掉了；反觀東京，奧運結束之後還在增建天橋。

◎從高度成長和泡沫經濟崩壞中學到的教訓

・陣內／

在以一九六四年東京奧運為象徵的高度經濟成長之後，日本發生了巨大的轉變。根據我的學者朋友在東京用水源頭的西部山地所做的田野調查顯示，在奧多摩和秩父一帶的深山裡，仍保留著過去人類生活的痕跡。過去那裡的社會採行原始農業，有信仰活動以及連接區域之間的交通網絡。像這種山村社會和文化，在過去一定遍及日本各地。

這些生活空間之所以消失，是因為過去做為山村生活基礎的平衡，在日本全國崩潰了。看看江戶時代，那個時候各個區域之間的平衡保持得多好。在幕藩體制下，各藩之間的文化和經濟都起到作用，自我認同得以維持；但隨著時代的改變，支撐山村生活的平衡崩壞了，在高度成長期破壞得更為嚴重。

·托比／

我第一次來到日本是東京奧運結束後的隔年，也就是一九六五年。拿當時和現在比較，日本真的是完全改頭換面了。

·陣內／

高度成長期時，平衡雖然已大幅崩壞，但我認為當時還算好的。決定性的打擊發生在泡沫經濟之後的二十年，但在壞到這一步之前，曾經出現過幾次挽救性的嘗試。在大平內閣時曾提出「田園都市」的構想，「地方的時代」這個口號也曾甚囂塵上。竹下內閣時，提出「故鄉創生事業」，根據這個政策，撥款給每個自治體一億日圓。

可是在泡沫經濟崩壞之後，重建日本經濟成為當務之急，錢全部流向東京，造成資源又再次往東京集中的結果；雪上加霜的是，自治體內部職權的劃分越來越細，使得行政效率不彰，讓市町村合併成為必然的趨勢。目前日本全國的自治體約有一千八百個左右，但一直到上個世紀九〇年代中期為止，這個數字約為現在的一倍之多。像這種資源往東京集中和地方的區域化所呈現出來的結果，就是在區域中打造一個核心都市，例如九州的福岡或東北的仙台，而其他地方上的人口則逐漸流失（過疏化）。

在這個過程中會發生像是把不賺錢的地方鐵道線路廢線的決定，縮小基礎設施的支出。結果使得過疏化和高齡化的現象加劇，出現許多被稱作「限界集落」[10]的村莊。這些聚落一但遭受大型災害的侵襲，不但連復元的力量也沒有，很有可能就這樣走入歷史。這類現象發生在全國各地，是當前日本的現況。

・托比／確實只要往地方去就會看到，主要街道上的許多商家都處於歇業狀態，就算是白天也沒有什麼人潮。

・陣內／我曾經聽影集《男人真命苦》的導演山田洋次說過，拍攝系列作品最後一集在地方上的外景時，真是吃足了苦頭。因為商店街的店家都沒營業，最後還是劇組花錢請店家開門，把商品都上架之後才開始拍攝。

◎經濟成長與文化相互連結的時代

・青柳／

讓我們改變一下視角，從日本在第二次世界大戰之後的變化來思考。首先是人口的急速增加：在明治時代初期，日本的人口約有三千五百萬左右，到了現在已經來到一億兩千六百萬人了。其次是戰後快速膨脹的GDP：二戰之後的日本人，無不努力地追趕GDP的成長和社會的變化，因此對生活和文化面相自然就沒有那麼關心了。

那麼「文化」究竟是什麼呢？如果以粗略的方式來回答的話，可以將其視為一種「框架」。只有在框架建立之後，人們才能在裡面追求更好、更精緻、更豐富的事物。但是當變化的速度過快，框架也必須隨之調整時，要期待得到文化上的充實不啻是緣木求魚。這就是為什麼，戰後日本一直不重視文化了。

今天的日本在很多地方都面臨瓶頸，經濟成長無須多談，人口成長也已經開始遲緩。根據推算，在往後三十年內，日本的人口數量將會減少兩千萬人。我認為正是因為處在這種轉換期之中，不是應該讓更多人能在充實的文化環境下，追求富足的生活和幸福感嗎？

・托比／

可是這樣會發生一個問題，那就是我們要拿什麼來界定「文化」呢？例如，是要將具有高度歷史價值的有形、無形重要文化財當作文化，還是把超越國界、無邊界（borderless）的新型文物當作文化呢？如果我們往世界上其他先進國家所共有的文化靠攏，一些嚴格來說還不算是國粹主義的人一定會跳出來，提出「日本是日本、美國是美國」的論述。以美國為例，做為透過移民而形成的多元民族國家，要是一提到固有文化，就只有被自己消滅了的過去原住民的文化而已。遇到這種情形還真尷尬。

但是這個問題對於擁有悠久歷史的日本來說，就可迎刃而解。前些日子，我從新幹線的車窗看見了久違的姬路城，心裡很感動，這座城堡真是雄偉壯觀；然而如果換作是岡山城的話，就不會有這種心頭一熱的感覺了。說白了，那是因為岡山城早已毀於戰火，現在看到的是由鋼筋水泥所搭建復原的；像這種經過復原的東西，我們能稱其為「文化」嗎？

要說到文化，位在東京大學本鄉校區的赤門與正門之間，有一棟由安藤忠雄設計的建築物（東京大學情報學環・福武堂）。這棟建築在意識到過去這裡曾是加賀藩的土地，便利用國際通用的建築語言，採取新鮮又不會和周圍地景發生衝突的方式來完成。我認為這棟建築證明了一件事，那就是它在傳統的基礎上面向未來，實現了創造新文化的可能。

・陣內／

剛才青柳先生提到，日本的經濟和人口成長都已經遇到瓶頸了。我認為如何將經濟活動和文化做結合，是接下來的重要課題。迄今為止長期的成長期走到了轉折點，可是對該如何面對這個狀況，日本顯得莫衷一是。那麼歐洲的情況又是如何呢？當我一九七三年在威尼斯留學的時候，國際上剛好遭逢石油危機，我認為正是這個事件改變了歐洲。歐洲開始採取行

東京大學情報學環・福武堂　安藤忠雄設計。這棟建築蓋在長 100 公尺的狹長土地上，設計者參考了京都三十三間堂的構造，規劃出整體的協調感。2008 年竣工。

動去保存古色古香的街道和田園景致，致力於農村的再生，都是在石油危機之後展開的。

值得注意的是，這些新的動向正是以經濟結合文化的方式來推展的。像創意城市（creative city）和創意產業（creative industry），這些詞彙都產生於上個世紀七〇年代之後；它們和工業化時代的生產方式大異其趣，是更具知性和文化的挑戰，以小規模的方式，和讓年輕人容易揮灑自己的感性與思考而廣為人知。以日本為例，大概就像是把橫濱的倉庫改造為現代藝術的展場之類的行動，只是到目前為止能看到的案例還不算太多。

在日本，經濟和文化之間基本上存在著一種對立關係，將鎂光燈集中在文化這類「嗜好」上，是經濟發展所不樂見的；但在過去，產業界對文化不甚重視也是事實。今後，日本的經濟活動必須和文化相互融合，重新檢視孕育出文化和歷史的都市，然後摸索出更具有附加價值的高度經濟活動才行。

·青柳／

「經濟」本來的意思，是讓人們的生活能過得更加富足的手段；可是日本卻將經濟的原意導因為果，日本人經常像這樣把目的和手段混為一談。或許這是源自於對眼前事物的執著，所產生出來的「過度認真」的態度吧。到現在我依然認為，正是這種態度讓日本人忘了社會本來的目的性。

・陣內／

其實我們可以看到，日本從一九七三年的石油危機，到一九八五年進入泡沫經濟為止，出現了一些蠻有意思的現象。這段期間，人們的注意力從公害問題轉向對環境的關心，街區的保存和都市寧適性（amenity）的想法也開始萌芽。到了上個世紀八〇年代，年輕人開始對裝飾風藝術（Art Deco）和「摩登東京」（モダン東京）等產生興趣。在城市的街道上漫步成為風潮，像下北澤和吉祥寺等新舊混呈的區域變得相當有元氣。

可是一進到泡沫經濟之後，情況就變得有些不對勁了。經濟活動帶來的資金充斥日本，很多有錢的企業會找來國際級藝術家到日本舉辦文藝活動，可是在泡沫經濟結束後，卻什麼都沒有留下來。紐約的雅痞們也會在文化上花錢，可是做法顯然和日本的年輕老闆們不一樣。

◎轉型為培育文化的社會

・托比／

關於這一點，我認為這同時也反映出日本和美國之間的稅制差異。美國的稅制對想從事文化活動的有錢人來說比較友善。我有一個成立軟體公司的創業家朋友，他的公司後來被大企業併購，他也因此獲得了很多該企業的股票，成為一名資產家。然而如果將這些股票換成現金的話，會被課一大筆稅。因此他採取的作法是，以有效證券的形式捐贈給他的母校伊利諾大學。這麼做的話，就能從所得中扣除寄贈當時股票的市價總額了。

除此之外，美國的捐贈者可以指定他的捐款要用在什麼地方。於是他向校方提出以自己的名字來成立一間研究所的想法。像這種作法，雖然沒有什麼會被人所詬病的地方，但如果以社會整體的優先順位來考量的話，他的決定對社會來說是不是一種最佳的選項，則又是另外的問題。從結果來看，富有的人決定了事物的發展，偏離了民主的路徑；說簡單一點就是，把要用在社會上的錢的決定權交給有錢人妥當嗎？

・青柳／

日本的稅制以中立性為基礎，不樂見以稅來引導政策的發展。因此政府的大原則是盡量保持中立，把錢平均分配給各個行政單位。雖然沒有人會歡欣鼓舞去繳稅，但納稅人如果能清楚知道自己的稅金會被用在像聯合國兒童基金會（The United Nations Children's Fund）上，像這種近似於目的稅的做法，有些人倒是給得很心甘情願。

・陣內／

在京都，有一個以保存傳統町家為目的的「京町家社區營造基金」（京町家づくりファ

ンド），基金會透過市民和企業的捐款來進行町家的修繕工程。其實有不少人很樂意在這類文化活動上掏腰包。但若僅靠捐款其實很難維持守護文化遺產的重任，因此還是需要在稅制上有所變革才行，否則文化將難以為繼。截至目前為止，已經有以京都、奈良、鎌倉等為對象的《古都保存法》了，現在政府將範圍都市擴大，制定了《歷史都市營造法》。這個法律將富有歷史景觀都市的營造工作交由國土交通省，會同文化廳和農林水產省共同支援[11]。

・青柳／

社區營造在地方政府層級也開始了新的嘗試，應該已經有些成功的案例了吧？

・陣內／

我從一名在埼玉縣的川越參與社區營造的女性那裡，聽到一些很有意思的事情。關東一帶從江戶時代起就很興盛養蠶和紡織業，最近，川越的有志之士開始自己種起桑樹來了。透過自己種桑養蠶，製絲紡織，然後將親手製作的和服拿出來販售。像這樣從頭開始以手工製作的產品，價格表現不但出色，還能打造為當地的特色商品，相當具有魅力。透過扎根於地方的小規模經濟活動，不但可以推廣當地的歷史和文化，還是一種結合商業手法的嘗試。

・青柳／

回想起來，我們小時候都被灌輸日本是一個山國的印象，因為耕地面積很少，所以不努力可不行。直到後來才發現，原來日本的山林被保存得很好，放眼世界更是少數鬱鬱蔥蔥的先進國家。但是今後在守護這片綠色時，剛才陣內先生指出的地方過疏化問題，卻是個令人不願面對的事實。都市的膨脹和山村聚落的凋零到底該怎麼解決，是這個時代必須面對的課題。

・托比／

最近「格差社會」在日本成為一個問題，但是當人們談到格差時，往往只聚焦在所得收入上，然而城市和偏鄉的差距也在擴大。美國的薪資所得差距是日本無法相提並論的，老闆和員工在過去就已經有三至四十倍的差距了，目前則已經來到四百倍；社長一天賺到的錢，幾乎和員工辛苦一整年的收入差不多。與其說這是格差，不如說是完全不同的兩個世界更為貼切。日本的勞資所得差異其實還不算誇張，我認為真正嚴峻的是城市和偏鄉的差距。

當我在四十多年前來到日本時，都市裡的人都有老父母或祖墳在鄉下，因此和鄉下存在著連帶感。就算是和鄉下沒有直接關係的人，也知道自己的祖上出自哪個村落。但是現代的都市人不但沒在鄉下生活過，也沒有在鄉下生活的親戚。和鄉下完全失去關係的人口正不斷增加。

◎逐漸消失的田園景色與保存都市風景

·陣內／

談到地區再生，我所任職的法政大學裡有一個「Eco 地域研究所」。這個研究所集合了建築、土木、都市計劃以及人文社會相關科系等各方的學者專家。所裡曾經舉辦過以東京都的日野市為田野調查地點，從歷史和生態兩方面，配合行政單位和當地居民，研究新型態的區域營造方法。

我出生成長的杉並區，在舉辦一九六四年東京奧運前，田園風景就不復見了。而在二、三十年後，位於東京郊外的日野也步上了杉並區的後塵。儘管如此，日野還是保留了不少田園景致，但是當地的農民因為遺產稅的問題，有不少人選擇放棄土地，因此農地逐漸變成了住宅區；變成住宅區之後，伴隨土地的價格上漲，就會進行區劃整理的工作，如此一來土地就被切割成方整的棋盤格狀。過去用來灌溉、彎彎曲曲的水路不是被拉直就是遭到填平，由祖先們打造出來，整齊條理的田園風光，就這樣被硬生生地消滅了。

正因為這樣的景色於不久之前在日本各地仍隨處可見，所以它們的價值不容易被認識。不像位於都心，擁有歷史和知名度的谷中或神樂坂等地，較能夠吸引眾人的目光，成為受到保護的地區。目前，認為都市近郊不斷消失的田園風景深具價值、且關注這方面議題的學者也不多。

・托比／

田園和里山[12]存在的意義，並不只是提供人們如畫般的美景而已，它們和人類社會之間，還維持著一種有機的關係。過去，人們會到「入會地」[13]的山林裡，採集每日所需的薪柴和蔬菜，有些森林則成為村人信仰對象的「鎮守之森」。也就是說，這些在經濟、精神或美學層面的有機連帶，正是里山在發揮它的作用。所以，如果只是為了美麗的田園風光而採取保護措施的話，和人們日常生活相關的有機連帶就會遭到忽視。

・陣內／

確實如此。當想要延續一個文化時，最重要的並不是採取像保護一個傳家骨董那樣的作法。我認為要做的應該是去建構具有前瞻性的文化，一個加入擁有國際觀的感性，並能充分展現出日本優點的文化。回到剛才提到、日野市田地裡灌溉水路的話題上，如何思考出一種新的活用方式很重要。就算田地真的會消失，也能將這些水路打造為地方上的散步路線，或孩子們的遊憩場所，不是嗎？

・托比／

那些流經城市的河川，今後在人們思考如何防範都市熱島效應（heat island）[14]時，一定會備受矚目。以前我曾住在目黑區都立大學的附近，那裡曾有一條名為「吞川」的河川，不過現在已經看不見了。因為在高度成長期之際，河水又髒又臭，所以執政當局乾脆用水泥把它給封上了，讓河川變成一條暗渠。這樣做對減緩熱島效應一點幫助也沒有。河川的流水聲可以使人情緒穩定，水也能為周邊環境帶來涼意，進一步還可以起到滋潤大氣的功用；除此之外，河川還是綠樹的衣食父母，肩負著氧氣循環再生的重責大任。

・陣內／

不只是河川，水田也有相同作用。

・托比／

正因如此，如果水田和農業用水都消失的話，下一代人就準備為此付出龐大的社會代價了。在日本種植水稻得花不少錢，如果單純從成本來考量的話，進口加州的大米或許還比較划算。如果有一天水田完全從日本消失了，各地首先面臨的會是洪災橫行。分布於日本全國各地的水田，蓄積了數百萬噸的龐大水量，同時還提供了涼意、綠地和氧氣。水稻田在我們的生活中所擔負的作用實在不容忽視。

・陣內／

農業的成立，背後也有一套不可缺少的經濟模式存在。就像前面川越的例子看到的，可以在當地販賣地方上出產的東西；或是像義大利那樣，將農場企業化經營。義大利的托斯卡尼為了提升產地的形象，透過替作物增加附加價值的方式，不但讓農業迎來新生，留住田園風光，有些地區還被列入世界遺產。

◎首都東京的特殊性

・青柳／

我認為在日本，想要執行新事物時，會遇到的一個難題就是，關東平原之於整個日本列島來說實在太遼闊了。這話該怎麼說呢？因為首都東京就位在這片寬闊的平原中，所以在此地進行的許多嘗試，都會成為推向全國各地的模型。但是關東平原在日本列島之中其實是一個相當特殊的區域，做為推向全日本的樣板並不合適。

・托比／

發生這種事的背景，源自於從江戶時代開始、迄今為止已有四百年歷史。江戶這座巨型都市誕生於近世初期，之後日本各地都以它為模型，打造縮小版的城下町。所謂的「城下町」，就是城市的中心是城堡，城堡的周圍是家臣們的武家屋敷（宅第），以及商人居住的區域；因此，城下町其實就是個小江戶城。可見東京做為日本都市生活的樣本，其實已經有一段歷史了。雖然東京的影響力持續至今，然而今後，如何做到不再對東京馬首是瞻，各個地區必須要為自己的獨特之處發聲才行。

·陣內／

在江戶還沒成為日本的中心之前，府中和國分寺一帶才是關東的核心地區。就以八王子來說，這裡自古以來就以生產絹織品著稱，是一個獨立的都市，且擁有自己的文化；但是到了近代以後，卻被東京給吸收了。研究都市史的學者鈴木理生曾經在他關於多摩地區的著作中寫到，「都市化一詞被使用得太氾濫了」。

鈴木的話可以理解為，從武藏野到多摩一帶並非成為都市，而是受到住宅區過度擴張的波及。因為如果是都市化，應該會呈現出更顯著的都市精神，孕育出城市的文化來。可是實際上，這個區域只是去都心上班的人當成晚上回家過夜的「睡城」（bed town）而已；而且它的範圍還不斷擴大，連深具歷史文化的八王子和府中也無法倖免。像這種膨脹的大都市圈，絕不可能成為全國的樣本。

·青柳／

這裡我想說一件有趣的事。在尼泊爾海拔五千到六千公尺的地方，有一種名叫「塔黃」、屬於溫室植物的高山植物。塔黃生長於空氣稀薄的寒冷地帶，為了能有效吸收太陽光，它用半透明的葉子將自己包覆起來，形成一種非常罕見的型態。可以說，塔黃是一種將自己進化為能夠適應極端特殊環境的植物。東京在日本列島中，其實就和這種溫室植物一樣；如果要將這種異類移植到其他地方都市的話，只會顯得光怪陸離。

・陣內／

雖然我們經常把東京視為一個整體，但其實它的內部是很多元的。或許從旁人的眼光來看，東京的確呈現出一種固定的形象，但實際生活在這座都市裡，會發現山手和下町[15]的氛圍完全不同，而且地形上也非常富於變化。

・青柳／

東京看起來不斷在興建高樓大廈，景觀持續發生變化，但應該也不乏一些留住傳統的地方吧？

・托比／

當然有。在國立歷史民俗博物館的「江戶圖屏風」中，加賀藩邸被畫得很大；看得仔細一點，你會發現在離加賀藩邸前方不遠處有一條狹窄的道路，這條路直到今天依然存在，路上還有一間名叫「百萬石」的雅致料理店，但附近的開發工程也沒有停下腳步。

這條小路從江戶建城之初就存在了，它和本鄉通之間狹窄的土地不屬於武家，而是町人（商人）的用地。像加賀藩這樣，武家屋敷整齊排列的區域裡，為什麼會混雜著町人呢？因為當藩主待在江戶時，會有一千多名家臣跟隨主子到江戶「單身赴任」，他們只能住在這個地方的長屋[16]裡。這些家臣因為必須自己煮飯做菜，所以得每天購買蔬菜、魚和酒等。因此在這個區域裡，才會存在著一些小型的店鋪。若用現代的說法，這些商家所扮演的就是便利商店的角色。

・**陣內**／

正如建築師槙文彥所言，「江戶是東京的底稿」。東京這片土地其實相當古老，

繪於江戶圖屏風上的加賀肥前守下屋敷　位於加賀藩屋敷小路左側的區域為町人（商人）所用。

完成於江戶時代的用地區劃和道路等，到今天依然沒有什麼改變，發生變化的只是地面上的建築物。因此，雖然新穎是一般人對東京這座城市的印象，但實際上它卻頗有歷史。因為土地從過去以來就沒有什麼改變，利用的模式也大體相同。雖然頗令人感到意外，但對於城市空間的氛圍及規模的感覺，至今仍舊一如過往。

・托比／

但令人感到遺憾的是，東京有不少地名已經消失了。上個世紀六〇年代時，我經常光顧的一間咖啡館門牌上寫著「角筈一丁目」，可是現在的年輕人很多都已不知道這個地名了。目前這個地方被稱為新宿三丁目。

「角筈」是江戶時代初期的古地名，這類地名的凋零，會使這個區域的認同也隨之消失。像是幫十字路口的地藏菩薩像打掃的人不在了，社區裡的祭典也不自己辦了、改成和隔壁的社區一起舉行；長此以往，地方上的社群就會在不知不覺中瓦解。有時我會思考，所謂都市的發展和社會的繁榮到底意味著什麼？

・陣內／

其實每次提到「繁榮」，在我腦中浮現的還是古代羅馬的繁榮景象。不管是其都市的內部構造，或紀念性的建築物等，地面上看得到的東西，都可以喚醒後世的想像力，孕育出不同的藝術作品，最後結出文藝復興這樣的碩果。羅馬的文化遺產，對之後十八世紀這個壯遊（grand tour）時代裡的歐洲青年，產生了很大的衝擊。古代羅馬的繁榮，為後世帶來了巨大的能量和影響。

回過頭來看看東京，建於江戶時代江戶城的石牆（石垣）或護城河（外堀）等，都是相當珍貴的歷史資產。江戶之後為這個城市留下資產的，是一九二三年關東大地震發生之後，以後藤新平為首推行的復興事業。在重建工程的這段期間裡，興建了許多橋梁和公園，小學等公共設施也經過一輪翻新。今天漫步在東京街頭，一些完成於二戰之前的建築物很容易引人注目，例如銀座四丁目的和光、江戶橋畔的三菱倉庫本社、明石町聖路加國際病院的舊病院棟等。這些於昭和初期完工的建築，目前仍是東京都內一道道充滿魅力的風景線。

然而在這些建築物中，扣除一部分有受到妥善保護的之外，其他都很難逃過隨著時光流逝而消失的命運。此外，東京近年出現不少備受矚目的現代建築，但是大概不出十年，很多都會遭到世人遺忘，難以進入東京的名勝之列。在這個意義下我必須說，日本式的繁榮屬於無法和下一個時代產生連帶的繁榮。

由繁榮的歷史中學到的事

◎從資源型繁榮轉型到製造業

・青柳／

繁榮讓我想到的是，十八世紀時英國在經歷工業革命之後，技術得到了長足的發展。當時英國把自己國家製造的商品賣到殖民地，然後從殖民地進口廉價的原物料，透過這種方式構築了英國的霸業。另外像是在第一次世界大戰時，美國將本國生產的工業產品，銷往經濟疲弊的歐洲大陸，因而成就了美國的榮景。從上述的歷史可以得出，將技術和產業先進的地區和後進的地區，或是勞動成本較高的地區和便宜的地區加以組合，就會產生繁榮。

回到當前的局勢，日本的企業為了追求便宜的勞動力而往中國發展，等到中國的勞動成本提高了，再轉移到越南或是印尼等地。像這種舊型的繁榮模式，應該還會持續一陣子，但是當今掌握繁榮的關鍵在於「資源」。正因如此，前幾年還一貧如洗的俄國，現在才會致富得這麼快。不用說，這都是靠石油資源所賜。

但是在資源型繁榮之外，還有一種不同類型的繁榮。當技術能力和勞動成本達到平準化

（Leveling）[17]之後，在全球化的過程中，「穩定的繁榮」會逐漸為世人所重視。日本社會原本就不像歐美那樣，存在這麼激烈的競爭關係，我認為透過維持穩定的繁榮，日本或許可以向全世界提出這個新型的繁榮模式。

・**陣內**／

雖然農業在這個過程中也很重要，但主角應該還是製造業吧！日本近年來流失最多的，就屬製造業的競爭力。泡沫經濟以後，日本的產業重心往金融、IT、資訊等方面移動，處在後工業化時代的今日，製造業所需的創造力正不斷枯竭。就拿各地的地方產業來說，大部分也都是古董化的傳統工藝品，承襲自過去的技術和品味，我在想難道就不能創出一些新的東西出來嗎？

拿義大利的葡萄酒來說，過去一般消費者頂多只知道托斯卡尼地區釀造的奇揚地（Chianti）而已。以前義大利各地製作了很多連品名都沒有的紅酒，它們都被廉價銷往法國；然而士別三日，現在義大利的紅酒產地皆已品牌化，走向全球市場。雖然日本各地也都有出產品質精良的日本酒，但更重要的是，如何透過它們來活化、宣揚具有地區特色的經濟和文化。

・**青柳**／

日本自古以來，生產方式和販賣方式維持的是一種「沉默貿易」。所謂「沉默貿易」指的是，兩方語言不通的人碰在一起，甲方手上拿著米，乙方手上拎著魚，只要雙方能就交換達成共識，那麼交易就成立了。在這個交易的過程中，不需要有技巧的討價還價，只靠兩造手上東西的質量，就可以完成這樁買賣。

品質精良的日本產品，就和沉默貿易一樣，只靠東西本身的優點來做生意；反觀歐洲則是對於如何提高產品的附加價值相當重視——也就是如何以更高的價格賣出相同品質的商品。日本的企業往往一味追求東西的品質，雖然也能賺到相符的利潤，但是卻無法透過附加價值幫自己多賺一點。

過去在江戶時代，京都生產的梳子或簪子因為有當地品牌的附加價值，因此可以在江戶城賣出好價錢。明明日本國內也有過這樣的歷史，可是到了明治維新以後，為了趕上歐美社會，就只把重心一個勁放在生產出好東西上面而已，我認為這種做法已經來到臨界點了。

◎日本的飲食文化

・陣內／

在如何讓商品看起來比實際更厲害的技術上，日本也不是歐洲的對手。就拿飲食文化來看，我個人認為日本在這方面是相當不錯的，不論你到日本國內哪裡觀光，當地都會有特色餐點，想要找家店來品嘗也很容易。儘管如此，這些當地的料理並沒有為地方上的形象做出正面貢獻。

以義大利為例，在食品加工上，不論是包裝或標籤的製作都相當精緻。進到觀光區的餐廳，使用當地食材所製作的料理，也會被精心擺盤才端上桌，果然當地人是深諳附加價值道理的。最近，義大利在風景優美的地區釀造葡萄酒，試圖讓消費者更能感受到該酒的芳醇。此外，來自西西里島這類世界遺產等級的鹽田所生產的鹽，聽起來就讓人垂涎不是嗎（笑）？回到日本國內，當踏進觀光區的紀念品店時，你會發覺時光好像回到昭和三十年代[18]。既然擁有豐富的飲食文化，就應該配合拉抬地方形象的作法，提升讓美味食物看起來更誘人的技術才是。

・**青柳**／

團伊玖磨有一本著作叫《菸斗裡冒出的縷縷青煙》[19]，他在文中寫到，料理可以分為材料和技術兩部分。他認為日本料理是材料好，但技術不到位；法國料理是材料不好，但技術了得；而兩全其美的，則是中華料理。

但看看今日，義大利料理之所以能在世界各地廣受歡迎，我覺得和義大利人餐桌上歡樂的氣氛有著密不可分的關係；和剛才提到的產品的附加價值一樣，料理除了美味之外，它提供的品嘗樂趣與氛圍，也是近年來備受注目的重點。

・托比／

青柳先生所言甚是。本來吃飯就是幾個人圍著餐桌，共享一段歡樂時光的媒介。記得我小時候，吃晚餐總得花上一個半小時。家人會利用這一段時間，分享今天發生的事或隔壁的大媽又做了什麼，所謂「吃飯配話」就是這樣。因此，與其說享受這頓飯，不如說吃飯為我帶來一個開心的場合和時間更為貼切。日本的男性上班族也有利用在外頭用餐來拉近彼此關係的文化，這也是吃飯另一個有意義的面向。

・陣內／

一般來說，世界上的都市大概可以分為工作的空間以及生活的空間兩個區塊，但在日本還有第三個空間：「鬧市」（日文：盛り場〔sakariba〕，有繁華街區、鬧市之意）。日本的鬧市相當發達，不論到哪一個城市都有許多餐飲店，這一點是歐美國家難以想像的。

・托比／

此外，日本還有一個相當棒的飲食文化，那就是百貨公司的食品賣場。沒錯，我說的就是百貨公司的美食地下街，其實我很享受百貨公司的美食地下街，簡直著迷。

但是要在百貨公司這種大型店面販賣食物，卻讓我想到一個問題。例如說今天要賣番茄好了，商家必須大量買進番茄，然後將其陳列在店裡；而百貨公司裡的賣場，必須買進品質、大小和形狀都一樣的番茄才行。如果是一般水果店，賣相稍微不佳的番茄還是會上架，但百貨公司卻不會這麼做，只要是「顏值」不高的一律上不了貨架。如此一來會發生什麼事情呢？為了能夠上架更大量、相同規格更穩定的番茄，農作物的工業化生產因此誕生。

・陣內／

營養成分以及對環境的傷害反而不是主要的考量。

・托比／

正是如此。今天如果你到美國伊利諾州的話，觸目所及會是一望無際的玉米田和大豆田。從芝加哥到香檳市（Champaign）之間兩百公里的路程，如果是開車前往，在你右邊車窗出現的是大豆田，左邊是玉米田；等過了一陣子，景色會突然改變，換成右邊是玉米田，左邊是大豆田（笑）。像這麼一大片田地，就必須靠飛機來噴灑從石油中提煉製成的化學肥料才行。不管是石油或飛機的燃料，它們對環境所造成的危害實在不容忽視。

・陣內／

日本農業正面臨極大的挑戰，漁業的情況也不樂觀。漁獲量減少、漁船不足，漁業面對的現況比農業還要嚴峻。然而日本對水產品的處理方式卻相當「奢華」，好不容易捕獲的魚，只要不符規格，就會被當作雜魚丟棄。於是有一個人和漁協合作，將這些原本要被當作廢品的魚類有效利用，做成料理，還成功闖出了一片天。

接下來還是要舉義大利的例子。最近該國除了觀光休閒農業（agriturismo）之外，也興起了「觀光休閒漁業」（pescaturismo）。南義的漁師們用自己的漁船來載客，讓遊客體驗真正出海捕魚的感覺；然後在船上將捕獲的海鮮當場進行烹調，讓遊客品嘗最新鮮的食材。值得一提的是，這項新的觀光產業，得到州政府在法律上的支援；也就是說，這個做法突破了原來第一級產業的框架，是行政單位在背後支持的新型商業模式。

・青柳／

日本的漁業，重視的似乎只有漁獲量的多寡而已，所以才會把沙丁魚當作肥料，或是將不符合市場規格的魚混在一起，做成魚肉加工製品或魚漿。和日本相比，地中海的漁獲量就算多，種類也相當貧乏。正因如此，當地才會發展出將日本視為敝屣的漁獲來料理成馬賽魚湯（bouillabaisse）的做法。

因此，最近幾年飽受漁獲量驟減衝擊的日本，實在應該向地中海學習經營方法才是。如果繼續沿用浪費的作業方式，隨著水產資源的日漸減少，日本漁業一定會步向衰退一途。有時發達地區也需要向後進地區學習它們的智慧與文化，這一點應銘記在心。

・托比／

在日本，不論是蔬菜或魚鮮，只有外表好看的才能成為商品。以前，當我造訪會津西街道（下野街道）的大內宿時，那裡正在栽種白蘿蔔。當地人說，只有賣相佳的白蘿蔔才會銷往東京。可是白蘿蔔就算形狀長得不一樣，味道也不會有所改變。如果拿「高檔貨」做成蘿蔔泥，想必吃的人也不會知道它原來長得什麼樣吧（笑）！

◎都市裡消失的氣味、黑暗與聲音

・青柳／

當我對不同國家的飲食文化或生活型態進行思考時，有一個重要的元素會考慮進來，那就是這個國家和地區的「氣味」。例如龐貝城遺跡中，雖然留下了許多完好的建築，可是當我漫步其中時，總覺得少了點「氣味」。過去在那個地方的道路上，掘有做為下水道用的溝渠，藉著雨水將排泄物等穢物沖到裡頭去。因此在古代，當你走進這座城市時，撲鼻而來的應該是一股強烈的味道。可是今天當你去到現場時卻什麼也聞不到，這點讓我覺得特別可惜

（笑）。

・托比／

古代遺跡是無法連氣味也復原出來的。

・青柳／

不只是遺跡，其實當前的日本也是如此。不久之前在日本的家庭裡，都還留著類似醬油的味道，可是最近這種氣味也消失了。現在漫步在東京街頭時，我認為最欠缺的還是氣味；也就是說，隨著時代的變遷，味道從生活空間中消失了，或許這和一些細菌什麼的在都市裡不斷減少也有關係。然而如此一來，日本人對於生存的耐久力不也隨之弱化了嗎？

・托比／

當我在一九六五年第一次來到日本時，印象最深刻的有兩件事。其一是街道所呈現出的貧瘠，那是東京奧運會結束之後的隔年，東京的街道理應相當程度完成現代化才是，可是我從羽田機場到東大前留學生會館的一路上，舉目所見盡是二戰後簡易搭建的民房，完全沒有看到稍微像樣或具有特色的房子。

其二，正是青柳先生所提到的氣味。雖然說「臭」是有點語病，但我聞到的是一種從來沒有體驗過的味道，而且從羽田機場開始就瀰漫在四周。這是一種日本獨有的氣息，如果習慣的話，它會變成「好聞的味道」，如果一定要說它是什麼，應該是醬油和魚類混雜在一起的味道。雖然在機場應該是嗅不到這麼居家的味道才是，但我真的有體驗過。

・青柳／

但是待在日本的時間長了，也就習慣了吧！

・托比／

是啊。當我於隔年到韓國時，又經歷了一次和日本完全不同的體驗。韓國的是一種融合了辣椒和大蒜的強烈氣味，第一次聞到時還真有點招架不住。可是當我在韓國生活了兩個星期再次回到日本時，又覺得日本的味道有點臭。當然我的這種感覺並不是針對日本或韓國，回到美國時，這次換成美國的氣味讓我覺得不好聞了，可能這和我已經習慣了日本的環境有關吧。

當時因為是上個世紀的六〇年代，日本人的食肉量遠低於今天，因此日本人的體味和美國人有著天壤之別；就連汗液的成分，日本人和美國人也不一樣。

・青柳／

人類的體味也反映出國家和民族的在飲食文化上的差異。總的來說，氣味也是一種文化；因此，如果東京不再有「氣味」了，或許是一件令人擔心的事情。

・托比／

在我們研究所裡有一位學生，他研究的主題是「江戶時代下級武士的外食行為」。據他所說，在日本國內，不同地區所散發出來的味道也不一樣。江戶和長崎不一樣，長崎自有當地特有的氣味。究其原因，可能和長崎受到中國料理方式影響，使用較多的油，或者是和日常生活中較常食肉有關。

・陣內／

我認為和氣味一起從都市裡消失的還有「黑暗」。我想說的並不是谷崎潤一郎《陰翳禮讚》筆下的黑暗，而是日本自古以來就有尊敬「黑暗」的文化傳統。我們學校有一位女學生到鄉下奶奶家過夜的時候，夜裡嚇得連廁所都不敢去上。因為廁所和主屋之間有一段距離，而在黑暗的深處似乎潛伏著妖怪。之後這位女學生反而因為這次經驗，交出了相當有趣的論文。

江戶時代，市場上出現了許多介紹妖怪的「妖怪錄」書籍。這位女學生從文獻中解讀出，家裡的哪個角落藏著何種妖怪，妖怪又會從那些地方冒出來——也就是透過妖怪來分析日本的房屋建築特徵。

想到從前，家裡經常發現老鼠出沒，這樣一說，和一些「不乾淨」的東西生活在同一屋簷下，似乎也沒有什麼好大驚小怪的。但是隨著時代不斷改變，這些東西也被驅趕在住家之外了。在我孩提時，夏天經常會有昆蟲爬進家裡來，那時我們就會把門窗關好，讓這些東西進不了室內，最後整個日本家庭的室內空間就和外界完全隔絕了。沒有老鼠，環境清潔沒有異味，連蟲子也進不來，最後連登門拜訪的人也消失了。

・青柳／

黑暗除了從居家環境中消失，連都市裡的黑暗也隨之銷聲匿跡。

・陣內／

在歐美國家的圖書館裡，書桌上都有一盞用來照亮閱讀空間的燈，這種做法讓人很容易靜下心來。但是現在日本的家庭中卻不使用這種局部的照明設備，而是將房間照個通亮。市區的街道上也是，似乎容不下一絲陰影存在，盡可能將任何地方都弄亮。我覺得這是一種認為沒有亮度就等於不繁榮的強迫性觀念。

這樣的想法之所以深植人心，或許和日本過去接觸到西方文明時所受到的衝擊有關，因此才會一味追求更快、更有效率、更明亮。這是種延續到今天的心理創傷（trauma），也是讓日本的都市如此令人乏味的原因。

・托比／

雖然日本的空調設備是可以單獨調控不同房間的省電型設計，可是日本人卻不覺矛盾地接受了將整個屋子都打亮的照明設備。美國剛好相反，暖氣選用的是能讓整間屋子都熱起來的中央供暖系統，可是照明用的卻是只照亮需要空間的局部照明。關於照明我想說的是，創造出明暗反差，會讓生活更有情調。

・陣內／

再提一件我也注意到的事情，那就是城市裡的聲音。市區裡的聲音不容易被記錄下來，人類的記憶更是曖昧。我曾聽過有人對東京神田的尼古拉堂（正式名稱為「東京復活大聖堂」）的鐘聲，做了一個關於記憶的調查。他們去訪問聽過鐘聲的人，「鐘在每天的幾點敲，一共會敲幾次」，結果每位受訪者給出的答案都不相同。但無論如何，過去在市街上存在著許多悅耳的聲音；這些聲音是每一位市井小民生活中發出的聲音，有孩子們的嘻鬧聲、做買賣的聲音、豆腐店的聲音、賣推車拉麵的嗩吶聲等，可是現在街道上盡被機械聲和電子聲給覆蓋了。

・托比／

我到現在仍然清楚記得，昭和四十二年（一九六七年）的秋天，在我到日本留學後第一次要回美國的前一晚，我在東中野的的宿舍裡，聽見了賣烤番薯的聲音。當我聽見從深夜的街道上傳來的「賣烤番薯喔～」時，我竟然在房間裡哭了起來（笑）。光是聽到「賣烤番薯喔～」的叫賣聲，感覺就像面前出現了一個烤得熱騰騰的番薯，被掰成兩半之後，蒸騰的熱氣和刺激嗅覺的香氣迎面襲來。這種聲音如果也不見了，真的會讓人感到寂寞呢！

・青柳／

這樣的聲音正在減少，刺耳的聲音卻不斷增加。商店街裡總是播放著有線廣播，滑雪場裡也是音樂聲不間斷；或許日本人已在不知不覺中，變得無法忍受絕對的寂靜和一片闃黑了。

・托比／

前一陣子我去了一趟家電量販店，賣場實在吵得不得了，光是待在店裡耳朵都覺得不舒服，這已經可稱之為噪音汙染了。

・青柳／

這種情況是不是只發生在日本啊？歐洲應該不會這樣吧？

・陣內／

其實在阿拉伯世界和東南亞諸國也都很吵喔！因此，與其說是地域性，若我們從地球的緯度來看，或許可以發現一些共同之處。在歐洲，阿爾卑斯山的南北兩側所呈現出來的風格就相當不同，像是拿坡里的市街上也是熱鬧滾滾。

◎支撐日本今後的「政治力」

·托比／我覺得東京到今日仍然存在著不少具有東京風情的優點。陣內先生前面說過，東京還維持著江戶時代的土地利用區劃，其實我喜歡的地方，剛好是未經區劃整理，在形狀殊異的土地上，還能巧妙地完成建築物這一點。在新橋有一棟造型獨特的靜岡新聞社大樓，建築物

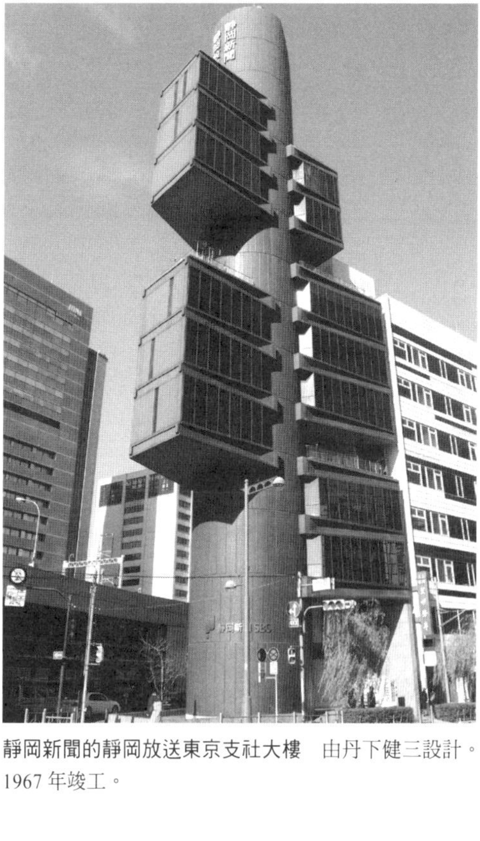

靜岡新聞的靜岡放送東京支社大樓　由丹下健三設計。1967年竣工。

的房間從不同地方突出，非常奇特。我認為像這個例子，就是從變形的土地上孕育出令人激賞的日式智慧。在歐洲，我還沒有看過類似的建築。

・陣內／

說到日本人的智慧，在我的研究領域裡，經常會使用「社區營造」這個詞。然而這個語彙在英語或其他歐洲語言中，找不到相對應的詞。讓外國學者感興趣的，是居民們共同參與，提出自己的想法，然後政府單位也提供協助，重拾地方活力的作法。

其實日本人原本就是懂得享受生活的。擁有豐富的感性，在四季分明的環境裡，玩味著料理、季節性的花草以及和服。而且懂得這等風流的並不只限於有錢人而已，連平民百姓也樂在其中。從江戶時代起，寺子屋[20]在日本就相當普及，因此從很多面向來說，日本的平民百姓是很不簡單的。像這些屬於古代日本人的優點，現代的日本人也承襲了下來。

・青柳／

當今如果要在藝術上，舉出一個日本人揚眉吐氣的領域，我想應屬陶器這種工藝品。前幾天我剛從義大利回國，然後從成田機場就直接去了佐賀的嬉野溫泉。在當地的溫泉旅館裡，我看到了擺在店裡的陶器，其藝術水準之高，令我佩服不已，實在是相當傑出的作品。幾天前我還在歐洲看美術和工藝品，回過頭來再看日本的陶器之後，才發現它的非凡之處。

二〇〇七年時，大英博物館舉辦了一場名為「技藝之美」的日本工藝品展覽會，據說反應非常熱烈，現在想來也是意料之內的事了。我相信接下來日本的現代工藝是有機會在世界上發光發熱的，可是我到現在還沒發現真心想在工藝品領域中面向全球的人，就而政府當局也沒有提供相應的支援，這樣真的是滿可惜的。

・托比／

但是話說回來，正是因為在沒有支援的情況下，才有可能製作出真正具有個性的作品不是嗎？這樣想的話，日本接下來的表現還真令人期待呢！

・陣內／

我對年輕人是有期待的。最近在不同地區，對於如何活化地方，有很多新的行動。例如廣島縣的尾道雖然是一座很有魅力的城市，但因為市內坡道很多，加上人口高齡化的影響，閒置的空屋因此變多；然而最近情況開始發生了轉變，年輕女性發揮自己的領導能力，將某些空屋改造成美麗的店面，利用網路作宣傳，成功打造出一些高人氣的案子。像這種透過年輕人的新感覺來讓老鎮新生的方式，我是樂觀其成，拭目以待。

・青柳／

當前的日本在很多方面，都呈現出閉塞的狀態，但是我覺得這個國家依然存在著很多的可能性。而能夠將這些可能性解放出來的鑰匙，其實就是政治。為什麼我會這麼說呢？攤開世界史來看，每當人們想利用政治來解決國境問題、民族問題、宗教問題這三個燙手山芋時，政治真正的力量才會顯現出來，而優秀的政治家也會在這個時候相繼出現。

話雖如此，日本的幸運之處正在於，直到今天為止，還不必認真地去面對這三個問題；或者可以這麼說，日本是一個沒有啟動政治機能仍能運作下去的國家。然而時代真的變了，日本的確面臨到需要「政治力」有所發揮的時候了。像這樣手握一顆「決勝魔球」的國家，在世界上也是不多見的，我對日本蘊藏的潛力寄予厚望。

1 《方丈記》：日本的隨筆文學作品，成書於一二一二年，作者為鴨長明。
2 《伊拉克吃什麼？》：原書名『イラクは食べる——革命と日常の風景』，酒井啟子著，岩波新書，二〇〇八。
3 文庫版註：中國在二〇一〇年時的GDP已超越日本，到了二〇一七年，日本的GDP約為五百五十兆日圓，與之相較，中國約為一千四百兆日圓。
4 朝鮮通信使：為每當江戶幕府的將軍更迭之際，由朝鮮國王派往日本的祝賀使節團。
5 對馬藩：全名「對馬府中藩」，為江戶時代統有對馬國（長崎縣對馬市）全境與肥前國田代（現佐賀縣鳥栖市東部與基山町）及濱崎（現佐賀縣唐津市濱崎）的藩。對馬因土地貧瘠而無法耕作，但因在朝鮮釜山設有日本人居留的倭館，經濟收入可以說完全仰賴與朝鮮的貿易，實際上收入也相當多。

6 雨森芳洲：江戶時代的儒學家。通曉漢語和朝鮮語，曾擔任對馬藩的官員，為對馬藩與朝鮮的外交作出了一定貢獻。

7 新井白石：江戶時代政治家、詩人、儒學家，輔佐德川氏家宣、家繼兩代，執政時期被稱作「正德之治」。

8 木下順庵：江戶時代的儒學家。師從松永尺五學朱子學，後任德川綱吉的侍講，著作有《錦里先生文集》，其門下人才輩出。

9 文庫版註：二〇一六年時，廣島縣終止了在鞆浦填海造陸搭設橋梁的計劃。

10 「限界集落」：指的是一個地區人口過於稀少，且年齡在六十五歲以上的居民占總人口的百分之五十以上，難以經營維持的聚落。

11 文庫版註：歷史都市營造法（歴史まちづくり法）於二〇〇八年五月二十三日公布，同年十一月四日施行。

12 里山：在日文中指的是在人類聚落附近，可供居民撿拾薪柴、採摘山蔬，和生活息息相關的山林地。

13 入會地：近世的一種共有地制度。居住在特地地域內的居民，以共同管理山林、原野、池、沼、海域的方式，獲取共同收益。

14 熱島效應：自一九六〇年代開始，在世界各地大城市所發現的地區性氣候現象。具體來說，無論從早上到日落以後，城市的氣溫都比周邊地區來得高，並容易產生霧氣。城市異常溫度上升的主要原因，來自於大樓和柏油對陽光的蓄熱和城市內部大樓中的空調設備排出的熱空氣、樹木減少所產生的城市圓頂效應等。由於氣溫高，所以會出現突然的降雨。

15 文中的山手應是指東京內山手線環狀鐵道的範圍。下町則有老街之意，另如淺草即為東京著名的下町的地區。

16 長屋：為近世以來下級武士的住宅或商人用來租賃的集合住宅。

17 平準化（Leveling）：指讓製造現場與供應鏈都能在平穩的流動狀況下運作。要達到平準化，就必需把生產批量減小，因此不論是針對換線換模的能力，以及原物料與半成品的流動管理都必需強化；而做到產品「種類」與「數目」的平準化，卻是轉型成為真正的精實企業所必經的挑戰。

18 昭和三十年代：西元一九五五至一九六四年。

19 《菸斗裡冒出的縷縷青煙》：原書名『又々パイプのけむり』，團伊玖磨著，朝日新聞社出版局，一九八一。

20 寺子屋：江戶時代時為平民百姓開設的初等教育機構。學生可在此學習讀寫和算盤。擔任教師的人有武士、僧侶、醫生和神職人員等。

◎第六章
• 朝尾直弘『鎖国』（日本の歴史 17）小学館，1975 年
• 池内敏『大君外交と「武威」—— 近世日本の国際秩序と朝鮮観』名古屋大学出版会，2006 年
• 上田雄『遣唐使全航海』草思社，2006 年
• 岡山県史編纂委員会編纂『編年史料』（『岡山県史 19』）岡山県，1988 年
• 鹿毛敏夫『戦国大名の外交と都市・流通 —— 豊後大友氏と東アジア世界』思文閣出版，2006 年
• 小葉田淳「勘合貿易と倭寇」家永三郎ほか編『岩波講座日本歴史』7（中世 3）岩波書店，1963 年
• 佐久間重男『日明関係史の研究』吉川弘文館，1992 年
• 高瀬弘一郎『キリシタン時代の研究』岩波書店，1977 年
• 田中健夫『東アジア通交圏と国際認識』吉川弘文館，1997 年
• 田中健夫『前近代の国際交流と外交文書』吉川弘文館，1996 年
• 西嶋定生『日本歴史の国際環境』東京大学出版会，1985 年
• 藤田覚『近代後期政治史と対外関係』東京大学出版会，2005 年
• 藤田覚『松平定信 —— 政治改革に挑んだ老中』中公新書，1993 年
• 夫馬進「一六〇九年、日本の琉球併合以降における中国・朝鮮の対琉球外交 —— 東アジア四国における冊封、通信、そして杜絶」『朝鮮史研究会論文集 46』朝鮮史研究会，2008 年
• 夫馬進編『中国東アジア外交交流の研究』京都大学学術出版会，2007 年

◎第七章
• アンドレ・シャステル／越川倫明ほか訳『ローマ劫掠』筑摩書房，2006 年
• 酒井啓子『イラクは食べる —— 革命と日常の風景』岩波新書，2008 年
• サミュエル・P・ハンチントン／鈴木主税訳『文明の衝突』集英社，1998 年
• ジャン・モリス／椋田直子訳『パックス・ブリタニカ —— 大英帝国最盛期の群像』上、下，講談社，2006 年
• 陣内秀信『イタリア —— 小さなまちの底力』講談社，2000 年（講談社＋α文庫に再録，2006 年）
• 陣内秀信、新井勇治編『イスラーム世界の都市空間』法政大学出版局，2002 年
• 陣内秀信、岡本哲志編『水辺から都市を読む —— 舟運で栄えた港町』法政大学出版局，2002 年
• テリー・イーグルトン／大橋洋一訳『文化とは何か』松柏社，2006 年
• 松永安光、徳田光弘『地域づくりの新潮流 —— スローシティ／アグリツーリズモ／ネットワーク』彰国社，2007 年
• 毛利和雄『世界遺産と地域再生』新泉社，2008 年
• ロナルド・トビ『「鎖国」という外交』（日本の歴史 9）小学館，2008 年

学学術出版社，2007 年
- 松田素二「アフリカ史の可能性」佐藤卓己編『岩波講座・現代 5・歴史のゆらぎと再編』pp175-202，岩波書店，2015 年
- 松田素二、平野（野元）美佐編『紛争をおさめる文化――不完全性とブリコラージュの実践』京都大学学術出版会，2016 年
- 宮本正興、松田素二編『新書アフリカ史』講談社現代新書，1997 年
- 宮本正興、松田素二編『改訂新版・新書アフリカ史』講談社現代新書，2008 年
- Boon, J.A., *Other Tribes Other Scribes*,Cambridge University Press,Cambridge, 1982.
- Chabal, p., and Jean-Pascal Daloz eds., *Africa Works: Disorder As Political Instrument*, Indiana University Press, Indiana, 1999.
- Chabal, P., U.Engel, L. de Haan eds. African Alternatives, Brill, 2007, du Toit, B.M.（ed.）; *Ethnicity in Modern Africa*, Westview Press, Boulder, Col., 1978.
- Matsuda, M., *Urbanisation from Below-Creativity and Soft Resistance in the Everyday life of Maragoli Migrants in Nairobi*, Kyoto University Press, Kyoto, 1998.
- Mazrui, A., *Africanity Redefined: Collected Essays of Ali A. Mazrui*, Africa World Press, 2002.
- Mazrui, A.M. and Mutunga, W.M, eds., *Race, Gender, and Culture Conflict: Debating the African Condition:* Mazrui and His Critics（Paperback）Africa World Press （September 2003）
- Newbury, C., *The Cohesion of Oppression: Clientship and Ethnicity in Rwanda, 1860-1950*, Columbia University Press, New York, 1998.
- Rapport, N., *Transcendent Individual*, Routledge, London, 1997.
- Schlee, G., *Identities on the Move*, Manchester University Press, Manchester, 1989.
- Southall, A., The Illusion of Tribe, in Gutkind, P.C.W.（ed.）, *The Passing of Tribal Man in Africa*, Brill, Leiden, 1970.
- Truth and Reconciliation Commission of South Africa, *Final Report*, Cape Town: Junta, 1998.
- Wanger, G., *The Bantu of Western Kenya*, Oxford University Press, London, 1970（1949）.
- Wamae, S.M., *How to win in the Coming Jua Kali Boom*, Kenya Quality & Productivity Institute, Nairobi, 1993.
- Wilson, R.A., Reconciliation and Revenge in Post-Apartheid South Africa, *Current Anthropology*, vol.41-1, pp71-98, 2000, Africa World Press（April 1,2002）

◎第五章

- 阿部利洋『紛争後社会と向き合う——南アフリカ真実和解委員会』京都大学学術出版会，2007 年
- 阿部利洋『真実和解委員会という選択——紛争後社会の再生のために』岩波書店，2008 年
- 池野旬編『アフリカ諸国におけるインフォーマルセクター——その研究動向』アジア経済研究所，1996 年
- 武内進一「『部族対立』がはじまるとき」『アフリカレポート』24 号，アジア経済研究所，1997 年
- 武内進一『現代アフリカの紛争と国家』明石書店，2009 年
- 馬場孝『カレンジンの集団形成——アフリカにおける民族形成と「部族」概念の再検討』東京大学教養学部国際関係論修士論文（未公刊），1981 年
- 平野克己『図説アフリカ経済』日本評論社，2002 年
- 平野克己編『企業が変えるアフリカ——南アフリカ企業と中国のアフリカ展開』（アフリカリサーチシリーズ No.13）日本貿易振興機構アジア経済研究所，2006 年
- 平野克己編『アフリカ経済実証分析』（研究双書 543）アジア経済研究所，2005 年
- ヘーゲル／長谷川宏訳『歴史哲学講義（上）』岩波文庫，1994 年
- ホブズボウム・E、レンジャー・T 編／前川啓治ほか訳『創られた伝統』紀伊國屋書店，1992 年
- 松田素二「民族対立の社会理論——アフリカ的民族形成の可能性」武内進一編『現代アフリカの紛争を理解するために』pp15-41，アジア経済研究所，1998 年
- 松田素二「民族紛争の深層——アフリカの場合」原尻英樹編著『世界の民族——「民族」結成と近代』pp231-253，放送大学教育振興会，1998 年
- 松田素二『抵抗する都市』（現代人類学の射程 2）岩波書店，1999 年
- 松田素二『西ケニアの社会福祉——扶助と排除の政治学』仲村優一、一番ヶ瀬康子編『世界の社会福祉 11：アフリカ・中南米・スペイン』pp19-42，旬報社，2000 年
- 松田素二「個人性の社会理論序説」『フォーラム現代社会学』創刊号 pp33-42，世界思想社，2002 年
- 松田素二「人種的共同性の再評価のために——黒人性再創造運動の経験から」竹沢泰子『人種概念の普遍性を問う——西洋的パラダイムを超えて』pp390-414，人文書院，2005 年
- 松田素二「21 世紀世界におけるアフリカの位置——アフリカに学ぶ、社会を癒す知恵」松原正毅ほか編『2010 年代：世界の不安、日本の課題 1』pp477-494，総合研究開発機構，2007 年
- 松田素二「グロバール化時代の人文学——アフリカからの挑戦」紀平英作編『グロバール化時代の人文学——対話と寛容の知を求め（上）』pp118-145，京都大

- 辛島昇編『南アジア史 3――南インド』（世界歴史大系）山川出版社，2007 年
- 川勝平太『文明の海洋史観』（中公叢書）中央公論社，1997 年
- 義浄／宮林昭彥、加藤栄司訳『現代語訳・南海寄帰內法伝』法藏館，2004 年
- クック・J／増田義郎訳『太平洋探検』上、下（17、18 世紀大旅行記叢書 3、4）岩波書店，1992、1994 年
- クリストファー・ストリンガー、ロビン・マッキー／河合信和訳『出アフリカ記――人類の起源』岩波書店，2001 年
- 国立民族学博物館編『オセアニア――海の人類大移動』昭和堂，2007 年
- 後藤明『海を渡ったモンゴロイド』（講談社選書メチエ 264）講談社，2003 年
- 蔀勇造「新訳『エリュトラー海案内記』」『東洋文化研究所紀要』132，東京大学東洋文化研究所，1997 年
- 蔀勇造「エリュトラー海案内記の世界」（地域の世界史 9・佐藤次高、岸本美緒編『市場の地域史』）山川出版社，1999 年
- ジョルジュ・セデス／辛島昇ほか訳『インドシナ文明史』第 2 版，みすず書房，1980 年
- 杉山正明『大モンゴルの世界――陸と海の巨大帝国』角川書店，1992 年
- 杉山正明『遊牧民から見た世界史――民族も国境もこえて』日本経済新聞社，1997 年（日経ビジネス人文庫，2003 年）
- 月村辰雄、久保田勝一，本文翻訳『全訳・マルコ・ポーロ東方見聞録』岩波文庫，2002 年
- 弘末雅士『東南アジアの建国神話』（世界史リブレット 72）山川出版社，2003 年
- 弘末雅士『東南アジアの港市世界――地域社会の形成と世界秩序』（世界歴史選書）岩波書店，2004 年
- ヘロドトス／松平千秋訳『歴史』上、中、下，岩波文庫，1971-72 年
- 村川堅太郎訳注『エリュトラー海案内記』（中公文庫）中央公論社，1993 年
- 家島彦一『海が創る文明――インド洋海域世界の歴史』朝日新聞社，1993 年
- 家島彦一『海から見た歴史――インド洋と地中海を結ぶ交流史』名古屋大学出版会，2006 年
- 家島彦一訳注『中国とインド諸情報』1、2（東洋文庫 766、769）平凡社，2007 年
- ロミラ・ターパル／辛島昇ほか訳『インド史 1』みすず書房，1970 年
- Lancker, A.F., *Atlas van Historische Forten Overzee Onder Nederlandse Vlag*, 1987.
- Mookerji, R., *Indian Shipping: A history of the sea-borne trade and maritime activity of the Indians from the earliest times*, Longmans, London, 1912.

◎第四章

- イブン＝ハルドゥーン／森本公誠訳『歴史序説』1-4，岩波文庫，2001 年
- 森本公誠『イブン＝ハルドゥーン』（人類の知的遺産 22）講談社，1980 年

• ドネラ・H・メドウズほか／枝廣淳子訳『成長の限界——人類の選択』ダイヤモンド社，2005年
• ドネラ・H・メドウズほか／大来佐五郎監訳『成長の限界——ローマ・クラブ「人類の危機」レポート』ダイヤモンド社，1972年
• ドネラ・H・メドウズほか／茅陽一監訳『限界を超えて——生きるための選択』ダイヤモンド社，1992年
• 西秋良宏編『遺丘と女神——メソポタミア原始農村の黎明』東京大学出版会，2008年
• 日本人口学会編『人口大事典』培風館，2002年
• ピーター・ベルウッド／長田俊樹、佐藤洋一監訳『農耕起源の人類史』京都大学学術出版会，2008年
• ポール・エーリック、アン・エーリック／水谷美穂訳『人口が爆発する！』新曜社，1994年
• Cohen, J.E., *How Many People Can the Earth Suppor?* W.W. Norton & Co., Inc., New York, 1995.
• Deevey, E.S., The Human Population. *Scientific American*, 203: 195-204, 1960.
• Hassan, F.A., *Demographic Archaeology*. Academic Press, New York, 1981.
• Ohtsuka, R. and Suzuki, T., *Population Ecology of Human Survival: Bioecological Studies of the Gidra in Papua New Guinea*. University of Tokyo Press, Tokyo, 1990.

◎第三章

• アンソニー・リード／平野秀秋、田中優子訳『大航海時代の東南アジア——1450-1680年』法政大学出版局，1997年
• 石井米雄、桜井由躬雄『東南アジア世界の形成』（世界の歷史12）講談社，1985年
• イブン・バットゥータ／家島彦一訳注『大旅行記』6（東洋文庫691）平凡社，2001年
• 応地利明『「世界地図」の誕生』日本経済新聞出版社，2007年
• 尾本恵市ほか編『海のパラダイム》（海のアジア1）岩波書店，2000年
• 尾本恵市ほか編『モンスーン文化圏』（海のアジア2）岩波書店，2000年
• 海部陽介『人類がたどってきた道——「文化の多様化」の起源を探る》（NHKブックス）日本放送出版協会，2005年
• 『科学朝日』編『モンゴロイドの道』（朝日選書523）朝日新聞社，1995年
• 片山一道『海のモンゴロイド——ポリネシア人の祖先をもとめて』（歷史文化ライブラリー139）吉川弘文館，2002年
• カール・シュミット／生松敬三、前野光弘訳『陸と海と——世界史的一考察』慈学社出版，2006年

參考文獻

◎第一章

- 青山和夫『古代マヤ　石器の都市文明』東京大学学術出版会，2005年
- アンソニー・パグデン／猪原えり子訳／立石博高監訳『民族と国家』ランダムハウス講談社，2006年
- 辛島昇、応地利明ほか監修『南アジアを知る事典』新訂増補版，平凡社，2002年
- 関哲行、立石博高、中塚次郎編『スペイン史』1、2（世界歴史大系）山川出版社，2008年
- 礪波護、岸本美緒、杉山正明編『中国歴史研究入門』名古屋大学出版社，2006年
- 西川長夫『地球時代の民族＝文化理論――脱「国民文化」のために』新曜社，1995年
- 宮本正興、松田素二編『新書アフリカ史』講談社現代新書，1997年
- ロナルド・シーガル／富田虎男監訳『ブラック・ディアスポラ』明石書店，1999年
- ロナルド・シーガル／設樂國廣監訳『イスラームの黒人奴隷――もう一つのブラック・ディアスポラ』明石書店，2007年

◎第二章

- 阿藤誠、佐藤龍三郎編『世界の人口開発問題』原書房，2012年
- 印東道子編『人類の移動師誌』臨川書店，2013年
- 大泉啓一郎『老いてゆくアジア』中公新書，2007年
- 大塚柳太郎『ヒトはこうして増えてきた――20万年の人口変遷史』新潮社，2015年
- 大塚柳太郎、鬼頭宏『地球人口100億の世紀』ウェッジ，1999年
- 大塚柳太郎、河辺俊雄、高坂宏一、渡辺知保、阿部卓『人類生態学』東京大学出版会，2002年
- 大塚柳太郎『地球に生きる人間――その歩みと現在』小峰書店，2004年
- 金子隆一、木村厚子、宮本太郎『新時代からの挑戦状――未知の少親多死社会をどう生きるか』厚生労働統計協会，2018年
- 鬼頭宏『人口から読む日本の歴史』講談社学術文庫，2000年
- 河野稠果『人口学への招待』中公新書，2007年
- 河野稠果『世界の人口』第2版，東京大学出版会，2000年

興亡的世界史21

人類該往何處去

從源出非洲到海洋擴散，未來人類的歷史省思

人類はどこへ行くのか

人類該往何處去：從源出非洲到海洋擴散，未來人類的歷史省思
福井憲彥等著／張家瑋、林巍翰譯／
初版／新北市／八旗文化出版／
遠足文化發行／二〇一九年十月
譯自：人類はどこへ行くのか
ISBN 978-957-8654-76-1（精裝）

一、世界史

711　108011513

作者　大塚柳太郎、應地利明、森本公誠、松田素二、朝尾直弘、青柳正規、陣內秀信、隆納·托比
日文版編輯委員　福井憲彥、杉山正明、青柳正規、陣內秀信、杉山正明、福井憲彥
譯者　張家瑋、林巍翰

總編輯　富察
責任編輯　洪源鴻
特約編輯　王偉綱
企劃　蔡慧華
封面設計　莊謹銘
排版設計　宸遠彩藝
彩頁地圖繪製　青刊社地圖工作室（黃清琦）
社長　郭重興
發行人兼出版總監　曾大福
出版發行　八旗文化／遠足文化事業股份有限公司
地址　新北市新店區民權路108-2號9樓
電話　〇二～二二一八～一四一七
傳真　〇二～八六六七～一〇六五
客服專線　〇八〇〇～二二一～〇二九
信箱　gusa0601@gmail.com
臉書　facebook.com/gusapublishing
部落格　gusapublishing.blogspot.com
法律顧問　華洋法律事務所／蘇文生律師
印刷　成陽印刷股份有限公司
出版日期　二〇一九年十月（初版一刷）
定價　五五〇元整